STAUFFENBURG

Sefardische Forschungen

Band 3

Jacques Loria

Dreyfus

Sofia 1903

Herausgegeben von
Slava Platikanova, Winfried Busse und Heinrich Kohring

**StauFFenburg
Verlag**

Bibliografische Information der Deutschen Nationalbibliothek

Die Deutsche Nationalbibliothek verzeichnet diese Publikation in der
Deutschen Nationalbibliografie; detaillierte bibliografische Daten sind im Internet
über <http://dnb.ddb.de> abrufbar.

Gedruckt mit Unterstützung von
La Lettre Sépharade

Umschlagabbildung

Zeichnung der Torre blanka (Saloniki) und der Torre de Galata (Istanbul)
von Winfried Busse

© 2014 · Stauffenburg Verlag GmbH
Postfach 25 25 · D-72015 Tübingen
www.stauffenburg.de

ISSN 2193-0600
ISBN 978-3-86057-592-5

Inhalt

Jacques Loria, *Dreyfus* – Präsentation

Slava Platikanova

Es wäre nicht richtig zu behaupten, dass der Fall "Dreyfus" in Vergessenheit geraten ist. Obwohl sich die Geschehnisse um den französischen Hauptmann jüdischer Herkunft vor über einem Jahrhundert zugetragen haben, gilt die Affäre Dreyfus bis heute als ein Warnsignal mit Blick auf Menschenrechtsverletzung und Rassenkonflikte. Den Namen Alfred Dreyfus findet man in Geschichtsbüchern, Enzyklopädien, Literaralmanachen, Memoiren, sporadisch in Presseartikeln (z. B. *Die Zeit* vom 12. Juli 2012, S. 65). Auch in der Spanischen Philologie kann Alfred Dreyfus Gehör finden und von einer anderen, nicht historischen oder politischen Perspektive erlebt werden: Der Hauptmann Dreyfus beschäftigt Forscher verschiedener Disziplinen und Laien aus den unterschiedlichsten Gründen bis heute. Es wäre trotzdem nicht ganz richtig zu behaupten, dass alle Bescheid wissen, wer Alfred Dreyfus war, was genau im Jahr 1894 geschah und warum der Fall Dreyfus zur "cause célèbre"[1] der modernen Zeit wurde. Die Details sind nur denjenigen bekannt, die interdisziplinär arbeiten und sich ausführlicher mit der Affäre auseinandergesetzt haben.

Die vorliegende Publikation hat den Zweck, einen vergessenen Text, der von dem Kasus Dreyfus handelt, wieder zum Leben zu erwecken. Es geht dabei um ein judenspanisches Theaterstück, das zur sephardischen Literatur des 19. Jahrhunderts zählt, *Dreyfus – un drama en sinko aktos i un apoteoz* (Sofia, 1903) von Jacques Loria. In einem erstenTeil[2] wurde der allgemeine historische Kontext beschrieben, in dem Loria lebte und schrieb; ebenfalls wurden die Vita des Verfassers sowie die von ihm stammenden Werke vorgestellt. Hier wird daran angeknüpft. Es folgen die historischen Fakten zu dem Prozess Dreyfus und eine literarisch-analytische Auseinandersetzung mit dem Bühnenspiel.

---

1   *The Jewish Encyclopedia* IV, 1903, 660, ab jetzt: JE IV, 1903...
2   S. Platikanova, Jaques Loria. *Dreyfus*. I. In: *Judenspanisch* XIII – *Neue Romania* 40, 2011, 109-133.

Der *Dreyfus* von Jacques Loria wurde als literarische Leistung im Bereich der sephardischen Bühnenproduktion gewürdigt.[3] Das judenspanische Drama war – allgemein gesehen – keine patrimoniale, d.h. ererbte, sondern eine im Zuge der Modernisierung adaptierte Gattung. Diese setzte sich ab 1874 in der sephardischen Kulturwelt durch (Romero 1992, 267-268). Die Ästhetik blieb allerdings durchschnittlich, denn das sephardische Publikum war lediglich an solchen Themen interessiert, die es persönlich betrafen.[4] Demzufolge kreisten die Motive, die aufgegriffen wurden, meistens um Schlüsselpersönlichkeiten oder Schlüsselereignisse der jüdischen bzw. sephardischen Gegenwart und Vergangenheit. Die Autoren nutzten diese Gattung, um auf unterhaltsame Art und Weise verschiedene Umstände innerhalb und außerhalb des jüdischen Lebens darzustellen. Es war üblich, universelle Theaterstücke zu adaptieren – entweder wurden diese ins Judenspanische übersetzt oder aber in der Originalsprache (Hebräisch, Türkisch, Französisch, etc.) aufgeführt. Es entwickelte sich jedoch kein professionelles judenspanisches Drama als literarische Kunst, vielmehr diente das Theater den sozialen Zwecken des Gemeindelebens (Díaz-Mas 2009, 1062). Mit anderen Worten: Es wurden kaum neue Inhalte geschaffen. Häufig schrieben die Autoren einfach historische Ereignisse in spannende Bühnenstücke um. Es handelte sich dabei um ein Genre, das sich an westlichen Mustern orientierte und keine eigene feste Struktur hatte. Es gab kaum professionelle sephardische Theatertruppen oder kommerzielle Organisationen, die sich um die Produktion und die Schauspieler kümmerten (Díaz-Mas 2009, 1062). Trotzdem war die sephardische Theateraktivität im 19. und 20. Jahrhundert relativ hoch (Romero 1992, 268). Jacques Lorias Theaterstück *Dreyfus* ist ein gutes Beispiel dafür, wie eine historische Begebenheit zum Motiv der sephardischen Dramatik wurde (Romero 1979, 187, 251-252, 296, 509-520). Daher ist die Kenntnis der realen Umstände, die einem Theaterstück zugrunde liegen, unabdingbar für dessen Verständnis und Interpretation.

Auch hier wird die Geschichte von Alfred Dreyfus noch einmal erzählt. Um eine inhaltliche Auswertung des vorliegenden Theaterstückes vornehmen zu können, muss das tatsächlich Geschehene mit dem von Loria Erzählten in Relation gebracht werden. Dabei wird auffallen – so viel kann jetzt schon verraten werden –, wie exakt der Verfasser die Ereignisse kannte und wie geschickt er literarische Stilmittel einsetzte, um Spannung zu erzeugen oder von realen Personen abzulenken. Immerhin kannte

---

3 Romero, *El teatro,* I, 1979, 510, 514-517, ab jetzt: Romero 1979.

4 "…; pero por lo que se refiere al drama, ni le llega ni le conmueve plenamente aquello que le plantea una problemática ajena a su medio ambiente, que traspase las barreras del gueto cultural y mental en que transcurre su existencia" (Romero 1992, 305-310).

das Publikum den Fall Dreyfus schon, womöglich viel zu gut. Loria durfte also weder zu viel noch zu wenig erzählen. Obwohl sich der Autor sehr nah an die Tatsachen hielt, baute er kleine fiktionale Details ein, die eine faktische Geschichte zu einem Theaterstück werden ließen. Bevor der Übergang Tatsache – Fiktion an Beispielen aus dem Text erläutert wird, wird der Fall Dreyfus im Folgenden aus der historischen Perspektive umrissen.

Die Dreyfus-Affäre: Eine Chronologie

Alfred Dreyfus, ein französischer Offizier mit jüdischen Wurzeln aus Deutschland, wurde am 15. Oktober 1894 Opfer einer Verschwörungstheorie, die im Generalstab des französischen Geheimdienstes erwuchs (Thalheimer 1963, 7). Man kann aus heutiger Sicht behaupten, dass er im falschen Moment am falschen Ort war. Die Beschuldigung des Hochverrats, die aufgrund unglücklicher Umstände auf Alfred Dreyfus fiel, hatte primär mit der Person Alfred Dreyfus' nichts zu tun. Sie entsprang jedoch sehr wohl einer allgemeinen Grundhaltung, die sich in jener Zeit in Frankreich immer mehr durchsetzte. Gegen Ende des 19. Jahrhunderts hatte das antisemitische Gedankengut genügend Nährboden im Land gefunden. Das Aufkommen der negativen Einstellung gegenüber der jüdischen Bevölkerung wurde unter anderem von den Massenmedien getragen und verstärkt: Der Journalismus formte und prägte zu jener Zeit die Meinung der Bevölkerung sehr intensiv. Zwar scheiterten 1882 und 1885 die ersten Versuche, eine antisemitische Zeitung zu gründen. Edouard Drumont schaffte es nichtsdestotrotz, im Jahr 1886 sein Hauptwerk *La France juive* zu veröffentlichen, das als Wendepunkt hin zu einem nationalen Antisemitismus in Frankreich gilt: Von diesem Moment an wurde alles Jüdische als Bedrohung der nationalen Integrität empfunden (Benbassa 2005, 19-26). 1892 folgte Drumonts eigene Zeitung *La Libre Parole*, die einen besonders polemischen Ton pflegte und der Öffentlichkeit im Fall Dreyfus das Brennmaterial bot, das sie brauchte. Diese Zeitung hatte 1892 eine Kampagne gegen jüdische Offiziere in der französischen Armee eröffnet, die ihre Opfer forderte (Benbassa 2005, 24). Die Juden in Frankreich verschlossen allerdings lange Zeit ihre Augen vor der Erkenntnis, dass es sich um einen allgemeinen Antisemitismus handelte, der komplexe Gründe hatte und der in den Jahren vor der Affäre Dreyfus Fuß in Frankreich gefasst hatte (Benbassa 2005, 24). Selbst der Hauptmann Alfred Dreyfus verstand anfangs die Motive für seine Verhaftung nicht. Und wie sollte er das auch? Der französische Hauptmann deutscher Abstammung war für seinen Patriotismus für Frankreich bekannt; außerdem war er politisch vom Boulangismus beeinflusst, dessen Anhänger unter anderem Antisemiten waren und Revanche gegenüber Deutschland forderten (JE IV, 1903, 663). Nicht allein aus solchen Gründen gelten die Umstände seiner Verhaftung als äußerst zweifelhaft und seine Verurteilung als Justizirrtum (Thalheimer 1963, 7). Doch wie kam es dazu?

Der Anfang: Das Bordereau

Das traurige Schicksal von Alfred Dreyfus begann im September 1894, als ein *Bordereau* genanntes Geheimdokument, adressiert an den deutschen Militärattaché Oberstleutnant Max von Schwartzkoppen, seinen Adressaten nicht erreichte. Stattdessen gelangte es über einen Agenten in den französischen Generalstab zurück und sorgte für Aufregung aufgrund des offensichtlichen Hochverrates. Das anonyme Schreiben war handgeschrieben, nicht datiert, nicht adressiert und kündigte eine Sendung von vier Schriftstücken militärischen Inhalts und den Entwurf einer Schießvorschrift für die Feldartillerie an: 1. Information über das 120-mm-Geschütz; 2. Information über die Bedeckungstruppen; 3. Informationen über die Modifizierung der Artillerie; 4. Information über die geplante Expedition nach Madagaskar; 5. das Schießbuch der Artillerie (Thalheimer 1963, 21).

Laut den geschichtlichen Erkenntnissen nahm Major Henry, der damals dem Oberst Sandherr unterstellt war, das Bordereau entgegen, erzählte allerdings erst später seinem Vorgesetzten davon, der sofort den Stabschef General Boisdeffre und den Kriegsminister Auguste Mercier informierte. Daraufhin begann die Suche nach dem Verräter in der Überzeugung, dass es sich um einen Stabsoffizier, einen Artillerist, handelte. Es gab keine hinreichenden Gründe für diese Vermutung, sie wurde jedoch zu einer fixen Idee (JE IV, 1903, 662, Thalheimer 1963, 22).

Die Suche nach Beweisen: Die Verhaftung von Alfred Dreyfus

Die Fahndung wurde geheim durchgeführt und lieferte zunächst – bei der Untersuchung von unterschiedlichen Handschriften – keine Ergebnisse. Anfang Oktober 1894 kam einer der dem Oberst Fabre – Chef des Nachrichtenbüros – unterstellten Offiziere auf den Gedanken, dass es sich bei dem Verräter um jemanden handeln konnte, der unterschiedliche Stationen während seiner Ausbildung durchlaufen hatte, da im Bordereau Informationen vorkamen, die verschiedene Abteilungen betrafen. Es dauerte nicht lange, bis Fabre und sein Offizier den Namen Alfred Dreyfus auf der Liste der in Frage kommenden Personen entdeckten. Und da die Handschrift von Dreyfus derjenigen ähnelte (Fabre verglich das Dokument mit einem von Dreyfus ausgefüllten Meldeblatt), in der das Bordereau verfasst wurde, bekam die Suche nach einem Schuldigen schnell ein Gesicht (JE IV, 1903, 663, Thalheimer 1963, 38-39). Fabre und sein Untergebener galten somit als die Entdecker des Schuldigen.

Bis zu diesem Zeitpunkt wusste Alfred Dreyfus nichts von dem ihm drohenden Unheil. Der französische Offizier hatte ausgezeichnete Zeugnisse, führte ein ruhiges Leben und war nie negativ aufgefallen. Während er weiterhin seinen Pflichten nachging, sorgte Oberst Fabre dafür, dass Alfred Dreyfus zum mutmaßlichen Verräter wurde. Bald erfuhr auch der Kriegsminister Mercier davon. Dieser fürchtete angesichts der politischen Umstände um seinen eigenen Posten und wollte eine rasche Klärung der Angelegenheit. Ein Experte in Handschriften wurde beauftragt, um das Bordereau zu untersuchen. Er betonte in seinem Bericht die Unterschiede zwischen der Handschrift, in der das Bordereau verfasst wurde, und der Handschrift von Dreyfus und war der Meinung, dass womöglich nicht der französische Hauptmann der Autor des Schriftstückes war (Thalheimer 1963, 39). Das führte dazu, dass sein Urteil als neutral akzeptiert wurde und ein zweiter Gutachter hinzugezogen wurde. Dieser sprach sich dafür aus, dass beide Handschriften identisch waren, worauf Alfred Dreyfus verhaftet wurde. Die Inhaftnahme glich einer Theaterszene, bei der Major du Paty de Clam die Regie übernahm und die sich wie folgt zutrug (JE IV, 1903, 664-665, Thalheimer 1963, 23-24):

Alfred Dreyfus wurde am 15. Oktober 1894 zu dem Kriegsminister unter dem Vorwand einer Inspektion zitiert. Der Hauptmann hatte sich im Zivilanzug im Generalstab einzufinden. Er ahnte nicht, welchem Spiel er zum Opfer fallen würde. Außer du Paty befanden sich drei weitere Personen im Raum. Während alle angeblich auf den General warteten, tat du Paty so, als hätte er seine Hand verletzt und bat Dreyfus, für ihn unter Diktat einen Brief zu schreiben. Der Text des Briefes bezog sich auf den Text des Bordereaus und forderte das Zurücksenden der Schriftstücke, die im Bordereau genannt wurden. Du Paty zählte dann alle fünf Dokumente genau so auf, wie sie im Bordereau vorkamen. Dabei erwartete er, dass der Verräter erkennen würde, dass er in der Falle saß und sein Verbrechen zugeben würde bzw. Selbstjustiz verüben würde. Eine Pistole lag neben Dreyfus auf dem Tisch, um ihm die Möglichkeit zu geben, nach einem Bekenntnis Selbstmord zu begehen. Der mutmaßliche Verräter schien allerdings zunächst unberührt vom Textinhalt und schrieb ruhig unter dem Diktat von du Paty weiter, der ihn sehr streng beobachtete und ein Zittern seiner Hand bemerkt haben wollte. Als Dreyfus nicht wie erwartet reagierte, unterbrach du Paty sein Experiment, und nahm Dreyfus trotzdem unter der Beschuldigung des Hochverrats fest. Fassungslos beteuerte der französische Offizier seine Unschuld und protestierte gegen die Anschuldigung. Die genauen Hintergründe seiner mutmaßlichen Tat wurden ihm nicht bekannt gegeben. Es wurde ihm unterstellt, als Spitzel gearbeitet zu haben, aber es wurde ihm nicht mitgeteilt, für wen. Seine Inhaftnahme wurde streng geheim gehandhabt, die Haft geheim gehalten. Es wurde weiterhin gezielt nach Beweisen für seine Schuld gesucht. Alle Versuche von du Paty, Dreyfus' Schuld zu beweisen, blieben zunächst erfolglos. Sie quälten jedoch den französischen Offizier so sehr, dass er für eine gewisse Zeit keine Nahrung zu sich nahm und nachts unter Alpträumen litt. Allmählich begann sogar der Gefängnisleiter an der Unschuld des Häftlings zu glauben, aber du Paty gab nicht auf. Zwei Wochen nach der Verhaftung zeigte er Dreyfus endlich den Text des Bordereaus und ließ ihn diesen mit der Hoffnung abschreiben, ein Geständnis dadurch zu erzwingen. Alfred Dreyfus gab zu keinem Zeitpunkt auf und protestierte heftig gegen die Anschuldigungen. Diese administrative Untersuchung diente weniger der Endeckung der Wahrheit, vielmehr wurde der Beschuldigte moralisch gefoltert, doch ein Geständnis konnte nicht erzwungen werden (Thalheimer 1963, 24).

Die Suche nach Beweisen geht weiter: Die Verurteilung

Drei Monate lang wurde Alfred Dreyfus in Haft gehalten. In dieser Zeit wurde ununterbrochen nach Beweisen für seine Schuld gesucht. Dabei erfuhr die Pariser Presse von dem jüdischen Häftling und verbreitete spekulative Informationen, die öffentliche Debatten entfachten. Der Kriegsminister Mercier geriet ebenfalls in den Medienfokus. Ihm wurde aufgrund der Geheimhaltung unterstellt, mit den Juden Geschäfte zu machen. Mercier bekam Angst um seinen Posten, und obwohl es aufgrund der mangelnden Beweise Zweifel an der Schuld von Alfred Dreyfus gab, war ein Gerichtsverfahren aus politischen Gründen nicht mehr wegzudenken. Das anfängliche Kinderspiel mit den Beschuldigungen, die auf der Basis von Verleumdung erhoben wurden, entwickelte sich zu einem Kasus, der die ganze französische Republik beschäftigte. Der unter Druck gesetzte Mercier beauftragte weitere Gutachter, die die Handschriften vergleichen sollten. Die erneute Untersuchung ergab, dass die Handschriften übereinstimmten – die Unterschiede wurden auf Täuschung zurückgeführt (Thalheimer 1963, 40). Somit galt die Schuld von Alfred Dreyfus in den internen Kreisen des französischen Geheimdienstes als bewiesen. Bevor aber Mercier die Aufdeckung der Spionage in aller Öffentlichkeit für sich nutzen konnte, explodierte die französische Presse mit ihrer Berichterstattung über den Fall. Sogar der Name des Schuldigen wurde in einer speziellen Ausgabe von Drumonts *La Libre Parole* verkündet. Unter diesen Umständen blieb dem Kriegsminister keine andere Wahl – das Schuldszenario zu Lasten des französischen Hauptmanns musste umgesetzt werden, und zwar möglichst schnell.

Am 19. Dezember 1894 begann der Gerichtsprozess gegen Alfred Dreyfus unter Ausschluss der Öffentlichkeit und endete vier Tage später mit der einstimmigen Verurteilung des Hauptmanns zu lebenslänglicher Verbannung. Es gab falsche Aussagen und auch falsche Zeugen (Thalheimer 1963, 25). Neben den sieben Richtern und Dreyfus waren anwesend Dreyfus' Anwalt Demange, ein Polizeisprecher und Major Picquart, der dem Generalstab und den Ministern Bericht über die Gerichtsverhandlung erstatten sollte. Die Berufung gegen das Urteil wurde eine Woche später abgelehnt. Du Paty de Clam versuchte im Auftrag des Kriegsministers, noch einmal vergeblich ein Geständnis von Dreyfus zu erzwingen, doch der französische Offizier betonte seine Unschuld unermüdlich und forderte, weiterhin nach dem wahren Verräter zu suchen. Was danach folgte, war eine äußerst bewegende öffentliche Herabwürdigung, bei der er schrie "Sie demütigen einen unschuldigen Mann! Es lebe Frankreich! Es lebe die französische Armee!" (JE IV, 1903, 667).

Als Alfred Dreyfus am 21. Februar 1895 über den Atlantik auf die Teufelsinsel[5] gebracht wurde, wartete dort eine kleine, speziell für den Häftling gebaute Hütte auf ihn. Tag und Nacht wurde er von einem Aufseher überwacht, dem strikt untersagt worden war, sich mit dem Insassen zu unterhalten. Tagsüber durfte Dreyfus lediglich in einem rechteckigen, unüberdachten Raum spazieren gehen, nachts litt er unter Halluzinationen (JE IV, 1903, 669). Briefe tauschte er nur mit seiner Familie aus, diese wurden zudem einer administrativen Zensur unterzogen. Er schrieb an den Präsidenten, an Du Paty de Clam, an den General Boisdeffre, bekam aber nie eine Antwort. Seine Briefe waren vom Schrei nach Gerechtigkeit durchdrungen, dieser blieb jedoch lange Jahre unerhört (JE IV, 1903, 669).

---

5 Die kleinste Insel der Gruppe *Iles du Salut*, auf der sich zuvor eine Heilanstalt für Leprakranke befand.

Nach der Verurteilung: Der wahre Verräter

Kurz nach der Verurteilung gab der Leiter des französischen Geheimdienstes Sandherr aufgrund schwerer Krankheit seinen Dienst auf. Obwohl Major Henry die Erwartung hegte, als sein Nachfolger gewählt zu werden, bekam Oberst Picquart den Chefposten und änderte gewisse Vorschriften, die Sandherr vernachlässigt hatte. So wollte er z. B. als erster alle Dokumente überprüfen, die aus der deutschen Botschaft in den Generalstab gebracht wurden (JE IV, 1903, 670). Diese Maßnahme zeigte bald, dass das Durchsickern von Informationen mit dem Dreyfus-Prozess nicht zu Ende ging (JE IV, 1903, 670). 1896 tauchte ein neues Schriftstück – *petit bleu* genannt – auf, das an Major Esterhazy[6] adressiert war und ohne Zweifel vom Oberst Schwarzkoppen kam. Es deutete auf den Verrat von Geheiminformationen hin. Picquart wurde auf das Papier aufmerksam und begann umgehend, den Fall auf eigener Faust zu untersuchen. Dem Generalstabschef, General de Boisdeffre, erstattete er Bericht darüber. Picquart erkundigte sich über Ferdinand Walsin Esterhazy, der als Dolmetscher für Deutsch im französischen Generalstab arbeitete, und fand heraus, dass Esterhazy hoch verschuldet war, den Ruf eines Hasardspielers hatte und seine Fahne nach dem Wind hing. Obwohl dieser Unterstützung von der jüdischen Familie Rothschild bekam – um ein Beispiel zu nennen –, versorgte er *La Libre Parole* mit geheimen Informationen antijüdischen Charakters. Den deutschen Militärattaché Schwarzkoppen hatte er bei einem Einsatz in Tunis kennen gelernt und trat 1893 in seinen Dienst (JE IV, 1903, 672).

Die Nachforschungen von Oberst Picquart deckten immer mehr Details über das Leben von Esterhazy auf, die auf ihn kein gutes Licht warfen: Korruption, Skandale, Abwesenheit vom Dienst, etc. Zunächst brachte Picquart jedoch das Bordereau und das *petit bleu* nicht zusammen: Er glaubte, auf die Spuren eines neuen Verräters gekommen zu sein. Dann erfuhr er vom französischen Militärattaché in Berlin, dass Deutschland nie einen Offizier namens Dreyfus beschäftigt hatte. Beim Vergleich der Handschrift von Esterhazy mit der Handschrift, in der das Bordereau verfasst wurde, stellte Oberst Picquart fest, dass beide identisch waren. Daraufhin versuchte er, die Wahrheit ans Licht zu bringen. Er berichtete dem stellvertretenden Generalstabschef Gonse über Ersterhazy. Aus dem Fall Dreyfus wurde der Fall Dreyfus – Esterhazy (Thalheimer 1963, 13). Die Vorgesetzten von Picquart wollten allerdings auf keinen Fall, dass der Kasus erneut aufgerollt wurde. Picquart übersah die Gefahren aus seinen

---

6 Der Oberst Sandherr und Major Henry hatten im Nachrichtendienst mit Major Esterhazy zusammengearbeitet (Thalheimer 1963, 22-23).

eigenen Reihen und setzte sich weiterhin für die Unschuld des Hauptmanns Alfred Dreyfus ein. Er ahnte nicht, dass seine engsten Mitarbeiter, vor allem Major Henry, ihn um seinen Posten beneideten und auf eine passende Gelegenheit warteten, ihn aus dem Weg zu räumen. Es dauerte nicht lange, bis er nach Tunis zum 4. Schützenregiment abkommandiert wurde (JE IV, 1903, 674). Picquart schwor, seine Erkenntnisse nicht mit in den Tod zu nehmen und verfasste einen Brief in Form eines Testaments, der für Frankreichs Präsidenten bestimmt war.

Politisch wie gesellschaftlich folgten heftige Diskussionen sowie Versuche von du Paty de Clam, Gonse und Henry, die eigenen Fehler auf Kosten anderer zu vertuschen. Frankreich spaltete sich in zwei Lager: *Dreyfusisten* und *Anti-Dreyfusisten* (Schütz 2005, 109). 1897 wurde gegen Esterhazy Anklage erhoben. Das Delikt, das Bordereau geschrieben zu haben, konnte ihm jedoch nicht nachgewiesen werden. Anfang 1898 wurde er freigesprochen. Als Folge protestierten viele Intellektuelle und setzten sich für Dreyfus ein. Den größten öffentlichen Schritt wagte Emile Zola mit einem offenen Brief an Frankreichs Präsidenten – *J'Accuse* (1898) –, der in *L'Aurore* veröffentlicht wurde. Neben Picquart gilt Zola als einer der Helden der Affäre Dreyfus (Thalheimer 1963, 27). Ein halbes Jahr später wurde auch Major Henry unter der Anschuldigung verhaftet, Beweise im Fall Dreyfus gefälscht zu haben – "le faux Henry" (Thalheimer 1963, 15-16). Der neue Kriegsminister Cavaignac behauptete, Henry hätte die Fälschung vor ihm eingestanden. Kurz darauf beging der Major laut offizieller Aussage Selbstmord. Thalheimer (1963, 223) hegt jedoch aufgrund der Todesumstände den Verdacht, dass es sich um einen Mord handelte. Solche Spekulationen sind allerdings aus heutiger Perspektive kaum nachweisbar. Unmittelbar nach Henrys Tod floh Esterhazy ins Ausland und du Paty de Clam wurde vom Generalstab verabschiedet. Esterhazy gab im September 1898 vor einem Journalisten erstmalig eine Erklärung bezüglich des Bordereaus ab. Er gab zu, das Dokument unter dem Diktat vom Oberst Sandherr geschrieben zu haben. Das Eingeständnis wurde im Londoner Blatt *The Observer* veröffentlicht (Thalheimer 1963, 17). Im August 1899 wurde der Fall Dreyfus vor dem Kriegsgericht in Rennes erneut aufgerollt, das Urteil lautete zehn Jahre Festungshaft unter Zubilligung mildernder Umstände. Kurz darauf wurde der französische Hauptmann begnadigt. Erst sieben Jahre später, 1906, annullierte der Kassationshof dieses Urteil von Rennes und rehabilitierte Alfred Dreyfus. Ein Gesetz zeichnete ihn mit dem Rang eines Majors aus, und er wurde Ritter der Ehrenlegion.

- Echtzeit und Spielzeit

Eva Belén Rodríguez Ramírez hat 2007 *Cinco años de mi vida*, die Autobiografie von Alfred Dreyfus, herausgegeben. Diese wurde von Dreyfus selbst auf Französisch verfasst, ins Judenspanische von Isac Gabay und Víctor Leví übersetzt und 1901 in Konstantinopel veröffentlicht (Rodríguez Ramírez 2007, 13). Sie fußt auf dem Briefwechsel zwischen dem Hauptmann und seiner Ehefrau Lucie, der von 1894 – 1899 stattfand. Die Korrespondenz umfasst die ganze Inhaftierungzeit des jüdischen Offiziers, sie war vor der Veröffentlichung des Theaterstücks von Jacques Loria erhältlich. Die Frage, ob der Autor die Autobiografie gelesen hatte, bevor oder während er das Theaterstück schrieb, kann nicht ohne weitere grundlegende Recherchen beantwortet werden.

Im Folgenden wird der Versuch unternommen, eine Parallelität zwischen den Tatsachen um den Dreyfus-Prozess und den fiktiven Elementen im Theaterstück von Jacques Loria herzustellen. Offizielle Untersuchungen zum Fall Dreyfus beschäftigten sich vor allem damit, Fakten zu erforschen und Missstände aufzudecken. Dies führte dazu, dass die Person Alfred Dreyfus symbolhaft, also als eine Art Überbegriff wahrgenommen wurde und als Sinnbild von Schriftstellern gern eingesetzt wurde, um dokumentarische Literatur zu schaffen. Für diese Publikation ist es interessant, wie Jacques Loria mit der Figur Dreyfus umging.

Die realistische Gestaltung des Protagonisten ist offensichtlich. Der Verfasser des Theaterstücks wählte die Methode der Authentizität, indem er den Gemütszustand, den Mut und die Verzweiflung des Menschen Alfred Dreyfus vor dem Publikum ausbreitete. Weder die Dramatik der öffentlichen Degradierung noch der tranceähnliche Bewusstseinszustand des französischen Offiziers im Gefängnis scheinen literarisch übertrieben zu sein. Auch wenn Lorias Stück nicht ausschließlich als dokumentarisches Theater charakterisiert werden kann, so ist möglicherweise die Bezeichnung semi-dokumentarisch zutreffend. Alle fallrelevanten Informationen sind vorhanden; dazu kommen fast naive fiktionale Elemente, die den Zuschauer subtil daran erinnern, dass er im Theatersaal sitzt, z. B. als Lusi Dreyfus ihren Ehemann vor dem Selbstmord rettet oder aber als Alfred Dreyfus eine Medikamentenschachtel von einem Inspektor bekommt, in der sich ein Brief von Lusi befindet.

Das Bühnenstück stellt ein Wechselspiel zwischen der äußeren – was passiert um Alfred Dreyfus herum – und der inneren Welt des Protagonisten dar. Es gibt eine Exposition, in der der dramatische Konflikt angekündigt wird und der Zuschauer von dem Komplott erfährt; es folgt eine Steigerung bis hin zum Höhepunkt – Dreyfus wird verurteilt, entwürdigt und verbannt. Ein dramatischer Text muss ein szenisch-realistischer Text sein; er unterscheidet sich von epischen und lyrischen Texten gerade durch seine Plurimedialität der Textpräsentation, d. h. es gibt eine Vielzahl an Mitteilungswege, die als Basis für die dramatische Kommunikation dienen.[7] Dazu gehören nicht nur "aktive" Dialoge, sondern auch "passive" Monologe. Häufig verraten gerade die Monologe, wie die innere Welt der Prot- bzw. Antagonisten aussieht, was sie denken, was sie fühlen, wie das Geschehen weitergeht. Das Publikum will nämlich alles wissen, und Loria bietet ihm diesen Genuss: es gibt immer wieder eine monologhafte Unterbrechung des Handlungsstranges, die als eine Art Aufklärung den Text zusammenhält. Sie lässt den Zuschauer mitleiden, über die Ungerechtigkeit urteilen. Wichtige Details werden nicht ausschließlich in Interaktion verraten, sondern als Zusammenfassung der eigenen Gedanken und Gefühle. Dies betrifft sowohl den französischen Hauptmann, der in der ersten Szene des dritten Aktes zum ersten Mal allein auf der Bühne steht und von sich und seinem Leiden in einem Selbstgespräch erzählt. In der letzten Szene des ersten Aktes schickt der Autor einen der Fälscher auf die Bühne, der in einem Monolog die Positionen klar definiert und die Gründe für die weitere Handlungsentwicklung beleuchtet. Das Publikum als Adressat des Monologisierenden ist somit lückenlos im Geschehen involviert, es weiß mehr als die Protagonisten selbst. Das Monologhafte im Drama kann somit als besonders starkes Stilmittel hervorgehoben werden: Es wirkt als tragendes Element, das "zwischendurch" die Ereignisse zusammenfasst, den nächsten Schritt ankündigt und die Gegenwärtigkeit des Geschehens stützt. Die Spielzeit verwandelt sich somit in Echtzeit. Im konkreten Fall erkennt der belesene Zuschauer die Figuren, die in der Handlung involviert sind. Das setzt Jacques Loria voraus: *"El a'utor se vió en la ovligasyon de trokar algunos nombres, ma los lektores ya saven endevinar los nombres verdaðeros"*, so fängt das Drama an. Im Dreyfus-Prozess, von der Verschwörung im Jahr 1894 bis hin zum Ende der Affäre zwölf Jahre später, waren dutzende Menschen direkt oder indirekt involviert. Im Theaterstück von Loria kommen insgesamt 22 Personen vor; mehr als die Hälfte davon sind verallgemeinert: *un garson*, *un agente*, *un jeneral* etc.

---

7 Vgl. http://www.teachsam.de/deutsch/d_literatur/d_gat/d_drama/drama_1_2_0.htm (letzter Zugriff 2.9.2012).

- Die Figuren

Als Schlüsselfiguren treten auf: Hauptmann/Kapitan Dreyfus (Alfred Dreyfus), Komandan Fabres (sehr wahrscheinlich wurden in dieser Figur Oberst Fabre, Chef des französischen Nachrichtenbüros, und Major Henry, der Oberst Sandherr vor seinem Ausscheiden unterstellt war, zusammengeführt), Komandan Esterazi (Major Ferdinand Walsin-Esterhazy, der wahre Verräter), Kolonel Pikar (Major Picquart, Nachfolger vom Oberst Sandherr), Kolonel Rishardon (vermutlich Major du Paty de Clam), Kretinyon (ein Experte; mögliche Anspielung auf frz. *crétin*, dt. *Schwachkopf*), Kapo de polis (Polizeichef), Ministro (vermutlich der Kriegsminister Mercier), Jeneral Mons (vermutlich der stellvertretende Generalstabchef Gonse), der Avokat Demanj (der Anwalt von Dreyfus, Demange), Lusi Dreyfus (Ehefrau von Dreyfus). Die restlichen Figuren sind abstrahiert, sie verkörpern lediglich irgendeine Dienstfunktion und haben keine tragende Bedeutung für das Geschehen. Des Weiteren werden erwähnt Oberst Sander (Sandherr), der deutsche Militärattaché Komandante Shvarskopen (Oberstleutnant Max von Schwartzkoppen), Emile Zola sowie weitere berühmte Persönlichkeiten, die sich für Dreyfus öffentlich einsetzten.

- Das Geschehen

Der erste Akt setzt sich aus sechs Szenen zusammen. Der Zuschauer lernt zunächst die Verräter kennen, die sich über den vorgefallenen Fauxpas unterhalten – das Bordereau ist nämlich abhanden gekommen. Außerdem wird klargestellt, wer das Sagen im Nachrichtenbüro hat und wen Fabres fürchtet bzw. um seinen Posten beneidet – Pikar. In der vierten Szene erreicht das Bordereau Pikar. Das Bordereau wurde eigentlich durch Major Henry entdeckt, der allerdings im Theaterstück von Loria nicht als Figur vorkommt. Dass Dreyfus zum einzigen Verdächtigen wurde, geht auf den Oberst Fabres zurück. Der Vereinfachung halber und auch womöglich, um den Heroismus von Pikar (Picquart) im Fall Dreyfus zu unterstreichen, schrieb ihm Loria die Rolle des Bordereauentdeckers zu. In Wirklichkeit hat Picquart das zweite Dokument, das *petit bleu,* enträtselt. Der erste Akt endet mit dem Verschwörungsplan von Fabres und seiner fixen Idee, die eigene Schuld des Hochverrates auf Alfred Dreyfus zu übertragen, was ihm im zweiten Akt gelingt. In der dritten Szene findet eine Diskussion zwischen Rishardon und Kretinyon statt, bei der es um die Vergleiche der Handschriften geht. Jacques Loria sieht davon ab, alle Fakten darzustellen, die mit der Handschriftenüberprüfung zusammenhängen.

Stattdessen stellt er die Problematik der Begutachtung in einem knappen Dialog dar: Dreyfus war in einer sehr ungünstigen Lage. Sollte seine Handschrift der Handschrift gleichen, in der das Bordereau verfasst worden war, so war das ein eindeutiger Beweis für seine Schuld. Sollte dies nicht der Fall sein, so galt das als ein noch eindeutigerer Beweis für seine Schuld, aufgrund des Vorwurfs der Fälschung seiner eigener Handschrift. Auf dieser Argumentation basierte in der Tat die Anschuldigung gegen den französischen Offizier.

In der vierten Szene des zweiten Aktes begegnet der Zuschauer zum ersten Mal dem Hauptmann Dreyfus, der nichts ahnend zur Inspektion im Nachrichtenbüro erscheint. Es ist nun so, dass diesbezüglich die realen Geschehnisse einer Theaterszene ähneln. Daher ist die Darstellung der Überführung von Alfred Dreyfus entsprechend den tatsächlichen Umständen gestaltet worden. Das Spiel mit dem Brief unter Diktat des Majors du Paty de Clam (Kolonel Rishardon) wird im Theaterstück mit derselben Dramatik rekonstruiert, mit der es sich auch in der Wirklichkeit zugetragen haben darf. Der zweite Akt endet mit Dreyfus verzweifeltem Ruf "So inosente!". Die Szenenhandlung ist nicht überspitzt, bei seiner Verhaftung soll der Hauptmann tatsächlich seine Unschuld vehement beteuert haben: "Take my keys, examine everything in my house: I am innocent." (JE IV, 1903, 664).

In der ersten Szene des dritten Aktes ist das Publikum endlich mit Dreyfus allein. Der französische Offizier stellt sich rückblickend vor – er hatte eine militärische Musterkarriere und führte ein unbeschwertes Leben. Dann kam der Alptraum aus dem Nichts und fand kein Ende; Feindseligkeit und Verachtung wurden zu seinen ständigen Begleitern. Unermessliches Leid trübt seine Existenz und die seiner Familie. Als einzigen Grund für sein Unheil sieht Dreyfus die Tatsache, dass er Jude ist. Er weint und betet zu Gott um Gerechtigkeit. Während dieser Szene dürfte die klagende Stimme der Hauptfigur nicht nur beim Zuschauer sondern auch beim Leser angekommen sein. Dennoch zieht sich der Monolog nicht in die Länge. Dreyfus wird von einem Gendarmenoffizier unterbrochen, der ihm mitteilt, dass das Urteil verkündet wurde und dass er es gleich erfahren würde. Dem Prozess gibt Loria keine Kulisse. Das mag zum einen daran liegen, dass das Gerichtsverfahren nicht öffentlich war und daher keine realitätsbezogenen Zeugnisse vorhanden waren. Zum anderen kann mit der Urteilsverkündung, die das Ergebnis der geheimen Prozessführung zusammenfasst, Spielzeit gespart werden. Auf die verhältnismäßig trockene und unauffällige Szene der Urteilsverkündung folgen zwei bewegende Momente: Dreyfus verabschiedet sich von seinem Anwalt Demanj, der ihm verspricht, weiterhin für seine Unschuld zu kämpfen; Lusi Dreyfus rettet in der sechsten Szene ihrem Ehemann das Leben, nachdem ihn der Gendarmenoffizier auf die Idee des Selbstmordes gebracht hatte. Keine der für diese Arbeit untersuchten Quellen liefert ein Hinweis darauf, dass sich Dreyfus zu einem bestimmten Zeitpunkt das Leben nehmen wollte. Es ist allerdings bekannt, dass ein Revolver auf dem Tisch neben Dreyfus während der ersten Befragung bezüglich des Bordereaus lag, damit der Hauptmann Selbstjustiz verüben konnte, als er sich überführt sah. Die von du Paty de Clam vermutete Reaktion kam jedoch nicht zustande (JE IV, 1963, 664). Auch wenn der Hauptmann an seiner ausweglosen Situation verzweifelte, unternahm er zu keiner Zeit Selbstmordversuche. In seiner Biografie schrieb er (Rodríguez Ramírez 2007, 45):

> Mi desespero fue muy grande. La noche de después de mi condanación fue una de las más tristes de mi doloriosa vida. En mi cabeza voltaban las ideas las más terribles. Yo era canso de tantas crueldades, yo me revoltaba de tantas injusticias, pero el recuerdo de mi mujer, de mis criaturas, me impedía de tomar una negra determinación (de matarme) y yo me determiní a esperar.

Der Selbstmordversuch als fiktives Element im Theaterstück – 3. Akt, 6. Szene – intensiviert die Dramatik, hält das Publikum wach und verstärkt die Abneigung gegen die Antagonisten. Der Höhepunkt des dritten Aktes befindet sich in der achten Szene, in der die Entwürdigung des Kapitäns Dreyfus dargestellt wird. Jacques Loria setzte auf ein äußerst emotionsgeladenes Bild, das die Realität abbildete.[8] Passive Aggressivität, Misanthropie und antijüdische Parolen durchdringen den Text. Der Autor schuf eine Atmosphäre, die das antijüdische Frankreich am Ende des 19. Jahrhunderts widerspiegelte. Am Ende der Szene wird der Fokus auf Pikars Äußerung gelegt: "Este hombre es inosente!", die wiederum verrät, wie die Handlung weitergeht. Der Vorhang fällt, und der Zuschauer bzw. Leser wird von den feindlichen Ereignissen errettet.

Der vierte Akt spielt vier Jahre später – Echtzeit zwei Jahre später 1896. Dreyfus ist auf die Teufelsinsel verbannt. Pikars Monolog füllt den Anfang der ersten Szene, dann kommen ein Diener und ein Geheimagent dazu. Der Zuschauer erfährt, dass Pikar gerade auf die Spuren eines neuen Hochverrates gekommen ist: Das zweite Dokument – das *petit bleu* – wurde entdeckt. Auf Einzelheiten um das *petit bleu* verzichtete Jacques Loria, für das weitere Geschehen im Theaterstück war nur der darin erwähnte Major Esterazi (Esterhazy) relevant. In der zweiten Szene kehrt Pikar in einem weiteren Monolog zu sich zurück und überlegt, welche Konsequenzen das Aufrollen des Dreyfus-Falls für ihn und seine Karriere

---

8 Vgl. Darstellung der Entwürdigung in *The Jewish Encyclopedia* IV, 1903, 667.

haben würde. Als Dank für seine Ehrlichkeit und seinen ausgeprägten Gerechtigkeitssinn verlor Pikar seinen Posten und wurde in einen hochgefährlichen Einsatz geschickt. Obwohl er die Konsequenzen ahnte, entschied er sich, Dreyfus zu helfen. Im Theaterstück stellt Loria Pikar auf das Lobpodest, indem er ihm eine Szene gibt – die zweite des vierten Aktes, um seine Unbestechlichkeit hervorzuheben und seine Bedeutung im Dreyfus-Fall zu unterstreichen.

Pikar kam zunächst nicht auf die Idee einer Komplizenschaft innerhalb des französischen Geheimdienstes, das wird auch im Theaterstück so veranschaulicht. Er mutmaßte nicht, dass die Feinde in den eigenen Reihen saßen. Loria stellte in zwei dialogisierten Szenen dar, wie Major Pikar aus dem Weg geräumt wurde. Nach einem Zusammenstoß zwischen ihm und Fabres in der vierten Szene, will Pikar General Mons (Generalstabschef Gonse) über Esterazi berichten. Fabres schafft es allerdings als Erster, die Gemüter gegen Pikar einzustimmen. Loria zeigt in der fünften Szene, wie in höheren Kreisen Gerüchte um Pikars Loyalität verbreitet wurden, die ihn letztendlich den Posten und die Versetzung nach Afrika kosteten.

1896/97 war die Situation in Frankreich deutlich überspitzt: Bernard Lazar[9] veröffentlichte seine pro-Dreyfus-Publikation, die Bevölkerung war gespalten. Picquart wollte die Wahrheit an den Tag bringen. Sie hätte jedoch namhafte französische Politiker gefährdet. Im November 1896 musste er General Gonse die Leitung des Nachrichtendienstes übergeben und trat darauffolgend die Dienstreise nach Afrika an; er wurde zum 4. algerischen Schützenregiment abkommandiert (Thalheimer 1963, 13). Im Gegensatz dazu schickte Loria Pikar nach Tunesien, möglicherweise um von bestimmten Persönlichkeiten abzulenken. Am Ende des vierten Aktes wird lediglich die Intention von Pikar durch einen monologisierten Abschied kenntlich gemacht, die Schuldigen nicht unbestraft zu lassen. In Wirklichkeit verfasste der Major einen Brief an den Präsidenten, in dem er den Fall Dreyfus – Esterhazy beschrieb. In seinem Auftrag übergab sein Anwalt Leblois dem Senator Scheurer-Kestner dieses Schriftstück samt allen Briefen, die General Gonse Picquart zukommen ließ. Kurz darauf beschlossen Leblois und Scheurer-Kestner auf die Regierung einzuwirken, um den Fall Dreyfus erneut aufzurollen. Die tatsächlichen Geschehnisse wurden immer komplizierter, polemischer und hoch politisch.

Jacques Loria verzichtete auf eine komplette Politisierung des Theaterstücks. Er gab diesen Tatsachen keinen Bühnenraum, für die Unterhaltung hatten sie keine Relevanz mehr. Mit dem Versprechen Pikars am Ende

---

9   Französischer Journalist, Literaturkritiker und Anarchist jüdischer Abstammung (1865-1903).

des vierten Aktes, die Missstände auf jeden Preis aufzuklären, schloss Loria das Politikum ab.

Der fünfte Akt ist der letzte und spielt auf der Teufelsinsel. In der ersten Szene begegnet man zum ersten Mal nach der Entwürdigung dem Häftling Dreyfus, der in einem deliriumsähnlichen Zustand vor sich hinträumt und halluziniert. Der ehemalige Offizier wird in völliger Isolation gehalten und weiß nicht, dass ganz Frankreich seinetwegen am Rande eines Bürgerkrieges stand. Er bekommt seit Monaten keine Briefe, keiner darf mit ihm sprechen; er ist abgemagert, schwach und wankelmütig. Um ihn wieder in die Realität zurück zu holen bzw. um einen kleinen Schimmer Hoffnung einzubauen, bettete Loria eine fiktive Szene ein, in der die neuesten Tatsachen um den Fall Dreyfus im Schnelldurchlauf ans Licht gebracht werden. Ein merkwürdiger Inspektor, der sich gleichzeitig als Arzt ausgibt, kommt auf die Insel und will sich nach dem Zustand des Häftlings erkundigen. Der Gefängnisdirektor führt ihn herum, dabei erfährt der Zuschauer, dass "el ministro Lebon"[10] die menschenunwürdigen Sicherheitsmaßnahmen angeordnet hatte, in denen Dreyfus gehalten wurde.[11] In seiner Funktion als angeblicher Arzt überreicht der Inspektor dem Häftling eine Wundermedizin, die ihn schnell gesund machen würde, wenn er sie sofort einnehmen würde. In der kleinen Schachtel findet Dreyfus statt Heilmittel für den Körper, ein Elixier für die Seele – einen Brief von Lusi Dreyfus, die ihm über die positive Entwicklung seines Falls berichtet.

Das glückliche Ende des Theaterstücks macht sich hier schon bemerkbar. Gleich darauf tritt Gefängnispersonal auf und verkündet Dreyfus die gute Nachricht, dass sein Prozess neu aufgerollt wird und er noch am selben Tag nach Frankreich zurückfährt. In Sekundenschnelle zieht die Gewitterwolke ab, der Akt endet mit einem in Pathos verfallenden Alfred Dreyfus, der sein plötzliches Glück nicht fassen kann und voller Kraft in die Zukunft schaut. Der Vorhang fällt. Die dramatische Handlung wird zum Schluss mit einer Apotheose umrundet. Loria divinisiert Alfred Dreyfus, indem er Regieanweisungen für ein lebendiges Bild ans Ende des Theaterstücks setzt. Diese letzte Szene soll ein Festakt und den Sieg der Gerechtigkeit darstellen.

---

10 André Lebon war 1896 Kolonieminister (*The Jewish Encyclopedia* IV, 1903, 669)
11 Für Dreyfus galt eine absolute Abschirmung, die laut Aussagen des Kolonieministers Lebon dem Schütz des Häftlings diente (*The New York Times*, 13. Juli 1899).

Ausblick

Das Theaterstück von Jacques Loria kann nach zwei Aspekten ausgewertet werden: Nach Informationsgehalt und als Unterhaltungsmanöver. Entscheidend ist, dass der Autor beides sehr gelungen kombinierte. Es scheint ihm wichtig gewesen zu sein, den Fall möglichst wahrheitsgetreu wiederzugeben. Es liegt nahe, dass eine überwiegend fiktionalisierte Geschichte keinen Erfolg gehabt hätte. Andererseits trägt das Bühnenwerk eine deutliche Autorensignatur – eine sachliche Nacherzählung wäre vielleicht trocken und geistlos gewesen. Im Drama *Dreyfus* überlappen sich Echt- und Spielzeit in vorbildlicher Art. Die Zeitnähe zu den tatsächlichen Geschehnissen trägt selbstverständlich dazu bei, dass die Zuschauer sich als einen Teil, etwa als indirekt Betroffene verstehen. Auch wenn das junge Publikum heute wenig Interesse am Stil und Pathos solcher Texte zeigt, werden sie als Überbleibsel vergangener Tage geschätzt und bieten einen interdisziplinären Forschungsspielraum.

Bibliografie

Benbassa, Esther. 2005.
Les Sépharades en littérature. Un parcours millénaire. Paris.

Díaz-Mas, Paloma 2009.
Textos dramaticos y representaciones españolas entre los sefardíes de oriente. In: Joaquín Álvarez Barrientos, Oscar Cornago Bernal, Abraham Madroñal Durán y Carmen Menéndez Onrubia, Hrg., En buena compañía. Madrid. 1061-1172.

Hassán, Iacob 1987.
Transcripción normalizada de textos judeo-españoles. In: Estudios Sefardíes 1:147-150.

Jewish Encyclopedia
The Jewish Encyclopedia, IV. 1903. New York. [JE]

Kotowski, Elke-Vera & Schoeps, Julius H. Hrg. 2005.
J'Accuse...! ...ich klage an. Zur Affäre Dreyfus. Eine Dokumentation. Berlin.

Platikanova, Slava 2011.
Jacques Loria. Dreyfus. I. In: Winfried Busse, Hrg., Judenspanisch XIII – Neue Romania 40, 109-133.

Platikanova, Slava 2011a.
Notas al léxico en el Dreyfus (Sofía, 1903). In: W. Busse, M. Studemund-Halévy, Hrg. Lexicología y lexicografía judeoespañolas, Bern [Sephardica 5], 181-195.

Rodríguez Ramírez, Eva Belén, Hrg. 2007.
Alfred Dreyfus. Cinco Años de mi vida. Granada.

Romero, Elena 1979.
El Teatro de los Sefardíes Orientales. 3 Bde, Madrid.

Romero, Elena 1992.
La creación literaria en lengua sefardí. Madrid.

Schütz, Chana. 2005.
Wo ist Alfred Dreyfus? Die Darstellung in der humoristischen Bildpresse Deutschlands. In Kotowski, Elke-Vera & Schoeps, Julius H. Hrg. J'Accuse...! ...ich klage an. Zur Affäre Dreyfus. Berlin, 109-126.

Thalheimer, Siegfried 1963.
Die Affäre Dreyfus. München.

Treatment of Dreyfus 1899
The Treatment of Dreyfus. In: The New York Times vom 13.7.1899.

Dreyfus im Internet

Heinrich Kohring

Derjenige, der sich über den geschichtlichen Hintergrund der "Dreyfus-Affäre" umfassend informieren will, kann selbstverständlich – wie könnte es auch anders sein? – auf eine umfangreiche Literatur zum Thema zurückgreifen.

1. Er kann es sich aber auch leichter machen und gleichermaßen umfassend informiert werden, wenn er sich an das "Netz" wendet. Dort findet er eine ganze Reihe von Websites zum Thema. Zwei davon sollen vorgestellt werden, und zwar zunächst der bei Wikipedia erstellte Aufsatz mit dem lapidaren Titel "Dreyfus-Affäre", eine Darstellung, die als "ein als exzellent ausgezeichneter Artikel" gekennzeichnet wird.

http://de.wikipedia.org/wiki/Dreyfus-Aff%C3%A4re

Diese Darstellung ist reich bebildert, mit einem Inhaltsverzeichnis versehen und enthält eine Menge von Querverweisen. Am Schluss findet man, wie bei Wikipedia-Artikeln üblich, eine Filmographie und umfangreiche bibliographische Angaben sowie Weblinks. Nur ein kurzer Hinweis zum Umfang dieser lesenswerten Dokumentation: wenn man sie ausdruckt, erhält man ganze 23 Seiten im Din-A 4 Format. Die Benutzung dieser Abhandlung kann wärmstens empfohlen werden.

2. Die im Auftrag des "Ministère de la Culture et de la Communication" in Paris von zahlreichen ausgewiesenen Spezialisten erstellte Dokumentation "1906 Dreyfus Réhabilité" soll etwas ausführlicher gewürdigt werden:

http://www.dreyfus.culture.fr/fr/

Bevor diese – ohne alle Übertreibung – einzigartige und umfassende Darstellung des Themas vorstellt wird, sei darauf hinwiesen, dass man diese

Website nicht nur auf Französisch studieren kann, sondern es existiert auch eine "version anglaise", die, so scheint es, ganz vorzüglich von einem *Native Speaker* angefertigt worden ist.

Es empfiehlt sich, zunächst einmal den Aufbau der Dokumentation ("Plan du Site") in Augenschein zu nehmen.

2.1. Die Autoren beginnen mit der Vorgeschichte, d.h. mit der Darstellung der notwendigen Hintergrundinformation "Au seuil du XXe siècle" = *Auf der Schwelle zum 20. Jahrhundert.*

Das erste Unterkapitel hierbei ist: "Un régime apaisé mais contesté" = *Eine befriedete, jedoch unter Druck geratene Regierung.* "Befriedet" dürfte sich auf die poltische Situation Frankreichs beziehen, die sich nach den vielen Katastrophen einigermaßen stabilisiert hatte: der 70/71-er Krieg war verloren; die östlichen Landesteile, nämlich das Elsass und den größten Teil von Lothringen, hatten die Deutschen annektiert und, was für das Land als besonders schmachvoll empfunden werden musste, war die Proklamation des Deutschen Kaiserreiches – ausgerechnet im Spiegelsaal des Schlosses zu Versailles; hinzu kommt da sicher auch der durch den Übergang vom Zweiten Kaiserreich, dem "Second Empire", zur 3. Republik (1870-1940) vollzogene Regierungswandel. Das alles wird an dieser Stelle nicht explizit gesagt, darf aber bei dem gebildeten französischen Leser vorausgesetzt werden. Der deutsche Benutzer ("user") sollte sich die erwähnten Umstände vor Augen halten, da sie für ein tieferes Verständnis der "Affäre" eine unabdingbare Voraussetzung sind. Man denke beispielsweise nur an die "Erzfeindschaft" zwischen Deutschland und Frankreich, an das Bestreben der französischen Militärs, die Schlappe von 1870 wieder gut zu machen und die verlorenen Provinzen zurückzugewinnen. Dann setze man das in Beziehung zu der Herkunft der Familie Dreyfus aus dem Elsass, was alleine schon ausgereicht hätte, Alfred Dreyfus in der Armee wegen seines "deutschen" Backgrounds für einen potenziellen Spion zu halten.

Was mit dem Ausdruck "unter Druck geraten" (= *contesté*) gemeint ist, erfährt man in weiteren Unterabschnitten wie "La contestation politique" = *Der politische Protest,* wo wir über die Agitationen der monarchistischen Rechten, der radikalen Linken wie auch der marxistischen Anarcho-Syndikalisten aufgeklärt werden, und "La contestation sociale" = *Der gesellschaftliche Protest,* wo die Rede von dem Kampf der Arbeiterklasse und ihren Streiks sowie von deren staatlicher Repression ist.

Im zweiten Unterkapitel "Une justice structurée" = *Der Aufbau des Justizapparates* wird die zivile und die militärische Gerichtsbarkeit beschrieben; die Kenntnis der letzteren ist für das Verständnis der Dreyfus-Affäre von großem Nutzen.

Das dritte und letzte Unterkapitel dieses ersten Abschnittes ist überschrieben mit "Une armée en voie de rénovation" = *Eine Armee erneuert sich.* Es werden darin in sechs Abschnitten vorgestellt: *das Militär; ein Ziel: Nie mehr 1870!; das Kriegsministerium; der Generalstab; die Franzosen und die Armee* sowie *Spionage und Gegenspionage.*

Bevor ich über das dritte Kapitel referiere, möchte sei auf zwei besondere Lesehilfen hingewiesen: im fortlaufenden Text gibt es auf manchen Seiten eingefärbte Wörter – klickt man sie an, so öffnet sich ein Kasten mit der Erklärung des betreffenden Begriffes; z.B. wird auf der ersten Textseite ("La démocratie parlementaire") der Begriff "L'amnistie des communards" erläutert. Darüber hinaus kommen im Text unterstrichene Eigennamen vor, bei deren Anklicken sich eine neue Seite mit Foto und biographischen Angaben zur Person öffnet. Ferner: Auf jeder Seite sieht man überdies die Gliederung in Kapitel und Unterkapitel angezeigt, so dass man jederzeit "zurückblättern" kann. Oben über dem Text ist die Grobgliederung, d.h. die Auflistung der Kapitel angegeben. Das Nützlichste jedoch für den Leser findet sich in der rechten Spalte einer jeden Seite: hier finden wir Bilder und Fotos, die vergrößert werden können, sowie eine Rubrik "Archives", in der sich faksimilierte Originaldokumente einsehen lassen.

2.2. Im zweiten Kapitel, nachdem zuvor die historischen und gesellschaftlichen Präliminarien geklärt worden sind, ist die Rede nun von Dreyfus: "Les Français et Dreyfus" = *Die Franzosen und Dreyfus.* Zunächst gibt es im ersten Abschnitt mit der Überschrift "Les Juifs en France" = *Die Juden in Frankreich* einen allerdings recht knappen, zu knappen Überblick über die jüdische Geschichte des Landes. *Frankreich und die Juden vor ihrer Emanzipation im Jahr 1791*; "Les Juifs dans l'État républicain" = *Die Juden in der Republik* und besonders wichtig: "L'antisémitisme au seuil du XXᵉ siècle" = *Der Antisemitismus auf der Schwelle zum 20. Jahrhundert,* ein Abschnitt, der besonders aufschlussreich wegen der Ausführungen zum "rassistischen Antisemitismus" ist. Der nun folgende Abschnitt unter der Überschrift "La formation de l'opinion" = *Die Meinungsbildung* enthält die folgenden äußerst faktenreichen Beiträge: "La Presse" = *Die Presse;* "Les brochures et les chansons" = *Pamphlete und Chansons (für und gegen Dreyfus);* "Les Églises et la Franc-Maçonnerie" = *Die Kirchen und die Freimaurer* – hier erfährt man, wie antisemitisch, antirepublikanisch und fremdenfeindlich die katholische Kirche eingestellt war – im Gegensatz zu Protestanten und Freimaurern; "Les deux camps et l'apogée des antidreyfusards" = *Die beiden Lager und die Antidreyfusarden auf dem Höhepunkt,* und schließlich "Le rôle des intellectuels" = *Die Rolle der Intellektuellen.*

2.3. Das dritte Kapitel ist mit "Dreyfus et les siens" = *Dreyfus und die Seinen* überschrieben. Hier erhalten wir einen Überblick über die Familiengeschichte von Alfred Dreyfus. Im ersten Abschnitt "Les cheminements d'une famille alsacienne" = *Der Werdegang einer elsässischen Familie* werden seine jüdischen Vorfahren aus dem Oberelsass erwähnt; der Vater lässt sich in Mulhouse nieder und gelangt dort durch den Tuchhandel zu Ansehen und zu einem gewissen Wohlstand; nach der Annexion des Elsass durch das Deutsche Reich optiert die Familie für Frankreich; "L'ascension sociale d'une famille" = *Der soziale Aufstieg einer Familie*; "Des filateurs prospères" = *Erfolgreiche Spinnereibesitzer*; "Le choix de la France après 1871" = *Option für Frankreich nach 1871.* Der zweite Abschnitt ist überschrieben mit "Les itinéraires d'un officier français" = *Die Laufbahn eines französischen Offiziers.* Hier wird der schulische und berufliche Werdegang von Alfred Dreyfus geschildert: "L'Alsacien à l'École Polytechnique" = *Der Elsässer im Polytechnikum*; "L'officier d'artillerie" = *Der Artillerieoffizier*; "Le patriote à l'École supérieure de Guerre" = *Der Patriot auf der Militärakademie.* Danach kommt die Schilderung der Degradierung des patriotischen Offiziers, seiner Deportation auf die Teufelsinsel im Jahr 1895 und der Bericht über seinen militärischen Status nach 1906, dem Jahr seiner vollständigen Rehabilitierung: "L'officier d'État-major dégradé" = *Der degradierte Stabsoffizier*; "Le déporté de l'île du Diable" = *Die Deportation auf die Teufelsinsel* und schließlich "Le commandant Alfred Dreyfus" = *Hauptmann Alfred Dreyfus*, ein Unterabschnitt, in dem in aller Kürze sein Leben zwischen 1906, dem Jahr seiner Rehabilitation, bis zu seinem Tod im Jahr 1935 geschildert wird.

Der dritte Abschnitt dieses dritten Kapitels trägt die Überschrift "L'engagement des proches" = *Der Einsatz der Familie und der ihm Nahestehenden.* Hier werden wir aufgeklärt über den Bemühungen von Lucie Dreyfus, der Gattin des zu Unrecht verurteilten und degradierten Alfred Dreyfus, sowie über den selbstlosen Einsatz seines Bruders Mathieu, der als erster den wahren Schuldigen, nämlich den Kommandanten Esterhazy, öffentlich anklagt. Auch die weitere Familie bleibt nicht untätig. Die Überschriften der soeben erwähnten Abschnitte lauten: "Lucie, épouse indéfectible" = *Lucie, eine unermüdliche Gattin*; "Mathieu, frère admirable" = *Mathieu, ein bewundernswerter Bruder* und "La mobilisation de la famille" = *Der Einsatz der Familie.* Im nun folgenden Unterabschnitt wird die Unterstützung von Zadoc Kahn, des Oberrabbiners von Frankreich, wie auch der Brüder Salomon und Joseph Reinach geschildert, beides namhafte Wissenschaftler. Im Anschluss daran wird der Kampf des Dichters und Anarchisten Bernard Lazare, des "ersten Dreyfusarden", gewürdigt: "Le soutien de Zadoc Kahn et des frères Reinach" = *Die Unterstützung durch Zadoc Kahn und die Brüder Reinach* und "Bernard Lazare, premier dreyfusard" = *Bernard Lazare, der erste Dreyfusard.*

2.4. Im vierten Kapitel, das mit "Le périple judiciaire" = *Die Odyssee der Justiz* überschrieben ist, wird in zwei Unterkapiteln der lange Weg der Justiz von den ersten Schritten der Verteidigung noch seitens der Familie bis hin zur endgültigen Rehabilitierung von Alfred Dreyfus im Jahre 1906 beschrieben. Im ersten Unterkapitel "Du premier pourvoi à l'amnistie" = *Die ersten Rechtsmittel werden eingelegt bis hin zur Amnestie* wird die Arbeit der Advokaten, die sich für Dreyfus einsetzen, geschildert bis hin zur ersten Revision im Jahre 1899: am 3. Juni des genannten Jahres hebt das Appellationsgericht das am 28 Dezember 1894 über Dreyfus verhängte Urteil auf und verweist das Verfahren an das Kriegsgericht in Rennes zurück, worauf Alfred Dreyfus die Teufelsinsel unverzüglich verlassen darf – nicht etwa in die Freiheit, sondern ins Militärgefängnis von Rennes. Am 19. September 1899 unterzeichnet Präsident Émile Loubet den Gnadenakt, nachdem Dreyfus zuvor auf eine Berufung schriftlich verzichtet hatte; der so Begnadigte erlangt die Freiheit und begibt sich zu seiner Schwester in Carpentras (Provence). In dem nun folgenden Prozess – noch im Jahr 1899 (am 9. September) – kommt es jedoch zu einer neuen Verurteilung durch das Kriegsgericht ("conseil de guerre") in Rennes zu 10 Jahren Haft, eine Haft, die Dreyfus nicht antreten muss, da inzwischen ein Amnestie-Verfahren eingeleitet worden ist: im Dezember 1900 wird das vom Ministerpräsidenten Pierre Waldeck-Rousseau initiierte Amnestie-Gesetz verabschiedet. Die "Affäre" ist damit jedoch keineswegs ausgestanden: es beginnt der im nun folgenden zweiten Unterkapitel "Vers la cassation sans renvoi" = *Auf dem Weg zur Aufhebung des Urteils ohne Revisionsmöglichkeit* geschilderte zweite Kampf von Alfred Dreyfus, der nicht einfach nur begnadigt sein will, sondern dem es verständlicherweise darum geht, dass seine Unschuld voll und ganz bewiesen wird; für ihn selber, so erfuhren wir schon am Ende des ersten Unterkapitels, bedeutet ein Gnadenakt gar nichts: "Pour Alfred Dreyfus, le projet d'amnistie est la faillite du droit et de la justice" = *Für Alfred Dreyfus bedeutet das Amnestie-Projekt das Versagen des Rechts und der Justiz.* Ein Abschnitt des zweiten Unterkapitels ist dem Wirken von Jean Jaurès, einem enragierten Dreyfusarden, gewidmet, in einem anderen wird von der Wiederaufnahme des Prozesses Ende 1903 und Anfang 1904 berichtet. In den letzten beiden Abschnitten geht es um die Verkündigung der Unschuld von Alfred Dreyfus: am 12. Juli 1906 wird das Urteil des Appellationsgerichtes verkündet: "de l'accusation portée contre Dreyfus rien ne reste debout; et que l'annulation du jugement du conseil de guerre ne laisse rien subsister qui puisse, à sa charge, être qualifié crime ou délit" = *von der gegen Dreyfus erhobenen Anklage hat nichts Bestand; und dass die Annullierung des Urteils des Kriegsgerichts nichts bestehen lässt, was zu seinen Ungunsten als Verbrechen oder Vergehen bezeichnet werden könne.* Schließlich wird im letzten Abschnitt dieses vierten Kapitels von der Publizität berichtet, die dieses endgültige Urteil in Frankreich erfährt: Veröffentlichung im "Journal officiel" (~ *Staatsanzeiger, Gesetzblatt*); es soll in allen Gemeinden Frankreichs angeschlagen werden und der Freigesprochene darf das Urteil auf Staatskosten in insgesamt 50 Zeitungen von Paris und der Provinz veröffentlichen lassen.

2.5. Das fünfte und letzte Kapitel dieser Darstellung trägt den Titel "La postérité de l'Affaire" = *Die Nachwehen der Affäre.* Hier wird im ersten Abschnitt von der Wiedereingliederung von Dreyfus in die Armee berichtet: "La réintégration de Dreyfus dans l'armée". Außerdem wird er am 20. Juli zum "chevalier de la Légion d'honneur" ernannt. Als bei dieser Zeremonie, die auf Dreyfus' Wunsch im Kleinen Hof der Militärakademie ("la petite cour de l'Ecole militaire") stattfand, der Ruf ertönt: "Vive Dreyfus", wehrt dieser ab und ruft stattdessen: "Vive la République, vive la vérité". Was seine spätere Laufbahn in der Armee anbetrifft, so stellt sich heraus, dass die Jahre, die er in der Deportation verbracht hat, sowie die Jahre seines Prozesses nicht berücksichtigt werden, so dass er den erhofften Posten als Stabsoffizier nicht erlangt, sondern sich mit dem Rang eines Oberstleutnants begnügen muss ("Le lieutenant-colonel Alfred Dreyfus"). Aus diesem Grund bittet er 1907 um seinen Abschied aus dem Heer, lässt sich jedoch mit dem Ausbruch des Ersten Weltkrieges wieder mobilisieren. Als Reserveleutnant wendet er sich 1919 an den Präsidenten Clemenceau, um zum Offizier der Ehrenlegion ernannt zu werden; der Bitte wird stattgegeben, die "carte de combattant 14-18", die ihren Inhabern gewisse Rechte zusichert (Rente, Ehrenabzeichen, Trikolore auf dem Sarg usw.) wird ihm allerdings nicht zuerkannt. In dem Unterkapitel "Les souvenirs sur l'affaire" = *Erinnerungen an die Affäre* werden zum Einen die Darstellung der Dreyfus-Affäre bei Schriftstellern (Anatole France, Marcel Proust, Roger Martin du Gard) behandelt und zum Anderen die Betrachtungen von engagierten Zeitzeugen (Joseph Reinach, Charles Péguy, Georges Sorel, Léon Blum). Nach einem Exkurs über gewisse virulente Anti-Dreyfusards (der Monarchist und virulente Antisemit Charles Maurras, der Gründer der "Action française") ist ein ganzes Unterkapitel der "Panthéonisation" (Überführung ins Panthéon) eben des Schriftstellers Emile Zola gewidmet. (Sein beherztes und wirkungsmächtiges Eintreten für Alfred Dreyfus war zuvor schon ausführlich gewürdigt im 3. Kapitel ("Dreyfus et les siens"): dort wird sein Name im 3. Unterabschnitt ("Mathieu, frère admirable") unterstrichen angeführt – durch Anklicken gelangt man zu einer Seite, auf der Zola und sein Wirken eingehend dargestellt werden.) Im Anschluss daran wird nochmals ausführlich das Eintreten von Jean Jaurès für Alfred Dreyfus dargestellt. Im 2. Unterabschnitt "Les combats des droits de l'homme" = *Der Kampf um die Menschenrechte* wird als Folge des Kampfes um die Rehabilitierung von Alfred Dreyfus die Gründung der "Ligue des Droits de l'Homme" (*Liga für Menschenrechte*) geschildert. Aus dem letzten Unterkapitel des fünften und letzten Abschnitts zitiere ich aus der Rede des ehemaligen Präsidenten Jacques Chirac vom 12. Juli 2006 (Hundertjahrfeier des Freispruchs von Alfred Dreyfus), gehalten im Großen Hof der Militärakademie, die folgenden Worte: [la tragédie du capitaine Dreyfus] "a contribué à fortifier la République. Elle fut le creuset où finirent de s'élaborer les valeurs humanistes de respect et de tolérance. Des valeurs qui, aujourd'hui encore constituent notre ciment. La réhabilitation de Dreyfus, c'est la victoire de la République. C'est la victoire de l'unité de la France". = *die Tragödie des Hauptmanns Dreyfus "hat dazu beigetragen, die Republik zu stärken. Sie wurde zum Schmelztiegel, in dem die humanistischen Werte von Respekt und Toleranz schließlich ausgeformt wurden. Werte, die auch noch heute unser einigendes Band bilden. Die Rehabilitierung von Dreyfus, das ist der Sieg der Republik. Das ist der Sieg der Einheit Frankreichs".*

3. Zum Schluss sei auf eine weitere "pädagogische Hilfestellung" dieser brillanten Homepage zur Dreyfus-Affäre hingewiesen: rechts oben auf einer jeden Seite befindet sich unter "Médiathèque" – auch sehr wichtig – noch ein Link mit der Überschrift "Ressources pédagogiques". Beim Anklicken öffnet sich zunächst eine chronologisch angeordnete Sammlung von faksimilierten Dokumenten und Fotos zur Affäre; danach gibt es weitere Links wie "Pour ou contre Dreyfus", "Arbre généalogue", "Institutions judiciaires" und "Organisation des pouvoirs". Wer sich umfassend zur Dreyfus-Affäre informieren will, findet hier – so darf man ohne Übertreibung sagen – alles, was er wissen möchte und wissen muss. Nicht zu vergessen: es gibt schließlich noch einen mit "Link" betitelten Link, der Hinweise auf zusätzliche Websites gibt.

Ps. Am 8. 3. 2013 berichtet die *Berliner Zeitung* zur Aktualität des Dreyfus-Themas unter dem Titel: "Alles kommt heraus" davon, dass "Frankreich... sämtliche Geheimdokumente zum größten Skandal der Republik ins Netz" stellt zu "der Affaire Dreyfus." Ein Jahr zuvor ist von Pierre Gervais, Pauline Peretz und Pierre Stutin der Band erschienen: *Le dossier secret de l'affaire Dreyfus*, Paris 2012. Vgl. auch:

www.affairedreyfus.com/p/dossier-secret.html#!/p/dossier-secret.html

Zur Transkription des *Dreyfus*[1]

Winfried Busse

Es gibt viele Hindernisse bei der Transkription von Aljamiado-Texten, unter anderem wenn auf Grund der Nachlässigkeit der Drucker anstelle von *Waw* ein *Yod* erscheint, anstelle eines *Waw* dessen zwei da stehen, oder ein *Resch* mit einem *Dalet* verwechselt wird. Das kommt vor, aber das sind vergleichsweise Petitessen.

Von weit allgemeinerer Bedeutung ist die Frage, wie man einen Aljamiado-Text transkribieren soll, in welchem Verhältnis Transliteration und Transkription zueinander stehen, und: in welchem Maße eine Transkription transliterierende Elemente enthalten sollte.[2]

Bei einer *Transliteration* wird die Abfolge der Elemente eines Textes in einer gegebenen Schrift mit den entsprechenden Elementen der eigenen Grafie wiedergegeben, d.h. genau das, was im Originaltext steht. Ein Beispiel: bei einem unpunktierten hebräischen Text würde also דוד 'David' wiedergegeben durch *dwd*. Bei einem (modernen) griechischen Text würde ἑλληνική, 'griechisch, f.', als *hellänikä* erscheinen.

Da man auch die Möglichkeit berücksichtigen muss, dass mit einem gegebenen – hebräischen – Alphabet Texte anderer Sprachen wieder- gegeben werden, wie dies bei den Aljamiado-Texten des Judenspanischen in Raschischrift der Fall ist, wird die Sache komplizierter: (j)sp. *noche -* נוג׳י geschrieben, würde in der Transliteration n+w+ǧ+j ergeben, wobei durch den Strich über dem *g* das *Rafé* nach dem *Gimel* der Textvorlage wiedergeben wird; *w* steht für *Waw*, *j* für *Yod*: *nwǧj*.

Bei der *Transkription* eines Textes erwartet der Leser, anderes zu erfahren: nicht die Buchstabenfolge des Textes, sondern deren Aus- sprache interessiert, d.h., hier kommt die phonetisch-phonologische

---

1 Heinrich Kohring sei, wie schon so oft, immer wieder, gedankt für seine Kommentare.
2 Cf. Winfried Busse, Rashí. Transliteración, transcripción y adaptación de textos aljamiados, in: *Judenspanisch* IX – *Neue Romania* 34, 2005, 97-107, sowie H. Kohring, Judenspanisch in he- bräischer Schrift. In *Judenspanisch* I - *Neue Romania* 12, ³2004, 101-179.
   Die Schwierigkeiten, mit dem Mac hebräisch zu schreiben, sind auch hier offensichtlich.

Repräsentanz der grafischen Zeichen in den Blick, und sie ergäbe: *davíd*, *eliniki̇́*, *nóche*.

Verfügt das in der Transkription angewandte Schreibsystem über mehr Möglichkeiten als das Ausgangssystem, dann hat man die Wahl, diese Möglichkeiten, z.B. Klein- und Großschreibung, zu nutzen oder auch nicht. Da die Raschischrift z.B. keine Großbuchstaben kennt, würde eine Großschreibung am Anfang eines Textes, z.B. *Noche*, über die Erfordernisse einer strikten Transliteration hinausgehen: Man kann in diesem Fall die Möglichkeiten auswählen, die in den Zieltexten üblich sind, und so die Textgestalt dem in den Zieltexten Üblichen anpassen.

Mit dieser *Adaptation* ist sozusagen eine dritte Stufe in der Bearbeitung des Ausgangstextes erreicht. Die Adaptation reicht von den Möglichkeiten der reinen Graphie bis hin zu den Gepflogenheiten der Interpunktion, der Absatzgestaltung, und was sonst noch den Text betrifft. Welches aber die Grenzen der Adaptation sind, ist noch zu erörtern.

Bei der *Transkription* stellt sich dann zunächst das Problem der Eigenschaften des Schreibsystems der Originaltexte. *Raschi*, wie die von den Sefarden, und nicht nur von ihnen, benutzte Halbkursive genannt wird, in Gebrauch bis in die Zeit von Kemal Pascha Atatürk, ist eingeschränkt phonematisch: in einem Fall subphonematisch (Varianten von /d/: ð ~ d), und in drei Fällen superphonematisch: /e und i/, /u und o/ fallen in *Yod* bzw. *Waw* zusammen, /č und ğ/ in *Gimel* plus *Rafé*.

Texte in Raschi-Schrift weisen noch weitere Eigenheiten auf, die ihre Herkunft aus der hebräischen Schreibtradition nicht verleugnen können. Da ist zunächst die Tatsache, dass religiöse Namen und kulturelle Fakten, auch wenn sie in Raschischrift gesetzt sind, nach der hebräischen Norm wie ein unpunktierter Text geschrieben werden (vgl. *Satan* und *Talmud* im Dreyfustext p. 37 bzw. 58, usf.). Dieser Tatsache ist unserer Meinung nach bei der Transkription Rechnung zu tragen, was hier durch eckige Klammern geschieht.

Alef gibt *a* wieder, außer in wortfinaler Stellung: dort übernimmt diese Funktion das *He*. Daneben hat *Alef* aber vor Vokal am Wortanfang die Funktion des Vokalanzeigers (<α>, vgl. die "Vokalträger"-Funktion von *Alef* und *Ayin* im hebräischen Schriftsystem), da *Yod* und *Waw* auch Konsonanten sein können oder könnten: *ora* wird in der Raschischrift (ebenso wie in der Quadratschrift) folglich אורה geschrieben, als α+w+r+h transliteriert. Ein *a* am Anfang benötigt keinen Vokalanzeiger: *anda* - אנדה- a+n+d+a+h.

Schließlich erscheint bei Vokalkombinationen mit Hiat das *Alef* in einer weiteren Funktion zwischen den beiden Vokalen als Hiatanzeiger (<A>): *ainda* - אאינדה - a+A+j+n+d+h, *dia* - דיאה - d+j+A+h. Bleibt das *-a =He* aber nicht im absoluten Auslaut, etwa weil ein Plural-*s* wie in *dias* folgt, erscheint nur Alef: דיאס - d+j+a+s.

Weitere Beispiele: *autor* - אאוטור - a+A+w+t+w+r und *enbii* - אינביאי - α+j+n+b+j+A+j. So ist a+A+w+t+w+r als *autor* und α+w+t+w+m+a+t als *otomat* zu lesen.

Andererseits stellt sich mit Blick auf die Transkription das Problem, welcher Natur die der *Transkription* zugrunde gelegte *Grafie* ist: ist sie das orthografische System einer Sprache, beispielsweise die von *Aki Yerushalayim* propagierte Grafie des Judenspanischen oder die Grafie des Spanischen, oder ist die Transkription in Form einer phonetisch-phonologischen Umschrift gehalten?

Würde man auf die orthografischen Mittel des Spanischen zurückgreifen, dann müsste, da das Judenspanische aufgrund der Opposition [stimmlos – stimmhaft] bei den Sibilanten reicher an Phonemen ist als das Spanische, das orthografische Inventar durch weitere Zeichen oder durch Diakritika ergänzt werden: letzteres ist der Weg, den Iacob Hassán und Elena Romero mit ihrer (Madrider) Schreibung des Judenspanischen beschritten haben,[3] dabei müsste man aber zwischen Schreibung (Grafie) und Transkription unterscheiden.

Man könnte stattdessen sehr wohl die von Moshe Shaul in *Aki Yerushalayim* vorgeschlagene Grafie anwenden, welche die phonematische Schreibung des Judenspanischen gewährleistet. Die Frage ist nur: gibt es bei den Texten in Raschischrift Erscheinungen, die der Transkribent zu berücksichtigen für wichtig hält, die aber nicht in der Graphie von *Aki Yerushalayim* berücksichtigt werden? Dann müssten, bei aller grundsätzlichen Übereinstimmung mit der Grafie von Moshe Shaul, Modifikationen eingeführt werden. So könnte man die Auffassung vertreten, dass eine Transkription von Texten in Raschischrift nicht nur den phonematischen Gehalt des Ausgangstextes abbilden, sondern auch (subphonematische) Varianten wie [ð ~ d], sowie variable Traditionen der Raschischreibung wiedergeben sollte.

Sodann: bei Shaul entsprechen z.B. /ks/ zwei Grapheme <k+s>, aber dem stimmhaften Pendant, /gz/, nur ein einfaches Graphem, <x>: das kann konventionell so in einer (Ortho-)Grafie des Judenspanischen gehandhabt werden, würde aber das Wie der gleichartigen Schreibung der beiden Kombinationen durch jeweils zwei Grapheme in der Raschischreibung, קס und גז, unterschlagen.

In unserer Transkription votieren wir für die – analoge – zweigliedrige Schreibung <ks> und <gz>.

---

3 S. Iacob Hassán, Transcripción normalizada... In: *Estudios Sefardíes* 1:147-150.

Die Kombinationen von Vokalen in den Raschitexten erfordern eine besondere Aufmerksamkeit. Wir unterscheiden Diphthonge von Kombinationen mit Hiat, und bei den Diphthongen solche, die steigen, mit einem halbkonsonantischem Element am Anfang, z.B. [je] in *bien*, von solchen, die fallen, mit einem halbvokalischen Element am Ende, z.B. [aj] in *ay*, und schließlich Triphthonge mit dem vokalischen Element in der Mitte, z.B. [wej] in *buey*.

Die Diphthonge und Triphthonge unterscheiden sich von den Vokalkombinationen mit Hiat dadurch, dass letztere zwei Silben bilden, so dass eine Pause (wie in *The-ater*) zwischen den Vokalen eingeschoben werden könnte, während die ersteren immer eine Silbe bilden. Welche Kombinationen gehören welcher Kategorie an? Und wie wird der Unterschied in der Raschischreibung markiert?

u+Vokal gehören im vorliegenden Aljamiadotext immer zu den Hiatgruppen. Das verwundert, da phonetisch-phonologisch *i* in *bien* und *u* in *bueno* dieselbe – semikonsonantische – Funktion haben. In der (Raschi-) Schreibung wird das nicht so gesehen. Sei's drum.

Wie schon erwähnt, wird der Hiat durch ein *Alef* zwischen den beiden Konstituenten markiert (*Alef* als "Vokalträger" bzw. -"anzeiger"): *bueno* - בואינו- b+w+A+j+n+w. Vor *a* erscheint kein weiteres *Alef*: *kuando* - קואנדו- k+w+a+n+d+w.

Ist das erste Element ein *a* und das zweite ein geschlossener Vokal, dann wird meist kein *Alef* gesetzt: *trae* - טראי - t+r+a+j.

Vokalkombinationen ohne *i* gehören zu den Hiaten: *vee* - בי'אי - v+j+A+j.

Die Verbindung von *i*+Vokal können der einen oder der anderen Kategorie zugeschrieben werden.

Der Hiat wird durch *Alef* angezeigt, *devia* -דיב'יאה - d+j+v+i+A+h.

Dazu schreibt Kohring (p.M.): "Ich sehe hier die Sache etwas anders. Auslautendes ה steht judenspanisch *more hebraico* [nach den Regeln der hebräischen Schreibung] für -*a*, z.B. אלמה wie in hebräisch גולה [go'la] 'Exil'. Wenn nun aber diesem -*a* ein Vokal bzw. ein Halbvokal im Jsp. vorausgeht, so wird vor dem finalen *He* wider alles Erwarten ein *Alef* geschrieben, z.B. דיה und nicht etwa דיאה- was theoretisch durchaus möglich wäre, weil man ja auch beispielsweise hebräisch אוכלוסיה - [uxlosi'ja] 'Bevölkerung' schreibt. Die weibliche Endung -*a* wird im Plural, also -*as*, selbstverständlich *Alef* + *Samech*, wie kaum anders zu erwarten, geschrieben, so auch דיאס . Die Verbform *azia* schreibt man ganz klar אזיאה . Die 2. Ps. Sg. des Verbs, nämlich *azias*, schreibt sich analog genauso: אזיאס.

Man kann jetzt natürlich sagen, dass in letzterem Fall ein *Alef* wegfällt, aber wenn man schon die eigentlich "unhebräische" Schreibung דיאה vorliegen hat, dann ist die Pluralform דיאס die zu erwartende Schreibung. Genau genommen ist meines Erachtens das *Alef* in *azia* bzw. *dia* zuviel!"

Beim *Diphthong* [j+V] wird das *Yod* im Anglitt verdoppelt, es erscheint <jj+V>: *medya* - מידייה - m+j+d+j+j+h und ebenso *pasensya* - פאסינסייה - p+a+s+j+n+s+j+j+h.

Ebenso bei [j] im Abglitt: *oygan* - אוייגאן - α+w+j+j+g+a+n, *ay* - איי - a+j+j.

Wenn ein *Yod* für [i] steht, zwei *Yod* für [j], wie wird dann *bien* [bjen] geschrieben? Bei *Yod* wird die Verdreifachung vermieden, wie sie zum Ausdruck von [bjen] notwendig wäre – dies ist auch im jiddischen Kontext so üblich, wie Heinrich Kohring bemerkt – und es erscheint nur <jj> in b+j+j+n; ebenso findet man nur zwei *Yod* vor in a+j+j+r und k+a+v+j+j+w+s: *ayer* und *kaveyos*.

In unserer Transkription haben wir uns entschieden, in allen Fällen, in denen ein fehlendes *Yod* interpoliert werden muss, das [jj] durch fettes <y> wiederzugeben. Wir haben so *byen* - ביין- b+j+j+n>, *ayer* - אייר - a+j+j+r und *kaveyos* - קאב'ייוס - k+a+v+j+j+w+s sowie initial *yevar* - ייב'אר- j+j+v+a+r.

Selbst wenn vier *Yod* notwendig wären wie bei [eje], wird die Beschänkung auf nur zwei *Yod* beibehalten, also wird die intendierte Kombination j+j+j+j mit <eye> transkribiert, also *reyes*.[4]

Aufgrund der Beschränkung auf zwei aufeinander folgende *Yod* ist es unmöglich, ארייב'ה - a+r+j+j+v+h als *areyéva* zu rekonstruieren, es sei denn, man kennt das Wort.

Zur Herkunft der Schreibweisen für [je, we] usw. im Judenspanischen schreibt Kohring (p.M.): "Was die Schreibung der jsp. Diphthonge *ey, ye* vs. *ue* anbetrifft, kann man vielleicht noch darauf hinweisen, dass deren Wiedergabe in der (Raschi-)Orthografie des Judenspanischen gänzlich hebräischen Rechtschreibekonventionen geschuldet ist, und zwar erklärt sich dieses folgendermaßen: es gibt im Hebräischen den Diphthong [je], s. z.B. מצניין- [məan'jen] '(it's) interesting (me)' vs. מצוניין - [məun'jan] '(I'm) interested'. Das heißt, dass zweimal *Yod* sowohl den Diphthong [je] wie auch den Diphthong [ja] darstellen kann.

Aber das ist noch nicht alles: [jejn ʃa'bat] 'Sabbatwein': ייו שבה - hier haben wir durch die anlautenden zwei Yod den Triphthong [jej] vertreten. Das

---

4 Dass es auch andere Konventionen der Raschischreibung geben kann, zeigen die bei Aldina Quintana in SF 2 "Tierra Santa..." angeführten Beispiele.

müsste reichen, um nachzuvollziehen, warum die Auswahl der "Spaniolen" ausreichend vorgegeben war. Freilich muss man hinzufügen, dass die Schreib- bei ihrer Verschriftung des Judenspanischen hier eben durch das Hebräische konvention im Judenspanischen konsequent vereinheitlicht wurde, und zwar so, dass *ein* Yod für den Vokal [i] stand, wohingegen *zwei* Yod für den Konsonanten [j] ebenso wie für die Diphthonge [je] und [ej] standen.

Beim Diphthong *ue* hingegen verbot sich die an sich naheliegende Ortho- grafierung *Waw + Yod*, da diese Buchstabenfolge im Hebräischen schon vergeben war, vgl.   ואבוי אוי- [oj va'voj] 'oweh', und auch גוי - [goj] 'Volk, Nicht-Jude'. Was blieb den Verschriftern des Judenspanischen da anders übrig, als [we] aufzulösen in [u] + [e], was dann nur als ואי mit Alef als Träger des zweiten Vokals erscheinen konnte.

Stehen zwei *Yod* in einem Wort, in dem man nur eines erwarten würde, wie in   סייא   - *silla* > je. *sia* aufgrund von Yeísmo und dessen nachfolgender Reduktion, dann kann <jj>, da es für halbkonsonantisches [j] steht, nicht den Ton tragen: so man dann auch in diesem Fall ein *Yod* interpolieren und *siya* lesen und transkribieren müssen. Das sind zumindest unsere Schlussfolgerungen.

<j+j+r> läßt sich so nur als Wort mit konsonantischem Anfang interpretieren und als *yir* transkribieren, eine Variante, die es tatsächlich im Judenspanischen gibt. Neben *reir und riir* ist auch *riyir* belegt. Sp. *seguir* ist möglicherweise durch vier Formen vertreten: *segir, segiir, segyir* und *seguir*.

Zur Schreibung von [j/je] durch <jj> kommt noch eine Reminiszenz an die mögliche Aussprache von [j] als [λ], geschrieben <ljj>: so wird *yevar* häufig l+j+j+v+a+r geschrieben, bei uns notiert als *y̱evar* (im nicht- kursiven Kontext: y̱evar). Diese Schreibweise dehnt sich aus auf Fälle, in denen kein Yeísmo gegeben war, beispielweise y̱o: l+j+j+w (neben *yo* j+j+w). Die Fälle mit ljj-Schreibung sind jedoch begrenzt.

Andererseits gab es auch im Spanischen des 16. Jahrhunderts Formen, in denen [l+j] gesprochen wurde, das aber nicht dem Yeísmo unterlag: *salieron, salió*. In diesen Fällen bleibt [lj] erhalten mit Ausnahme von *familia > famiya, famia*. Das gilt auch für Entlehnungen in neuerer Zeit, in denen die l+j-Formen der Kontaktsprachen enthalten sind wie in *detalyos, medalyas, orgolyo, batalya*. Dass diese Wörter so ausgesprochen werden, wissen wir natürlich nur durch die aktuelle Praxis der Sefarden.

Abwechselnde Hiat- und Diphthong-Schreibung bei ein und demselben Wort kommt auch vor: *pátria* - פאטריאה - p+a+t+r+j+A+h (*Dreyfus*-Text p. 8, markiert mit '), bzw. *pátrya* - פאטרייה - p+a+t+r+j+j+h.

Man wird allerdings feststellen, dass beim Hiat das *Alef* auch fehlen kann: *pais* - פאאיס - p+a+A+j+s (17, markiert mit '), neben *pais* - פאיס - p+a+j+s.

Die Paradigmata von *kaer* und *traer* in unserem Text weisen alle diese Besonderheiten auf, zusätzlich noch morphologische Variation der einzelnen Formen; die Formen sind:

kaér - קאיר - k+a+j+r, *kayér* - קאייר - k+a+j+j+r (9, 10),
káe - קאאי - k+a+A+j (50, markiert mit '), *káye* - קאיי - k+a+j+j (11),
    káye - קאליי - k+a+l+j+j (4, 5, 30, 57),
kayémos - קאליימוס - k+a+l+j+j+m+w+s (4),
káen - קאין - k+a+j+n, *káyen* - קאיין - k+a+j+j+n (13),
kayga - קאייגה - k+a+j+j+g+h,
kayó - קאייו - k+a+j+j+w (23), *kayó* - קאלייו - k+a+l+j+j+w (29).

traér - טראאיר - t+r+a+A+j+r (5, 40, 52, markiert mit '), ט ראיר- t+r+a+j+r, *trayér* - טראייר - t+r+a+j+j+r (34),
tráygo - טראייגו - t+r+a+j+j+g+w,
tráe - טראאי - t+r+a+A+j (36, markiert mit '), טראי - t+r+a+j, *tráye* - טראליי- t+r+a+l+j+j (19),
tráesh - טראיש - t+r+a+j+s+h,
tráen - טראין - t+r+a+j+n,
traído - טראידו - t+r+a+j+d+w.

Bei der Wortfamilie rund um *traizidor* erscheint generell kein Hiat-*Alef*: *traizidor* - טראיזידור - t+r+a+j+z+j+d+w+r. Wir vermerken also den teilweisen Schwund des Hiat-*Alefs* in der Grafie.

Da der Hiat aufgrund der Art der Vokalkombination und der Schreibung (<jj> für [j] im An- und Abglitt) eindeutig identifizierbar ist, braucht er in der Transkription nicht markiert zu werden.

Zu den grafischen Besonderheiten dieses (und nicht nur dieses) Textes zählt das Schreiben des Nasals vor bilabialem Okklusiv als <n>: *inportante* statt *importante*; das ist eine Tradition, die auf die altspanische Zeit zurückgeht. Hier gibt sich Loria ganz traditionell.

Auch auf die altspanische Zeit zurückgehen dürfte die in den Aljamiadotexten[5] übliche Zusammenschreibung von Präposition und Artikel oder Pronomen. Wir haben sie der unmittelbaren Lesbarkeit halber auseinander geschrieben, aber mit einem Strich auf der Linie verbunden.

Unsere Transkription ist eine Transkription mit transliterierenden Elementen; das Prinzip, von dem wir uns haben leiten lassen, ist das der unmittelbaren Lesbarkeit in Verbindung mit dem Postulat, dass eine Transkription so gestaltet sein muss, dass die Originalgrafie aus der Transkription – nach Lektüre dieser Vorbemerkungen – eindeutig hergeleitet werden kann.

---

5 S. dazu Jens Lüdtke, Hacia la separación gráfica de las preposiciones y de los determinantes nominales en el período de orígenes del español de América. Un tema no estudiado. In: *Peregrinatio in Romania. Artículos en homenaje a Eugeen Roegiest con motivo de su 65 cumpleaños.* Gent 2011, 123-134.

Zur Sprache des *Dreyfus*[1]

Winfried Busse

Bei unserem Kommentar zum Judenspanischen von Jak Lorya sollten wir drei Aspekte unterscheiden: (a) seine Sprache im diatopischen, diastratischen und idiosynkratischen Sinne, (b) Bemerkungen, die allgemeiner Natur sind, (c) unsere Transkription und ihre geographische Orientierung der Sprache des Textes

(a) Wie Slava Platikanova schon in ihrem ersten Teil (2011) hervorhebt, ist der Autor Loria offensichtlich bemüht, sein Judenspanisch dem seiner Zielgruppe anzupassen, es zu evozieren, es zu zitieren. Dies gilt in *diatopischer* wie in *sozialer* Hinsicht: als gebürtiger Istanbuler mit italienischen Vorfahren und mit Ausbildung in Paris, erster Lehreranstellung in Tunis, zwischen 1898-1904 in Bulgarien, ist er bestrebt, Elemente einfließen zu lassen, die das Bulgarische evozieren, oder umgekehrt: wenn wir feststellen, dass bulgarische Elemente in seinem Text vorkommen, dann schließen wir daraus, dass er ein bulgarisches Publikum im Auge hatte. Typisch dafür ist *pagon*, bulg. für 'Schulterstück'. Das würde nur ein bulgarischsprachiges Publikum verstehen. Diese Elemente halten sich im Text aber in Grenzen.

In *sozialer, diastratischer* Sicht fällt die überaus starke Französisierung seines *Dreyfus* ins Auge, die nicht nur auf die Thematik zurückzuführen ist: wenn man weiß, dass die Schulen der *Alliance Israélite Universelle* nach ihrer Gründung 1860 rund um das Mittelmeer nicht nur das Französische, sondern auch **auf** Französisch unterrichteten, dann wird klar, dass das Zielpublikum aus den Schichten rekrutiert sein sollte, die das Französische in den Allianz-Schulen gelernt hatten. Da die Gallomanie auch außerhalb der sefardischen Gemeinden, im Bulgarischen, im Türkischen, "Kurs hatte" (fz. *avoir cours*), lagen Gallizismen allerdings sozusagen in der Luft. Die Anforderungen an die Französischkenntnisse der Zuschauer sind beträchtlich.

---

[1] Heinrich Kohring sei, wie schon so oft, immer wieder, gedankt für seine Kommentare.

Auffällig sind andererseits die vielen lexikalischen Elemente, die auf das Italienische verweisen, wo für Saloniki und nördlich davon, ebenso für Istanbul, eine starke Präsenz von italienischen Sefarden der Oberschicht schon vor 1800 zu unterstellen ist; gleichzeitig dürfte die Herkunft seiner Familie aus Italien eine gewisse Rolle spielen. Das Französische ist jedoch viel massiver, insofern als auch viele grammatischen Elemente bzw. Konstruktionen darauf zurückzuführen sind. In den Anmerkungen zum Text und im Glossar sind sie als solche markiert, so dass es sich erübrigt, sie hier aufzuführen – wir können aber nicht umhin, das vielleicht gewagte *susyozo* zu zitieren, das dem französischen *soucieux* entspricht und als solches wohl ein Hapax ist, das Olga Borovaya in ihrer Transkription – warum, wissen wir nicht – als *seriozo* liest.

Die türkischen Elemente gehören weithin zu den Balkanismen, also zu den Ausdrücken, die vom Türkischen in die Balkansprachen (und ins Judenspanische, meist sekundär, über die nationalen Sprachen) eingedrungen sind – wobei sie natürlich nicht "eingedrungen" sind, sondern von der autochthonen und der sefardischen Bevölkerung übernommen, oder besser: nach bestem Wissen und Gewissen adoptiert und adaptiert worden sind.

In dem Text tauchen viele Sachbegriffe aus dem Französischen auf, die dem Kontext geschuldet sind: *segundo buro* nach *deuxième bureau*, *bordro* nur grafisch adaptiert für *bordereau*, usf.

Hinzu kommen aber auch die französischen Gesprächsfetzen, die gerade nicht adaptiert sind, sondern offensichtlich als französische Elemente im judenspanischen Text funktionieren sollen, Evokationen der "francité". *I byen*, als Sprecheröffnungsformel, macht im Judenspanischen keinen Sinn, sehr wohl hingegen ein *Eh bien*, wie es im Französischen üblich ist. Diese Textelemente haben wir – soweit wir den Mut hatten, sie also solche einzuordnen – in Kapitälchen gesetzt, dazu gehören auch *pardon*, *bonjur, mersi* etc.

Zur diatopischen Einordnung des Textes, zu der wir jetzt zurückkehren, gehört zudem seine Charakteristik in phonetisch/ phonologischer Hinsicht. Viele Merkmale weisen den Norden des judenspanischen Sprachgebietes auf dem Balkan, in diesem Fall also Bulgarien, als "Sitz in der Sprache" aus: so wird -rr- reduziert zu -r-, cf. *arestar* usw., *loke* – das mit dem portugiesischen *o que* in Verbindung zu bringen ist – statt *ke* und teilweise *kualo*, *tamien* und *tambien* statt ausschließlich *tambien* (vgl. Quintana 2006, passim). Die (nördliche) Variation *no* und *non* folgt keinem System, wir können von freien Varianten ausgehen.

(b) Wir folgen der Tradition, indem wir die im Judenspanischen übliche Zusammenschreibung von Präposition und Artikel usf. auflösen: *ala* wird als *a_la* usw. wiedergegeben. Das kann ganz hilfreich sein, manchmal jedoch Fragen aufwerfen: soll man *loke* immer als *lo_ke* transkribieren oder nur in den Fällen, in denen die einzelnen Teile getrennt funktionieren, während in anderen Fällen eine Analyse nicht angebracht ist, vgl. *El kuarto de lo_ke ize agora* (5) vs. *non te espantes de loke somos pokos a kreer en tu inonsensya* (29)? – in diesem Fall könnte man von einer vollständigen Grammatikalisierung der Verbindung *lo+ke* sprechen. Gleiche Überlegungen könnte man bei *a_vista* / *avista* anstellen.

(c) Nach all dem, was zuvor ausgeführt worden ist, stellt sich jetzt die Frage: nach welchem Muster haben wir den Text in phonetisch-phonologischer Hinsicht transkribiert? Anhand gewisser Züge ist der Text dem nördlichen, in diesem Fall bulgarischen Bereich zuzuweisen, nur: dessen genaue dialektale Charakteristik, insbesondere in Bezug auf *i/e, u/o* für das neutrale *Yod* und *Waw*, unter dem Ton und nebentonig, sind uns nicht hinreichend bekannt. Sollten wir sozusagen eine "normalisierte" Transkription, die wir einer bestimmten Region auf dem Balkan mehr oder minder fiktiv zuweisen – was schon gewagt wäre – vorlegen, oder gibt es eine andere Lösung? Wir haben dafür optiert, *Yod* und *Waw* soweit wie möglich konservativ, d.h. (alt)spanisch-normativ wiederzugeben außer in den Fällen, in denen eine Anhebung von *e* zu *i* im ganzen Judenspanischen bekannt ist, z.B. in *sigun, mijor* usw. Nicht aber in *segundo, seguro, asegurar* usf.; *o > u* ist sowieso regional beschränkt, braucht also nicht erörtert zu werden. Praktisch heißt das, dass wir uns an die Versionen gehalten haben, die Nehama in seinem Lexikon vorrangig anführt. Bei den neueren Lexika von Avner Perez und Matilda Koén-Sarano sind für die Varianten keine regionalen Markierungen angeführt, nur Frequenzunterschiede (häufiger *i* statt *e* oder umgekehrt), die uns aber nicht weiterhelfen. (Man hätte ja daran denken können.)

Für uns hat unser Vorgehen den Vorteil, dass die sozusagen "neutrale" Basis entsprechend neuerer Kenntnisse im Detail systematisch geändert gelesen werden kann. Wer weiß, wie unterschiedlich das Judenspanische von Karnobad gegenüber dem von Sofia ist, wird unserem Lösungsvorschlag Verständnis entgegenbringen.

Transkription und Adaptation.

Die Adaptation des Textes an den modernen Leser beinhaltet weniger, als zunächst zu befürchten ist. Es wurde streng darauf geachtet, dass die

Textstruktur, Absätze, grafische Gestaltung usw. soweit wie möglich beibehalten wurden.

Abgesehen vom Satzbeginn wurde die Großschreibung bei (öffentlichen) Einrichtungen und bei Anreden eingeführt, die Kommasetzung, wo ihr Fehlen offensichtlich der Nachlässigkeit zuzuschreiben war, systematisiert und durch Unterstreichung markiert. Das normalerweise abgekürzte *si.* wurde immer zu *si*nyor ergänzt, was manche als zu weit gehend erachten mögen.

Die Interjektionen haben wir der französischen Grafie angepasst: *Eh! Oh! Ah!*

Die Interpunktion wurde vorsichtig unseren Gewohnheiten angepasst, insbesondere bei absetzenden Kommata, die wir, unterstrichen, eingefügt haben, vom Typ *si, mon Kolonel, ...*

Hin und wieder weisen wir auf von den unseren abweichende Lesarten in der Transkription des Textes von Olga Borovaya hin:

www.stanford.edu/group/mediterranean/seph_project/borovaya_texts.html

Das Hebräische und seine Schrift sind in den judenspanischen Texten immer präsent, sei es in der Form von Überschriften und Titel der Bücher in Quadratschrift, sei es bei der Beibehaltung hebräischer Schreibweisen – nicht punktiert – bei bestimmten religiösen Begriffen und hebräischen Namen. Diese Teile haben wir in eckige Klammern gesetzt.

Jak Lorya, *Dreyfus* – Edition

Slava Platikanova, Winfried Busse, Heinrich Kohring

Die Edition enthält die Transkription des Dreyfus-Textes samt eines Glossars. Die Seiten des Originals sind durch kleine fette Zahlen in der ersten Zeile der jeweiligen Seite markiert.

Der Name "Dreyfus" ist in seiner französischen Schreibweise beibehalten worden.

Vokale in finalen bzw. drittletzten Silben sind fett gesetzt, wenn auf ihre Betonung aufmerksam gemacht werden soll. Die Betonung der Namen der Protagonisten wurde nur in den Überschriften durch Fettdruck markiert.

Lücken auf Grund von Defekten im Originaltext werden durch eckige Klammern [..] markiert.

Die Bühnenanweisungen wurden durch einen kleineren Font wiedergegeben, zudem kursiv gesetzt.

Eingriffe waren notwendig bei der Korrektur offensichtlicher Druckfehler; sie wurden durch Unterstreichung gekennzeichnet, angefangen bei *Personajs*, das zu *Personaj̲es* verbessert wurde.

Im Text sind Teile, die als Zitate des französischen Sprachgebrauchs zu interpretieren sind, beispielsweise "EH, BYEN", die dem französischen *Eh bien* entsprechen und somit nicht als "i bien" integriert werden sollten, in Kapitälchen gesetzt. <*yod +yod*>, das als [je] gelesen werden muß, wird wegen der Interpolation eines yod-Elementes mit <**ye**> transkribiert.

Die Graphien *jod* und *waw* werden, wo es in Frage kommt, *konventionell* mit den in den Lexika des Judenspanischen "üblichen" Vokalen *e* oder *i* bzw. *o* oder *u* wiedergegeben, ohne textuelle bzw. dialektale Korrektheit anzustreben: man kann also *vestido* genau so gut auch als *vistido* lesen (aber natürlich nicht *veer* als *vier*!). Bei der im Text üblichen Abkürzung *si.* haben wir den Rest des Wortes kursiv ergänzt: si*nyor* – was manche als zu weitgehend erachten mögen.

Wir danken dem Ben Zvi Institut Jerusalem für die freundliche Genehmigung, das Original hier mit abdrucken zu dürfen.

דרייפ׳וס

דראמה אין סינקו אקטוס אי און אפוטיאו

פור

זיאק לורייה

פירסונאוס :

(היג׳ מהוטור סי ג׳ילו מין נה מולנינאסיון די טרוקאר חנגונוס נומברים, ייה נוס ניקטו־
ריס ייה סאמבראן הינדיגינמר נוס נומברים ג׳ירדאדירוס).

קאפיטאן דרייפ׳וס	און נאהרסון רי סירולים
קומאנדאן פסגרים	און חנינטי סיקריטו
קומאנדאן מיסטירחוי	קאפיטאן די זאגדהרמימיאה
קולוניל פיקהר	היג׳ נריפ׳י דיג׳ קונסיגיו די נירה
קולוניל ריסארדון	און זינרוחג
קריסטיגיון, מיקספירטו	און נוחרדריאן חרמאדו
קאפו די פולים	היג׳ דירקטור די נה לה סריזיין
מיניסטרו	און תינספיקטור
ג׳ימירחל ייונס	נוחרדריאנס
חמוקהט דימאוו	זהנדהרמאם
נוסי דרייפ׳וס	סינדהדוס מרמארוס
	פובליקו

אקטו I

(נה סינה סי פאסה אין היג׳ סינוגדרו בורו דיג׳ מיסטאהדו־מאחור, אין היג׳ מיניסטיריו
די נה נירה, אין פאריז. אין נה דיריגה און ניקו סיקריטמרייו קון מונה פייה, סוברי
היג׳ סיקריטאהרייו טינטירו, סינדולאם, פאפילים, און סונאחו. אין היג׳ פונדו די נה סינה
אין נה דירונה אונה פוחירטה. אינפרינטי, אונה ניקה פוחירטה סיקריטה טאהסאדה די און
פירדי. אין נה סיילדרה, סוברי מונה פאריל סי זיאי און טאהגלו קון ניספאם די נוחברים
מיסקריטוס. קארפאם די זימוגרמצילה סין קוגור מין נאם פארויליס).

סינה פרימה

קומאנדאן פ׳אבריס — און נארסון די סירוביס.

פ׳אבריס — (מסינטאמדו דילאנטרי היג׳ סיקריטאהרייו, ליסקאפה די
לוי סונאר היג׳ סונאחו — פארימי ־זין נאהרסון די סירולים, ניסטילו די מונר
נוטונים מתחריתום, סי מסירקה די זאהנרים, סי טייג׳ ריספיקטעותחאונייטי

1Dreyfus

Drama en sinko aktos i un apoteoz
por
Jak Lorya

Personajes:
*(El autor se vido en la ovligasyon de trokar algunos nombres, ma los lekto-
res ya savran endevinar los nombres verdaderos).*

Kapitan Dreyfus
Komandan Fabres
Komandan Esterazi
Kolonel Pikar
Kolonel Rishardon
Kretinyon, eksperto
Kapo de polis
Ministro
Jeneral Mons
Avokat Demanj
Lusi Dreyfus

Un Garson de servis
Un Agente sekreto
Kapitan de jandarmeria
El Grefye del Konsilyo de Gera
Un Jeneral
Un Guardyan armado
El Direktor de la prizyon
Un Inspektor
Guardyanes
Jandarmas
Soldados armados
Puvliko

Akto I[1]

*(La sena se pasa en el segundo buro[2] del Estado-Major, en el Ministeryo
de la gera, en Pariz. En la derecha un chiko sekretaryo[3] kon una siya, sovre
el sekretaryo tintero, pendolas, papeles, un sonaje.[4] En el fondo de la sena
en la derecha una puerta. Enfrente, una chika puerta sekreta tapada de un
perde[5] En la syedra, sovre una pared se vee un tablo[6] kon listas de nombres
eskritos. Kartas de jeografia sin kolor en las paredes).*

SENA PRIMA
KOMANDAN FABRES - UN GARSON DE SERVIS

FABRES – *(Asentado delantre el sekretaryo, eskapa de [eskrivir.]
Aze sonar el sonaje – parese un garson de servis, vestido de una [livrea kon]
botones amarios, se aserka de Fabres, se tyene respektuozamente [la mano en]*

---

1   Abkürzungen: Ne. = Nehama, Rom. = Romano, O.B. = Olga Borovaya, AP. = Avner Perez,
MKS. = Matilda Koen-Sarano, MCV.= Marie-Christine Varol, vgl. "Glossar".
2   = F *Deuxième Bureau,* frz. Geheimdienst.
3   sp. *escritorio*, dt. *Sekretär* (Möbel).
4   dt. *kleine Glocke, Schelle*; cf. sp. *sonaja, sonajero.*
5   < T *perde,* B *перде* [per'de]; *sp. cortina, telón,* dt. *Vorhang.*
6   < F *tableau,* B *табло*; sp. *tablero,* dt. *Anschlagtafel, Schwarzes Brett.*

לה פרינטי אי — אספירה אין קהיידליס) — מיסטי פלינו לה לייבאר אל זינירהל מונם

— מיסטה קהרכה הל קולוניג פיקהר — מיסטי הנדילוף הל מיניסטרו!

גארסון — כיין, מי קומהנדהן. (טומה גום טרים דוקומיינטוס)

פ'אבריים — אלגונו חי חבומירה?

גארסון — גון, מי קומהנדהן.

פ'אבריים — כיין, לה! — סירה לה פותירטה דיטרהם די טי, חי
קי גינגונו גון מינטרי אקי. טיגנו חון לחבורו חינפורטהנטי די הזיר.
גון קירו סיר דירהנגהדו.

גארסון — כיין, מי קומהנדהן! (סאלי קון כהסו מיליטהר)

סינה סיגונדה.

קומאנדאן פ'אבריים — איסטיראוי.

פ'אבריים — (גה אה לה פותירטה פור הנדי סאליו מין נהרסון, סי אספיגורה
קי מיסטה סירהדה, מקומפטה אוריזה פור אסיגורארסי קי גינגונו גו חי אבומירה, ריס-
פואים גה אה לה סומירטה סיקריטה די מינפרינטי, סולייימטה מיל פירדי, חי דהי קון
גה חטמגבלבללס:) מינטרה!

איסטיראוי — (ביסטירלו די קומהנדהן — 50 הגיום — קהליוס רהלוס חי
גרחום, גארליקס פונטודה. חוזם די נאגדילו, קהרה הלגרי, בונו גון סופיידו) בולימוס
דיהם קומהנדהן!

פ'אבריים — הללה מחם מהבהנהר, אי פריסטו! גון קירו קי סי סיפה
קי חיסטהם אקי! אלגונו טי ביהו אינפרהר?

איסטיראוי — גון, גינגונו.

פ'אבריים — פור קומלה פותירטה ביניטיס?

איסטיראוי — פור לה פותירטה צ'יקה די לה גואירטה. מיספאבלם
סירהלדס. לה אלברי קון לס פהלסה יאהבי קי מי דהטיס, גינגונו אין לה
פותירטה. גינגונו אין לה גואירטה. גינגונו אין לה חיקקהלינדה! אכסי, חמינו
סאבכורם, פיידרי קולייימדו חי גון טיגנאם גינגונן חיספהנטו.

פ'אבריים — מיק פאהטיל לם דיויר! דיזה חי גוזי מיכטו טינגלמנדו!
פינסס, חמינו, פינסס קי סי אלגונו כי ביזי אין הל מיניספיריין די לה
גירה, סי אלגונו טי ביזי אינפרהר הין מי כורו, טו חי יו כומום פיל-
סום! מה! מיסטי חופיסיו קי מיסטחמום מויינדו, מים הון חופיסיו מויי
טירילבל, חי קי נוס פותידי ייבאר חכפס לה פורקה!

איסטיראוי — לים בירדהד, סאהבריס, מס פור דוק פירסונהם חי-
זים קומו נוזוטרוס, לים חינפוסיביל' קי נוס פותידלהן הפירהר. מי
הגיום קי חיקטהמום מויינדו מיסטי חופיסיו גוס טיגי מקונטיסידו
זה? חי טממכיין, חופיסיו כיין כאהנדו, גון לים בירדהד, סאהבריס?

2 *la frente i aspera en kayaðes)* – Este pligo[7] a yevar al jeneral Mons
– esta karta al kolonel Pikar – este anvelop[8] al ministro!

GARSON – Byen, mi KOMANDAN. *(Toma los tres dokumentos)*

FABRES – Alguno ay afuera?

GARSON – Non, mi KOMANDAN.

FABRES – Byen, va! – Sera la puerta detras de ti, i
ke ninguno non entre aki. Tengo un lavoro muy inportante de azer.
Non kero ser deranjaðo.[9]

GARSON – Byen, mi KOMANDAN! *(Sale kon paso militar)*

SENA SEGUNDA

KOMANDAN FABRES – ESTERAZI

FABRES – *(Va a la puerta por ande salyo el garson, se asegura
ke esta seraða, akosta oreja por asegurarse ke ninguno no ay afuera, des-
pues va a la puerta sekreta de enfrente, solevanta el perde, i dize kon
boz atabafaða:[10])* Entra!

ESTERAZI – *(Vestiðo de KOMANDAN – 50 anyos – kaveyos ralos i
grizos, barvika puntuða. Ojos de bandiðo, kara alegre, tono non susyozo[11])* Buenos
dias KOMANDAN!

FABRES – Avla mas avagar, i presto! Non kero ke se sepa
ke estas aki! Alguno te viðo entrar?

ESTERAZI – Non, ninguno.

FABRES – Por kuala puerta vinites?

ESTERAZI – Por la puerta chika de la guerta. Estava
seraða. La avri kon la falsa yave ke me dates, ninguno en la
puerta. Ninguno en la guerta. Ninguno en la eskalera! Ansi, amigo
Fabres, pyeðre kuðyaðo i non tengas ningun espanto.

FABRES – Es fasil a dizir! Dia i noche esto tenblando!
Pensa, amigo, pensa ke si alguno te vee en el Ministeryo de la
gera, si alguno te vee entrar en mi buro, tu i yo somos per-
sos! Ah! Este ofisyo ke estamos azyendo, es un ofisyo muy
terivle, i ke nos pueðe yevar asta la forka!

ESTERAZI – Es verdað, Fabres, ma por dos personas in-
telijentes komo nozotros, es inposivle ke nos pueðan aferar. Ay
kuatro anyos ke estamos azyendo este ofisyo. Nos tyene akontesiðo
alguna koza? I tambyen, ofisyo byen pagaðo, non es verdað, Fabres?

---

7 J *pligo, pliego*; Neh. 'feuille de papier pliée en deux'.
8 < F *enveloppe* f.; hier *anvelop* m.; sp *sobre*, dt. *Umschlag*.
9 < F *déranger*; sp. *molestar*, dt. *stören*.
10 < P *atabafar, abafar*; Neh. 'étouffer'; dt. 'dämpfen'.
11 < F *soucieux*; dt. *besorgt*. O.B. liest: *seryozo*.

פ'אבריס — (רהבייוו) נומם חבאנוהר, סאתקרבנו! קיריס קן נום חויינאן?
(נה מה לה פואירטה פור הקוסטאר הגריה, חי ריגייו) חי הנורה, די פריסטו, פורקי
ביניטיס? נון פואידיס מיסטימר הקן נוננו טיימפו. קן חיי די מוחירו?

איסטיראוי — לינגו חמונסייארטי חון מחלור!

פ'אבריס — (חיספאנטיוו) חון מחלור!

איסטיראוי — נון טי חיספאנטיס, חון ניקו מחלור, חון הקסידיננסי.

פ'אבריס — הבלה, קוהל הקסידיננטי?

איסטיראוי — טי לו דיויר: חייר חירה חיל דיאה חנדי דיצ'אה מיר
חל חנכחבחהר די חלימחגייה פור חינטרינאר חל קומחנדחנטי שבחרסקופין
נוס פחפילים קן מי דאטוס... ייה טי חקולרחם, חיל פלאן די לה מוביליזחסיון...

פ'אבריס — כי, ייה סי, הבלה!

איסטיראוי — קאבים טהמביין קן שבחרסקופין מי דיצ'אה רימיטיר
מונו מיל פרחנקוס פור מיסמוס פחפילים.....

פ'אברים — נון טי לוס קהיו רימיטיר?

איסטיראוי — חל קונטרחריו, חיל מי לוס מי קון מוננה חגינרייה,
קיינדו חיל סיקריטו קן לי חינטירינימוס סובלי לה חרממהלה פרחנגיזה לאלי
מונגו מחם — חון לה חינטריליבכטי קן טוני קון חיל, מי חזו סחביר קן
חון קורדרו קן לי חלגאה ייבחדו יי גוזמו קומחנדרו דיחם חגסטיק, חיל נון
לו חביאה ריסיבידו. לי ריספונדי קן מיסמי בורדרו, ייי לו חביאה חרחלו
מסם סו קחזה, קן ייו לו חביאה חינטרינאדו חין מחנו די קו פואירטחלירו.
מי דישו קן חיספו חירה צ'ירדאד, קן חיל פואירטחלירו יי, חל חביאה רי-
סילדו, מס קן חיל לו חביאה פוחאדו סולרי מונס מיזה, מי קן מילייה חורה
דיספואיס, גו לו חביאה מחם טופאדו — שבחרסקופין קריחי קן מיסמי בורדרו
פוי רובאדו די לה קאמחריטה מיזמו די סו פואירטחלירו די פחרני' חון
חגינני סיקריטו די לה סוליך פרחנגיזה, חי קריחי טאמביין קן חיכטי מגינני
לה טרחיר חיל בורדרו מה חיכטי מיניסטיריין.

פ'אברים — חו! מים כוסיבלי! חי מיסטי בורדרו חירה מיסקריטו
די טו מחנו?

איסטיראוי — די מי מחנו.

פ'אברים — מפירמחדו?

איסטיראוי — נון, סין פירמה.

פ'אברים — טורנה חים נינרו! טולום קונוסין טו מיסקריטורה. חי
כי מיסטי בורדרו מים טרחילו מחן, הו! דייו! חיל פולילי קהבוחאר נוחיסטרה
פיילריטה חמי חי חמי! ליטים קומו טיניחס רחזון די פינבלחר?

איסטיראוי — בה! פור פוקה קוזה טי חיספאנטחם!

3 FABRES – *(Ravyozo)* Mas avagar, sakrblu![12] Keres ke nos oygan?
(Va a la puerta por akostar oreja, i revyene[13]) I agora, di presto, porke
vinites? Non pueðes estar aki lungo tyempo. Ke ay de nuevo?

ESTERAZI– Vengo anunsyarte un malor![14]

FABRES – *(Espantozo)* Un malor!

ESTERAZI– Non te espantes, un chiko malor, un aksidente.

FABRES – Avla, kual aksidente?

ESTERAZI – Te vo dizir: ayer era el dia ande devia ir
al anbasad de Alemanya por entregar al komandante Shvarskopen[15]
los papeles ke me dates... Ya te akoðras, el plan de la mobilizasyon...

FABRES – Si, ya se, avla!

ESTERAZI – Saves tambyen ke Shvarskopen me devia remeter[16]
ocho mil frankos por estos papeles...

FABRES – Non te los kijo remeter?

ESTERAZI – Al kontraryo, el me los dyo kon muncha alegria,
syendo el sekreto ke le entregimos sovre la armaða franseza vale
muncho mas – en la entrevista ke tuve kon el, me izo saver ke
un bordro[17] ke le avia yevaðo yo mizmo kuatro dias antes, el non
lo avia resiviðo. Le respondi ke este bordro, yo lo avia traiðo
asta su kaza, ke yo lo avia entregaðo en mano de su puertalero.
Me disho ke esto era verdað, ke el puertalero ya lo avia re-
siviðo, ma ke el lo avia pozaðo sovre una meza, i ke meðya ora
despues, no lo avia mas topaðo – Shvarskopen kree ke este bordro
fue rovaðo de la kamareta mizmo de su puertalero de parte un
agente sekreto de la polis franseza, i kree tambyen ke este agente
va traer el bordro a este ministeryo.

FABRES – Oh! Es posivle! I este bordro era eskrito
de tu mano?

ESTERAZI – De mi mano.

FABRES – Afirmaðo?

ESTERAZI – Non, sin firma.

FABRES – Torna es negro! Toðos konosen tu eskritura. I
si este bordro es traiðo aki, oh! Dyo! El puede kavzar nuestra
pyeðrita a_ti i a_mi! Vites komo tenia razon de tenblar?

ESTERAZI – Bah! Por poka koza te espantas!

---

12 < F *sacrebleu!* 'Donnerwetter; caramba'.
13 < F *revenir*; dt. *zurückkehren*, sp. *volver*.
14 < F *malheur*; sp. *calamidad, desastre*, dt. *Unglück*.
15 M. von Schwartzkoppen, dt. Militärattaché.
16 < F *remettre*; sp. *entregar*, dt. *aushändigen, übergeben*.
17 < F *bordereau*, 'Bericht, Liste, Beleg, Zettel, (Liefer-)Schein'. Aufgrund dieses Begleitschrei-
   bens zu geheimen Dokumenten wurde Dreyfus des Hochverrats angeklagt und verurteilt.

פ׳אבריס — קומו קי נון מי מיספאתֿאנטי ? מיסטי קורדרו לֹה סיתֿיר
קאלֹלֹאֿנטי די מוֿחיקטֿורה רוֿחֿינה, די נוֿחֿיסטֿרה דיזוֿמוֿר! תֿי פוֿחֿידֿי סיל קי
תֿין מיסטֿה תֿורה ייֹ לֹו חֿינֿטֿרינֿחֿריתֿן תֿל קולֹוֿגֿיל פֿיקֿאֿר ;

איסטֿיראֿוֿי — פֿיקֿאֿר ? תֿים פוֿר לֹה פֿרימילֹה בֿים קי חֿוֿיינוֿ מֿיסטֿי
נומֿבֿרי.

פ׳אבריס — תֿים נוֿחֿיכטֿרו נוֿתֿיׁלֹו קֿאֿפֿו, תֿי עֿרים דֿיתֿם קי לֹו נוֿ-
מֿינֿאֿרין. לֹיֿל סֿי טֿוֿפֿה תֿין מֿיסטֿה תֿורה תֿין חֿיל בֿירו די תֿקֿי תֿלֹלֹהֿדֿו.
איסטֿיראֿוֿי — קי מֿוֿלֹו די פֿירסֿוֿנֿס תֿים ?
פ׳אבריס — תֿים חֿון חֿוֿמֿבֿרי קי נון מֿילֹה תֿחֿטֿיר, נוֿתֿי די נוֿחֿוטֿרוֿס
סֿי קֿלֹלֹיֿמֿוֿק תֿין סֿו מֿחֿנֿו !

איסטֿיראֿוֿי — תֿל פֿאֿריסֿיר תֿים קי נון לֹו חֿמֿחֿם !....
פ׳אבריס — נון לֹו פֿוֿחֿיֿלֹו סֿוֿפֿֿריר ?
איסטֿיראֿוֿי — תֿלֹנֿוֿנֿה קוֿזֿה טֿי תֿריֿחֿה ?

פ׳אבריס — נון, חֿמֿינוֿ, מֿה חֿיל מֿי עֿוֿמֿו מֿי נֿוֿתֿר ! פֿינֿסֿה דֿוֿנֿקֿי :
חֿי מֿתֿם די טֿריך חֿגֿיֿוֿם קי חֿיסטֿו מֿיסֿפֿֿירֿתֿחֿנֿדֿו חֿיל פֿוֿחֿטֿו די קֿתֿפֿֿו די
מֿיסֿטֿי כֿוֿרֿו לֹה מֿוֿטֿרֿה סֿימֿחֿנֿה, קֿוֿחֿחֿנֿדֿו מֿוֿריֿו נוֿחֿיסֿטֿרו בֿיֿ֞חֿו קֿחֿפֿֿו, סֿחֿנֿגֿדֿיר
מֿי כֿחֿֿפֿֿריסֿיֿו קי מֿיל מֿינֿיֿסֿטֿרו מֿי חֿילֹה דֿחֿר סֿו פֿוֿסֿטֿו, חֿי בֿיֿין, נון, תֿים
מֿיכֿֿעֿי מֿחֿלֹדֿיֿנֿו פֿיקֿאֿר קי פֿוֿחֿי מֿיקֿוֿנֿוֿזֿלֹדֿו, תֿה ! מֿיסֿטֿי חֿוֿמֿבֿרי, לֹוֿ מֿבֿוֿרֿיסֿקֿו !
תֿי תֿים קֿון תֿלֹנֿוֿנֿריֿחֿה קי חֿינֿנֿחֿתֿחֿרֿיֿחֿה סֿו מֿוֿחֿירֿטֿי ! — פֿינֿסֿה חֿגֿינֿוֿ, נֿוֿקֿי
בֿירֿיֿחֿה די נֿחֿוֿס סֿי חֿיל כֿוֿרֿדֿרו חֿיל תֿרֿוֿבֿחֿלֹדֿו בֿיֿעֿיֿחֿה מֿה קֿחֿיֿר תֿין סֿו מֿחֿנֿו !
מֿה בֿיסֿעֿטֿה סֿי חֿימֿוֿבֿזֿחֿחֿריֿחֿה קי חֿינֿוֿסֿפֿֿטֿי חֿין נֿום בֿוֿרֿום דֿיל חֿיקֿֿיטֿחֿלֹדֿו-מֿחֿזֿוֿר
דֿיל מֿינֿיֿסֿטֿירֿיֿוֿ די לֹה נֿירֿה חֿון טֿרֿחֿחֿיֿדֿור קי רֿוֿבֿה סֿיקֿֿרֿיֿמֿוֿס פֿוֿר בֿֿינֿדֿירֿלֹוֿם
חֿלֹה תֿלֹלֹמֿﬥⁿָיֿה ! חֿי טֿי חֿימֿחֿﬧ֞וֿינֿחֿﬥ קﬥﬤﬥﬣﬥ בֿﬡﬡﬥﬣ מﬤﬥﬠﬥﬢﬤײַﬤ מﬥ פﬥﬣ ?
תֿקֿוֿלֹפֿﬥﬤﬠֿ, תﬥﬣﬥﬦﬥײַﬤ, ﬢﬥﬢﬥﬨﬤײַﬤ, קﬥﬢﬤﬥﬢﬤײַﬤ, ﬤﬥﬦﬥשּׁﬥײַﬤﬥ, תﬥﬠﬤﬥﬣﬦײַﬤﬥ ﬤﬥ ﬠﬥײַﬤﬠ, תﬥ
ﬤﬠﬥﬠﬥﬤﬤ ﬥﬤײַﬣﬥﬢﬤﬠﬥ קﬤﬥ ﬦﬤﬠﬥײַ ﬣﬥﬤ קﬥ ﬥﬥﬢﬤﬠﬦﬥ פﬣﬠﬥײַﬥ פﬥﬢ ﬠﬥײַﬣ ﬠﬣ ﬠﬠײַﬣ !
מﬣ, ﬤﬥﬤ, קﬥﬤﬣﬤﬤﬥ פﬥﬤﬦﬥ ﬠﬣ מﬥﬦײַﬥ, ﬠﬣ ﬠﬠײַﬤﬣ מﬥ ﬦﬥ מﬥﬦײַﬥﬠﬥﬤﬦﬥ !

איסטֿיראֿוֿי — מﬣ קﬥﬤ ﬠﬥﬥ ﬥﬥ קﬥﬠﬠﬥ מﬥﬦﬦﬠﬤﬦﬠﬤﬣﬥﬣﬠ קﬥﬣﬠﬥﬤﬥ ! קﬥ מﬥﬦﬥﬢﬥ
ﬠﬥﬦﬠﬥ ﬤﬥﬢﬥﬢﬥ קﬠﬣﬠ ﬠﬥﬤ מﬠﬤﬥﬢ ﬥﬥ ﬠﬥ קﬠײַﬤﬥ ﬠﬥﬢ קﬥﬢﬥﬠﬥﬢ פﬥﬤﬠﬥﬢ.....

פ׳אבריס — סﬥ ﬥﬥ קﬠﬦﬥﬠ ﬥﬤ קﬥײַ מﬥﬤﬥײַ, קﬥﬦﬥײַ פﬥﬢﬠﬥײַ ! טﬥ פﬥﬦﬠﬥﬠﬥ
קﬥ ﬠﬥײַ ﬤﬥפﬥﬤﬥﬠ ﬤﬥ ﬠﬥﬦﬠﬥﬢ ﬤﬥﬦﬥ מﬠﬤﬥ ﬥﬥﬥﬥ מﬥﬦﬥﬢﬥﬠﬥﬤ מﬥﬦﬥ קﬥﬢﬥﬢﬥ ?

איסטֿיראֿוֿי — ﬠﬥ סﬥ מﬥײַﬥﬥﬥ ﬠﬥﬦﬠﬥﬢﬥﬤﬥ קﬥ ﬠﬥﬦ ﬤﬥ מﬥ מﬥﬦﬥ, ﬠﬥ ﬠﬥﬤ
ﬠﬠﬥﬠﬤ ﬤﬠﬣﬥ ﬤﬠ מﬠﬤﬦﬥﬠﬥﬤﬠﬤﬦﬥ.

פ׳אבריס — מﬥﬦﬠﬥﬢﬥﬦﬠﬥ, ﬠﬥﬦﬥﬦﬥﬦ ﬠﬠײַﬥﬠﬠﬤﬥ קﬥﬠﬥ ﬠﬤﬥﬤ קﬥﬠﬠﬥﬤﬥﬢﬥ. ﬠﬥײַ
ﬤﬥﬠﬥ קﬥ סﬥ ײַﬥﬦﬥﬦﬥﬠﬠﬥ קﬥ מﬠﬦﬥ ﬠﬥﬢﬤﬥﬢﬥ ﬠﬥﬦﬥ מﬥﬦﬠﬥﬢﬥﬠﬥ ﬤﬥ ﬠﬥ, ﬠﬥﬦ
ﬤﬥﬠﬥﬠﬥﬦﬥﬤﬥ סﬥ סﬥﬦﬤﬠﬥﬢﬠﬥ קﬥ ﬠﬥﬠ סﬥ ﬠﬥ מﬠﬤﬥ ﬡﬠﬤﬥ ; ﬠﬥ קﬥ ﬠﬥﬠ ﬠﬥﬠﬦﬠﬤﬥﬢ

4 FABRES – Komo ke non me espante? Este bordro va seer
kavzante de nuestra ruina, de nuestra dezonor! I pueðe ser ke
en esta ora ya lo entregarian al kolonel Pikar!

ESTERAZI – Pikar? Es por la primera ves ke oygo este
nombre.

FABRES – Es nuestro nuevo kapo, ay tres dias ke lo no-
minaron.[18] El se topa en esta ora en el buro de aki alaðo.

ESTERAZI – Ke moðo de persona es?

FABRES – Es un ombre ke non mira hatir,[19] guay[20] de nozotros
si kayemos en su mano!

ESTERAZI – Al pareser es ke non lo amas...!

FABRES – Non lo pueðo sufrir!

ESTERAZI – Alguna koza te aria?

FABRES – Non, amigo, ma el me tomo mi lugar! Pensa dunke:
ay mas de tres anyos ke esto esperando el posto[21] de kapo de
este buro. La otra semana, kuando muryo nuestro vyejo kapo, Sander,[22]
me paresyo ke el ministro me iva dar su posto, EH BYEN, NON, es
este maldicho Pikar ke fue eskojiðo, ah! Este ombre, lo aboresko!
I es kon alegria ke enbezaria su muerte! – Pensa amigo, loke
seria de nozos si el bordro arovaðo venia a kaer en su mano!
A vista se embezaria ke egziste en los buros del Estaðo-major
del Ministeryo de la gera un traiziðor ke rova sekretos por venderlos
a_la Alemanya! I te imajinas kuala seria estonses mi fin?
Akulpaðo, aprezaðo, djuzgaðo, kondenaðo, dezonoraðo, aboresiðo de toðos, i
despues enseraðo ken save en ke burako preto por toða la viða!
Ah, non, kuando penso a esto, la alma me se estremese!

ESTERAZI – Ma non ay de kualo espantarse tanto! Si mizmo
este bordro kaye en manos de tu kapo el kolonel Pikar...

FABRES – Si kaye en sus manos, somos persos! Te parese
ke es difisil de topar de_ke mano fue eskrito este bordro?

ESTERAZI – I si mizmo toparian ke es de mi mano, tu non
tyenes naða de espantar.

FABRES – Esterazi, estas avlando komo una kriatura. El
dia ke se toparia ke este bordro fue eskrito de ti, a_la
manyana se savria ke yo so tu amigo vyejo; i ke el traiziðor

---

18 O.B. liest *metyeron*.

19 N. je. *no mirar jatir* (del turco *hatır*): 'ne pas tenir compte des amitiés, des interventions de
personnes influentes et appliquer le règlement, les lois, avec sévérité, en s'abstenant de toute
mesure d'indulgence ou de complaisance'; sp. *intransigente, sin compromiso cuando se trata
de la ley*, dt. *unerbittlich*.

20 R. sp. *¡ay de mí!, ¡ay de nosotros!*; asp.: *ay, guay*; it. *guai a*.

21 < I *posto*; bulg. *nocm* [post]; sp. *puesto*.

22 Jean Sandherr, Leiter des Nachrichtendienstes des Deuxième Bureau.

קי אינטרינט נוס סיקריטוף דיל איסטאדו-מאיור חים חיל קומאנדאן פחברים !
מונג קריאטורים טופאריאה איטטו.

איסטיראוי — מה, דימי סאנברים, קין חים קי ריקיבי אקי נום פח־
פילים קי ערחין נום הנינטים סיקריטום ?

פ׳אבריים — יין - -

איסטיראוי — קי חים חנסי, נון חי מחם די חיספאנטעטאר.

פ׳אבריים — פורקי רחון ?

איסטיראוי — קואנדו טי נאן מה טרחיר חיל בורדרו חיסקריטו די
מי מאנו, טו נו נאם מה קומחיר חנימטה, סיינדו מי חיסקריטורס טי
חם קונוסידה.

פ׳אבריים — חי, כיין ?

איסטיראוי — חי כיין, חין נוגחר די חינטרינגארלו מה טום קחפום,
קומה קי סיריחה לה מחם נרחנדי בונידהד, מרחונאלו חין פילחסום חי
חונו דיספחריקיר.

פ׳אבריים — (פינספחטינלי) חים נוטטו, מיכטירחוי, מה חלנוננאם בחים,
קואנדו יו קחלונו די איסטי בורו, סיחה סור חיר מה קומיר, סיחה פור
חור חונון טורנו, חים חיל קולוניל פיקחר קי ריסיבי נום פחפילים.

איסטיראוי — חי כיין, חון דיחה חו דוכ נון כאלונאם די עו בורו.
חויכי ערחחיר מה קומיר אקין, חפחטה קי מי בורדרו טי קחלי הין לה מחנו.
די חיספי מולו, נינגון דחניו נון מום חמינגחחריחה מחם, חי פוחדירימום
קונטינוחר קחחיקטרו ניקו נינוטיו סין כיחיר ערוולחדלום.

פ׳אבריים — חי כיין, חיסטירלחוי, סיחה, עו קונסיחו חים בוחינו חי
נו טו כניחיר. מאלך עו מי נו מינחר די חיספחי בורו חפחטה קי ריקיבי עו
מחלונדנו בורדרו. — חי חנורה, בחטי פריסטו, ייה חיספוליטיטם באחפחחבני
טיימפו.

איסטיראוי — (רייגנו) קן מולו ? נון קוריק קי טי רימוטה עו פחלרטי
די נום מונ מיל פרחנקום ?

פ׳אבריים — (חיספחנטטו) חקי ? חין מי קחנסילחריים ? נוקו סחליוטים ?
— נין מה לה מנל מה קחמב, טי קונבידו לה קומיר. מו מוחיר קירימה
קונעטינטר די ליחירטי ! (ריפוסחנדולו) מי מנורה, בחני ! חי מירם די נון
דיטמחרטי ביחיר די נינגונו ! (סחלי איסטירלחוי פור לם פוחירטים סיקריטם).

פ׳אבריים — (סולו חי פינספחטינלי) מוליסיינו נינרו לי דחליחוו ! פוחי
נרחן ליירו די חכוביחטרמי מה חיספי חישטי כאנדידו ! מה קן חור ? לה מחיריה
חים נינרה קונסיחורם ! — בה ! חים מוויי עחחלרי מנורה פור טורנחר חטרחחם !
חיל קומחרטו די לוקן חחי חמטה חנורה ייה חנחמפחיקיריחה סחלרה מיריסירמי

5 ke entrega los sekretos del Estaðo-major es el KOMANDAN Fabres!
Una kriatura toparia esto.

ESTERAZI – Ma, dime Fabres, ken es ke resive aki los pa-
peles ke traen los agentes sekretos?

FABRES – Yo.

ESTERAZI – Si es ansi, non ay mas de espantar.

FABRES – Por_ke razon?

ESTERAZI – Kuando te van a traer el bordro eskrito de
mi mano, tu lo vas a konoser a_vista, syendo mi eskritura te
es konosiða.

FABRES – EH, BYEN?

ESTERAZI – EH BYEN,[23] en lugar de entregarlo a tus kapos,
koza ke seria la mas grande bovedað, arazgalo en peðasos i
azelo despareser.

FABRES – *(Pensativle)* Es djusto, Esterazi. Ma algunas vezes,
kuando yo salgo de este buro, sea por ir a komer, sea por
azer algun turno, es el kolonel Pikar ke resive los papeles.

ESTERAZI – EH BYEN, un dia o dos non salgas de tu buro.
Azete tra'er[24] a komer aki, asta ke mi bordro te kaye en la mano.
De este moðo, ningun danyo non mos amenazaria mas, i pueðremos
kontinuar nuestro chiko negosyo sin seer trublaðos.[25]

FABRES – EH BYEN, Esterazi, SEA, tu konsejo es bueno i
lo vo segyir. Mas no me vo menear[26] de este buro asta ke resivo tu
maldicho bordro. – I agora, vate presto, ya estuvites bastante
tyempo.

ESTERAZI – *(Ryendo)* Ke moðo? Non keres ke te remeta tu parte
de los ocho mil frankos?

FABRES – *(Espantozo)* Aki? En mi kanselarya?[27] Loko salites?
Ven a la noche a kaza, te konbiðo a komer. Mi mujer seria
kontente de veerte! *(Repushandolo)* I agora, vate! I mira de non
desharte veer de ninguno! *(Sale Esterazi por la puerta sekreta).*

FABRES – *(Solo i pensativle)* Ofisyo negro i danyozo! Fue
gran yero de asosyarme a este bandiðo! Ma ke azer? La mizerya
es negra konsejera! – Bah! Es muy taðre agora por tornar atras!
El kuarto de lo_ke ize asta agora ya abasteseria para meserme

---

23 *I byen* als Eröffnungsformel macht im Je. keinen Sinn, wohl aber fr. *eh bien* in dieser Funk-
    tion, vgl. auch *Sea!*. Solche Marker des Frz. haben wir im Text in Kapitälchen gesetzt.

24 Formen, die ausnahmsweise mit Hiat-Alef geschrieben werden, erhalten ein " ' ".

25 < F *troubler*. N. 'troublé, décontenancé'; sp. *desconcentrado, confuso*.

26 Fr. 'remuer, agiter, bouger, faire bouger', sp. 'mover'; wegen der sexuellen Konnotationen von
    menear ist der Kommentar von N. kennzeichnend: "employé parfois pour (jsp.) *manear*".

27 Im Bulg. bedeutet канцелария [kantse'laria] 'Arbeitszimmer, Büro, sp. oficina', so nur bei
    Pipano (1913: 105). Aus dem Bulg. oder dem Tk.: *kançılarya* [kantʃɪ'laria].

לֹ, פֿורקֿה! קֿי מינכֿורטֿה? גֿום גֿויב גֿו כֿי מותֿירֹי לֹה פֿירסֿוגֿה! —
אֹרֿלֹאֹנגֿרֿי שֿאֹבֿריס, קֿורֿחֹו! חֹ סֿ טֿו גֿינגֿרֿה לֹינבֿורֿה קֿורֹי קֿי טֿו עֿרֿחֹאֹן
סֿיחֿה דֹיקֿוֹבֿיירֿטֿה!... (טֿירֹיגֿלֹי חֹ בֿיין, גֿוֹן! מֿן גֿי לֹו דֹישֿאֹר בֿינסֿיר!
חֿנטֿיס קֿי מֹי חֹיגֿן חֹלֹה פֿולֹיֹיה, קֿחֿלֹי קֿי קֿחֹיֹנחֹן חֿוטֿרֿוֹס, סֿיחֿה קֿוֹלֹבֿחֹל-
גֿיס, סֿיחֿה חֿינֿוֹסֿיגֿגֿיס! (רֿיסֿטֿה פֿינסֿחֿטֿיבֿלֹי, לֹום חֿוֹום מֿין גֿחֿטֿו)

סֿינֿה טֿרֿיסֿירֿה

פֿׄאֹבֿריס — פֿיקֿאֹר.

פֿיקֿאֹר — (גֿיסֿטֿידֿו קֿונֿורֿחֹלֹוֹ, מֿיסֿחֹתֿלֹה. 40 חֹגֿיֹיס, חֹלֹטֿו, סֿימפֿחֹטֿיקֿו, מֿירֿחֹלֹה
חֹבֿיֹירֿטֿה חֹ לֹרֿהֹגֿקֿה. חֿינֿטֿרֿה סֿור לֹה פֿוֹחֿירֿטֿס דֿי דֿירֿיגֿה סֿין קֿי טֿו דֿיחֿה סֿחֿֿגֿריס,
סֿי אֹסֿינֿטֿה חֹל סֿיקֿרֿיטֿחֹרֿיֹיו. מֿן חֿיֹינֿדֿו סֿו גֿה סֿחֿבֿריס סֿי פֿורֿגֿה סֿוגֿיטֿו קֿוֹן חֿיֹוֹסֿיֹיון)
— כֿומֿינֿוֹם דֿיחֿם קֿומֿאֹנֿדֿחֹן.

פֿׄאֹבֿריס — (רֿיסֿפֿיקֿטֿוֹחֿוֹוֹ מֿה לֹום חֿוֹום גֿינֿרֿוֹם) — כֿומֿינֿוֹם ; דֿיחֿם ; מֿי
קֿוֹלֹוֹגֿיל.

פֿיקֿאֹר — קֿומֿאֹנֿדֿחֹן, טֿינֿגֿו מֿינֿיסֿטֿיר דֿי חֿוֹגֿוֹם קֿוֹחֿנֿגֿוֹס דֿיטֿחֹלֹיֹיוֹם
כֿוֹלֹרֿי מֿיל סֿינֿרֿלֹיֿסֿיֹיו דֿי מֿיסֿטֿי בֿורֿו.

פֿׄאֹבֿריס — (רֿיסֿטֿה מֿין פֿיֹיס) כֿרֿוֹנֿטֿו סֿור דֹחֹרֿבֿוֹלֹום, מֿי קֿוֹלֹוֹגֿיל.

פֿיקֿאֹר — דֿיזֿדֹמֿי, קֿן רֿיסֿיבֿלֹי מֿסֿטֿה חֿגֿוֹרֿה לֹוֹם פֿחֹפֿיֹלֹיֿם קֿי גֿוֹס
עֿרֿחֹן גֿוֹחֿיכֿטֿרֿוֹם מֿיסֿפֿימֿחֹוֹגֿוֹם?

פֿׄאֹבֿריס — יֿו קֿוֹלֹוֹגֿיל.

פֿיקֿאֹר — לֹוֹק מֿילֹדֿאֹם?

פֿׄאֹבֿריס — כֿי קֿוֹלֹוֹגֿיל. דֿיסֿפֿוֹחֿים גֿוֹס דֿיֹוֹ מֿיחֿטֿרֿיֿגֿחֹר חֿל בֿורֿי דֿי
לֹה פֿוֹטֿוֹגֿרֿחֹפֿֿחֹס פֿור סֿיחֿיר פֿוֹטֿוֹגֿרֿחֹפֿֿיֿהֹדֿוֹם, מֿי חֿיכֿ סֿוֹלֹחֹמֿינֿטֿי דֿיסֿפֿוֹחֿים
קֿי סֿוֹן מֿינֿטֿרֿיֿגֿחֹדֿוֹם חֹל קֿחֿפֿוֹ דֿיל בֿורֿו.

פֿיקֿאֹר — חֹ בֿיין קֿומֿאֹנֿדֿחֹן, גֿוֹחֿה גֿוֹן קֿימֿו קֿי לֹחֿם קֿוֹחֿק סֿי
פֿחֹסֿן חֿנֿסֿי. דֿי מֿוֹיֿי פֿור מֿינֿדֿיֿלֹאֹנֿגֿרֿי חֿוֹרֿדֿיֿגֿו קֿי לֹוֹם חֿגֿבֿוֹפֿים עֿרֿחֹלֹים
מֿי סֿיחֿן מֿינֿטֿרֿיֿגֿחֹדֿוֹם מֿינֿפֿרֿיֿמֿירֿו חֿמֿי, חֿי סֿין סֿיחֿיר חֹבֿיֿרֿטֿוֹס, יֿו קֿיֹרֿו
טֿוֹמֿחֹר מֿינֿפֿרֿיֿמֿירֿו קֿוֹנֿוֹסֿיֿנֿסֿיֿה דֿי מֿילֹיֹוֹס, חֿי דֿיסֿפֿוֹחֿים, סֿי לֹוֹ פֿוֹסֿוֹ דֿי גֿוֹסֿטֿו,
גֿו לֹוֹם מֿינֿטֿרֿיֿגֿחֹרֿי.

פֿׄאֹבֿריס — מֿה קֿוֹלֹוֹגֿיל, פֿורֿקֿ?...

פֿיקֿאֹר — (מֿירֿחֹנֿדֿוֹלֹוֹ סֿיבֿירֿחֹמֿינֿטֿי) — דֿי קֿוֹחֿגֿרֿו חֿקֿי, קֿומֿאֹנֿדֿחֹן פֿאֹחֿ-
רֿיס, כֿי מֿחֿוֹ לֹה דֿיגֿמֿאֹנֿדֿחֹר מֿסֿוֹס סֿופֿירֿיֿוֹרֿיס, רֿחֿוֹנֿיֿס חֿי מֿיקֿבֿפֿלֹיֿקֿחֹבֿיֿיוֹנֿיֿם?

פֿׄאֹבֿריס — סֿחֿרֿדֿה, מֿי קֿוֹלֹוֹגֿיל, טֿוֹמֿי מֿן מֿוֹמֿינֿטֿו דֿי מֿולֹדֿיֿדֿו.

פֿיקֿאֹר — (קֿוֹן גֿה דֿי קֿומֿאֹנֿדֿו) — בֿיין, קֿי כֿיחֿה פֿור לֹה חֿולֹטֿימֿה
דֿין! — הֿונֿקֿי מֿיס מֿינֿטֿיגֿדֿלֹו, טֿולֹו מֿולֹו דֿי פֿחֿפֿֿיל טֿרֿחֿלֹדֿו חֹל מֿינֿיסֿטֿירֿיֿו

6 la forka! Ke inporta? Dos vezes no se muere la persona! –
Adelantre Fabres, koraje! I si tu negra ventura kere ke tu traizon[28]
sea deskuvyerta...! *(Terivle)* EH BYEN, NON! Non me vo deshar venser!
Antes ke me echen a_la foya, kale ke kaygan otros, sea kulpav-
les, sea inosentes! *(Resta pensativle, los ojos en basho)*

SENA TRESERA
FABRES – PIKAR

PIKAR – *(Vestiðo koloraðo, espaða. 40 anyos, alto, sinpatiko, miraða
avyerta i franka. Entra por la puerta de derecha sin ke lo vea Fabres,
se asenta al sekretaryo. En oyendo[29] su boz Fabres se torna subito kon emosyon)*
– Buenos dias KOMANDAN!
FABRES – *(Respektuozo ma los ojos negros)* – Buenos dias mi
Kolonel.
PIKAR – KOMANDAN, tengo menester de unos kuantos detalyos
sovre el servisyo de este buro.
FABRES – *(Resta en pyes)* Pronto por darvolos, mi Kolonel.
PIKAR – Diziðme, ken resive asta agora los papeles ke nos
traen nuestros espiones?
FABRES – Yo, Kolonel.
PIKAR – Los meldash?
FABRES – Si, Kolonel. Despues los devo entregar al buro de
la fotografia por seer fotografyaðos, i es solamente despues
ke son entregaðos al kapo del buro.
PIKAR – EH BYEN, KOMANDAN, mas non[30] kero ke las kozas se
pasen ansi. De oy por endelantre[31] ordeno ke los anvelopes traiðos
me sean entregaðos enprimero a_mi, i sin seer avyertos, yo kero
tomar enprimero konosensya de eyos, i despues, si lo topo de djusto,
vo[32] los entregare.
FABRES – Ma Kolonel, porke...?
PIKAR – *(Mirandolo severamente)* – De kuando aki, KOMANDAN Fab-
res, se uza a demandar a_sus superyores, razones i eksplikasyones?
FABRES – PARDON, mi Kolonel, fue un momento de olviðo.
PIKAR – *(Kon boz de komando)* – BYEN, ke sea por la ultima
vez! – Dunke[33] es entendiðo, toðo moðo de papel traiðo al ministerio

---

28   < F *trahison*; Neh. je. 'traisyon'; sp. *traición*.
29   < F *en* + gérondif.
30   *mas non kero* < F *je ne veux plus*...
31   Neh. je. *de agora, de oy en delantre*; dt. *ab heute, von heute an*, sp. *a partir de hoy*.
32   J *vos lo* > *vo lo*.
33   < I *dunque*; dt. *also*, sp. *por consiguiente, pues*.

7

די פּארטי גוב אתיניטיס סיקריטום מי סי דיבי איטטרינאר אמי איגפרימירו.

אורדין דיל מיניסטרו! מי איטטיגדיטים?

ס׳אבריס — קי, מי גולוגיל. (בּאטין חנה פוחירטכ)

פיקאר — (הוקופּאדלו הה אינומיעהר גוס פּחפינים דיל סיקריטאריון) — קומאנדאן, מירה קן חים.

ס׳אבריס — (נה חנה פוחירטה קון ריגוריטו לי דיבי מה פּארטי:) מה! קומו אבוריסקו אה מיסעי חומכרי! (מיל נה חנה פוחירטה, לה חלרי, ריסיבי חון גרח,די אנגילוף, סירה נה פוחירטה טודו אין חינואניגנארו חיל מנגינוף).

פיקאר — (הוקופּי־דו קון סוס פּחפילים, לי רימחנדה סין מלסאר נה קאלוסה) — קן חים?

ס׳אבריס — (סי אסירקה די פיקאר) — חים אן אנגילוף קי בּייני די פּראחיר חונו די נוחיסעטרום אנינגנים. (קון גו חיספּאנטוזה, אה פּארטי) חיל חניניגי דיל אנגאחמאר די חלימחגייה! מיסעו סינורו קי חיל מאלדיגו בּורדרו חיסעה אקי אדריטערו. מה! קי נו גו פוחידו חזר פידלחסום! (מיל חינומיגינה חיל מנגילוף אה חז קומו סי גו קרידיחה הרמוגאר).

פיקאר — (אנסמאגו נה קאחיסה מי מירלאגדוגו) מי בּיין!

ס׳אבריס — (אסאבסחנגדו סירקה פיקאר) — גה מי קולוגיל. (לי דה נה קאחגטה קון ריגריטו)

פיקאר — בּיין, בּום פוחידיס ריטירתר, יו בּו לחלגרחר אקן חוגום קומאגטום פוגטום.

ס׳אבריס — (אה פּארטי) אהגורה מיסעו סינורו קי סומוק פירסום! (סאלי אלבחנגאר, לום אחוס פיקסטאדום סוגרי פיקאר לי סוגרי חיל אנגילוף)

סינה קואטרינה

פיקאר (סולו).

פיקאר — (חלרי חיל אנגילוף מי מילדה מי פוקו און קאימדלים) — אה! אה! קן חים חיסעו? גה חוגה פייסה גאסטאחנטי אימפּורטאנטי! (חינומיגינה לה קאחטה אין קאחדליס) או! או! מיסעה פייסה חים מאם אימפּורטאנטי קי לוקי מי פאחריסיחה! (מילדחנדו):

„קירידו סינייור, טינגו חיל חונור די אינבּיאחרבּוך אינקלוזו סינקלוו פיחסאם מאם אימפּורטאחנטים לחם חונחק קי לאם חוטראם. 1) און מחגוחיל די אינסטרוקסייון סוגרי לה חרטיגליריאה, ליגרו קי חים מוי רחגו. 2) און פלאחן סוגרי לה מובילחזאסייון דיל 27 — גו קוחירפו די חרמאדה, חיסטאבליליסידו און נה פרוגטיירם. 3) און מיסטוליייו סוגרי לה נינה די מחדמחאסקמחר. 4) לה דיסקריפּסייון דיל מוחיבּו טירו, אינפּיינאדו אין לה חרמאדה סרלאגסיזה. 5) לה דיסקריפּסייון דיל נוחיבּו פרינו חיליקטריק, אינגינטאדו אהגורה סירקה.

7 de parte los agentes sekretos me se deve entregar a_mi enprimero. Orden del ministro! Me entenditesh?

FABRES – Si, mi Kolonel. *(Baten a_la puerta)*

PIKAR – *(Okupaðo a egzaminar los papeles del sekretaryo)* – KOMANDAN, mir**a** ken es.

FABRES – *(Va a_la puerta kon regreto[34] i dize a parte:)* Ah! Komo aboresko a este ombre! *(El va a_la puerta, la avre, resive un grande anvelop, sera la puerta toðo[35] en egzaminando el anvelop).*

PIKAR – *(Okupaðo kon sus papeles, le demanda sin alsar la kavesa)* – Ken es?

FABRES – *(Se aserka de Pikar)* – Es un anvelop ke v**y**ene[36] de traer uno de nuestros agentes. *(Kon boz espantoza, a parte)* El agente del anbasad de Alemanya! Est**o** seguro ke el maldicho bordr**o** est**a** aki adyentro. Ah! Ke no lo pueðo azer peðasos! *(El egzamina el anvelop i aze komo si lo keria arazgar).*

PIKAR – *(Alsando la kavesa i mirandolo)* EH BYEN!

FABRES – *(Avansando serka Pikar)* – Na[37] mi Kolonel. *(Le da la karta kon regreto)*

PIKAR – B**y**en, vos pueðesh retirar, yo vo lavorar aki unos kuantos puntos.

FABRES – *(A parte)* Agora est**o** seguro ke somos persos!
(Sale avagar, los ojos fiksaðos sovre Pikar i sovre el anvelop)

SENA KUATRENA
PIKAR (solo).

PIKAR – *(Avre el anvelop i melda un poko en kayaðes)* – Oh! Oh! Ke es esto? Na una p**y**esa bastante inportante! *(Egzamina la karta en kayaðes)* Oh! Oh! Esta p**y**esa es mas inportante ke lo_ke me paresia! *(Meldando)*:

"Keriðo sinyor, tengo el onor de enbiarvos inkluzo[38] sinko p**y**esas mas importantes las unas ke las otras. 1) Un manuel de instruksyon sovre la artileria, livro ke es muy ralo. 2) Un plan sovre la mobilizasyon del 27–no[39] kuerpo de armaða, estabilisiðo en la frontyera. 3) Un estuðyo sovre la gera de Madagaskar. 4) La deskripsyon del nuevo tiro, enp**y**egaðo en la armaða franseza. 5) La deskripsyon del nuevo freno elektrik, inventaðo agora serka.

---

34   < F *regret*; dt. *Bedauern*, sp. *pena, arrepentimiento*.
35   *todo en* + gerundio < F *tout en* + gérondif.
36   *ke v**y**ene de traer* < F *que vient d'apporter* (Periphrase: *soeben* + Verb).
37   Im Bulg. wird *на* verwendet für ¡*aquí tienes!*, ¡*aquí está!*; aus dem Gr. oder Trk.
38   < F *ci-inclus* 'beiliegend'.
39   Ordinalzahl, *27., ventiseteno*, sp. *vigésimo séptimo*.

מיספירו סיניור, קי מיסטאריס קונפינטי די מיסטי מינכיאו, פור מיל קואל
ריקלאמו לה סומה די אונו מיל פראנקוס קי קיזיטיס ביין פרומיטירמי!"

פיקאר — מה, מה! מיקטו איב אונה פראחזון קומפלידה! מינזיסטי
דונקי מין איל מיניסטיריו די לה נידה און טראחידור, רובאדור די ביקריטוס
אל פרוסיטו דיל אינימינו די סו פאטריאס! אי אים פור מוגידה קי כי מיקטה
מזינדו מיסטי טראביקו? הים פוסיבלי? — סי, הים פוסיבלי, מיב סינורו,
אי נה לה פרובה! מיקטי פהסיג נון אפירמאדו לו דימוסטרה באמטאמנטי!
(מונטאמינאנדו לה מיסקריטורה) דיקן כירה מיסטה מיסקריטורס? מיקטה מיס-
קריטורה נון איב קונוסידה די מי! מה יו סאבלרי מיקקולאריר קין קין מיל
מאוטור. אה? מיזירחבלי! ביגדיר מה סו פאטריאס פור מוגידה!.... (קידה
הון פונטו סינסמאטיבלי אי מינדיגיאדו. סונינטו סונה מיל סונאנו. מינכרה מיל נאמרסון די
סירלים — קין טרושו מינדאנונרה מיסטי אנבליווף?

גארסון — מי קולוניל, אים אונו די נואיסטרוס מיספיאוניס, מיל קי
אים מפארעטאדו פור מיל אנבאטאדר די אלימאנייה.

פיקאר — סי טופה מאיינדה אין מיל מיניסטיריו?

גארסון — סי, מי קולוניל, מיל מיסטה מיספיראנדו הבאבו.

פיקאר — דיזילדי קי ביֵננה, לי קירו אבלאר.

גארסון — כיין, מי קולוניל. (סאלי)

סינה סינקינה

פיקאר — איל אגינטי (ליסטולו סיגיל)

פיקאר — בוס סוס מיל קי טרושיטיס מינדאנונרה הון אנבליווף סירמדו?

אגינטי — סי, מי קולוניל.

פיקאר — די אונדי לו טומאטיס?

אגינטי — דיל אנבאטאדר די אלימאנייה אין פאריס.

פיקאר — דו לו רובאטיס די אחי?

אגינטי — נו, מי קולוניל, אים מיל סוחירטאלירו מיל מיזמו קי מי
לו דייו.

פיקאר — מיל סוחירטאלירו דיל אנבאטאדר?

אגינטי — סי, מי קולוניל, מיסטי סוחירטאלירו מיסטה די אקורדו קון
מי פור מינכערינגרמי אלגונאם קוזאב קי לה סוסטה טרחי פאר קו
פאטרון, מיל קומאנדאן שבארסקופין.

פיקאר — אי לו פאגאם פור מיכנו?

אגינטי — סי מי קולוניל.

פיקאר — קואנטו בוס קוקטו מיסטה סייס?

8 Espero sinyor, ke estaresh kontente de este enbi'o, por el kual
reklamo la suma de ocho mil frankos ke kijitesh byen prometerme!"[40]
PIKAR – Ah, ah! Esto es una traizon kumpliða! Egziste
dunke en el Ministeryo de la gera un traiziðor, rovaðor de sekretos
al profito del enemigo de su patria! I es por moneða ke se esta
azyendo este trafiko? Es posivle? – Si, es posivle, es seguro,
i na la prova! Este papel non afirmaðo lo demostra bastante!
(*Egzaminando la eskritura*) De_ken sera esta eskritura? Esta esk-
ritura non es konosiða de mi! Ma yo savre eskuvrir ken es el
autor. Ah? Mizeravle! Vender a su patria por moneða...! (*Keða
un punto pensativle i endinyaðo.*[41] *Subito sona el sonaje. Entra el garson de
servis*) – Ken trusho endagora[42] este anvelop?
GARSON – Mi Kolonel, es uno de nuestros espiones, el ke
es apartaðo por el anbasad de Alemanya.
PIKAR – Se topa ainda en el ministeryo?
GARSON – Si, mi Kolonel, el esta asperando abasho.
PIKAR – Dizilde ke venga, le kero avlar.
GARSON – Byen, mi Kolonel. (*Sale*)

SENA SINKENA
PIKAR – EL AGENTE (vestiðo sivil)

PIKAR – Vos sosh el ke trushitesh endagora un anvelop seraðo?
AGENTE – Si, mi Kolonel.
PIKAR – De onde lo tomatesh?
AGENTE – Del anbasad de Alemanya en Paris.
PIKAR – Vo lo rovatesh[43] de ayi?
AGENTE – No, mi Kolonel, es el puertalero el mizmo ke me
lo dyo.
PIKAR – El puertalero del anbasad?
AGENTE – Si, mi Kolonel, este puertalero esta de akordo kon
mi por entregarme algunas pyesas ke la poshta[44] trae para su
patron, el KOMANDAN Shvarskopen.
PIKAR – I lo pagash por esto?
AGENTE – Si, mi Kolonel.
PIKAR – Kuanto vos kosto esta pyesa?

---

40   cf. F *que vous avez bien voulu me promettre.*
41   Neh. je. *endinyarse*, fr. *s'indigner* 's. empören'.
42   Neh. 'il y a un instant, tout à l'heure'; sp. *ahora mismo.*
43   *rovarse u.c.* mit *vos > vo* vor *lo.*
44   Tr. *posta*, búlg. *poshta*, [*пощa*], sp. *correo*. Die Orthografie weist auf das Bulgarische.

אגינטי — סין פרהנגום.

ביקאר — קומו נוס מיקספליקחם קי חיל פוחירטעחלירו נום דייו חיכטי
נורדרו סין לחם סיגקו פייסחב קי חירחן חינגקלוחם ?

אגינטי — חיל סוחירטעחלירו נון מי פוחילי דחר טולו לוקן דיסיני,
סיינדו סי מיספחנעטה די כיחיר חטירחלו. חיל מי חינעערינה חונחם סייסחב,
חי לחם חוטרחחכ לחם דה חה חו פחלחרון.

ביקאר — חיכטי פוחירטעחלירו נום דיסו קין לי טרוסו מיסטי נורדרו?

אגינטי — נון, מי קולוגיל, חיל נון מיספחחבה חין סו נוזה קוחנדו בי
לו טרוסירון.

ביקאר — חי נוס, מי פוחידים דיזיר קין ייבו מיסטי נורדרו חל
חיריסחחר די חלימחנייה ?

אגינטי — נון מי קולוגיל, מה סי דיזחם פוחילו כוסקחר.

ביקאר — בין, בוסקה, מה סין דחרלים חה סחליר.

אגינטי — כין מי קולוגיל. (סחני)

ביקאר — סולו, (פינסה חון מומינטו חי סי חניצחנטה) לחלמוס חגדי חיל
מיניסטרו! מי דוניר חים די מיטירלו חל קורייגטי די לוקן סי סחסה. (סחני,
ייחחנדוסי מינ נורדרו)

מינה סייזינה

מ'אבריס (פולו)

מ'אבריס — (פחחה נח קחלוסה חין לה פוחיועה, חי נייגדו קן נון חי נינ-
גונו, מינורה) פילסוק! סומום פירסום! מיסטי מיזירחבבי פיקחר סוחי חונדי
חיל מיניספרו קון חיל נורדרו חין לה מחנו! קוחנדו פחסו דילחנגערי די מי,
ייו בידי מיספי נורדרו, חי די מונה מונחלה ריקונוקי לה מיסקריטורה די
מיסקירמחו. מה! מיספירחו! קן מיזיטים! חי קן סחבי מגורה לוקן נום
לם חפיעחר! לה טינפיסטה סי מיסטה חטירנקלחנדו, פרונטה חה קחייר סוגרי
נוחינערה קחלוסה. קן פוחידו חויר? קומו חליסחר די מי מיסטה טיריבבי
ריסגונחחסייה? סין פוקו קיימפו בחן חוזר כוסקילדחם, חי נון מחחנקחרחן די
טופחר חיל טרחחיזור לירדחלירו. חים מורי פחחסיל. טולוק סי בחן חה די-
מחנדחר: קן חי חון חיל מיניסטירייו, חמינו די מיספירחחו, פחרה חינערי-
נחרלי נום סיקריטום דיל חיכטחדו-מחייר? חי טולום בחן חה ר ספונדיר:
סחברים, חים חיל קומחנדחן סחחכרים קן חים סו חמינו, חים חיל קן צינגדי
נום סיקריטום די כו פחטריחה חל חינימינו. חים מיסטי מיזירחבבי קן סי
חחונו מה חון כחחנדלו, חי קן דיזונורה לה חרמחדה! — חי חון דיוחה נום
חנינטים די פולם בחן הה לינ'יר, חי מי לחן חפירחר דיל קוליעו, חי מי

9 AGENTE – Syen frankos.

PIKAR – Komo vos eksplikash ke el puertalero vos dyo este bordro sin las sinko pyesas ke eran inkluzas?

AGENTE – El puertalero non me pueðe dar toðo lo_ke resive, syendo se espanta de seer aferaðo. El me entrega unas pyesas, i las otras las da a su patron.

PIKAR – Este puertalero vos disho ken le trusho este bordro?

AGENTE – Non, mi Kolonel, el non estava en su loja[45] kuando se lo trusheron.

PIKAR – I vos, me pueðesh dizir ken yevo este bordro al anbasad de Alemanya?

AGENTE – Non, mi Kolonel, ma si dezeash, pueðo bushkar.

PIKAR – BYEN, bushka, ma sin darvos a saver.

AGENTE – BYEN mi Kolonel. *(Sale)*

PIKAR – Solo, *(pensa un momento i se alevanta)* Vamos ande el ministro! Mi dover es de meterlo al koryente[46] de lo_ke se pasa. *(Sale, yevandose el bordro.)*

SENA SEJENA

FABRES (solo)

FABRES – *(Pasa la kavesa en la puerta, i vyendo ke non ay ninguno, entra)* Persos! Somos persos! Este mizeravle Pikar fue onde el ministro kon el bordro en la mano! Kuando paso delantre de mi, yo viðe este bordro, i de una ojaða rekonosi la eskritura de Esterazi. Ah! Esterazi! Ke izites! I ken save agora lo_ke nos va afitar![47] La tenpesta se esta aserkando, pronta a kayer sovre nuestra kavesa. Ke pueðo azer? Komo aleshar de mi esta terivle desgrasya? Fin poko tyempo van azer bushkeðas, i non mankaran de topar el traiziðor verdaðero. Es muy fasil. Toðos se van a demandar: ken ay en el ministeryo, amigo de Esterazi, para entregarle los sekretos del Estaðo-major? I toðos van a responder: Fabres, es el KOMANDAN Fabres ke es su amigo, es el ke vende los sekretos de su patria al enemigo. Es este mizeravle ke se auno a un bandiðo, i ke dezonora la armaða! – I un dia los agentes de polis van a venir, i me van aferar del kulito, i me

---

45   < F 'loge', dt. *Pförtnerloge*, sp. *conserjería*.

46   *meterlo al koryente* < F *le mettre au courant*.

47   < ? dt. *passieren*; sp. *pasar, ocurrir*.

באן איטאר לים נאנגום, אי מי באן ארהנקאר לה היספאלדה, אי מי באן ארהנקאר
מים פאנגוגים אי מים מידאלייאם, מו לאן היפריהאר אי מי באן נוגאר, אי מי
לאן קונדינאר, אי מי באן מאלדיזיר, אי לה פראנסייה אינטירה, אי היל מונדו
אינטירו באן אבוריסיר אה מי נומברי!... (קאיילאדים, טיריינים) הו! נון! נון!
איסטו נון לו דו פירמיטיר! איסטו נו סי סרה! חנטים קי קאיינה לה קאבינה
דיל קומאנדאן פאבנריב, קאלי קי קאיינאן בייו, קאלי קי קאיינאן מיל קאליסאם!
אה! באמום אה ביאיר! (פינסאטיבו, נום הואם אין נאהו) סולרי קין, סולרי קין אויר
קאיר היל סוםפינו! סי יו קו היל קולפאבלי, קאלי טופאר אונה פירסונה קי פאני
פור מי! סי יו קו היל קולפאבלי, היל קי סיאה לה ליקטימה! קאלי, אורה קי
לה ליניר לה נוסטיסייה פור כוסקאר היל קולפאבלי, קאלי, פור האלישארלה
די מי, אמומטרארלי אונו, ניומו סי אים מינוסינט, אי דיזרלי: נה היל
קרימינל, איסטי אים היל קולפאבלי! אבי אים היל מינוסינט! ... טרא...
אה סו פאטרייה! אסירהאלדו, מאטהאלדו, אינטירהאלדו! היל נון מיריסי נינגון
פארדון! אי די די איסטי מודו יו סירי סאלבו! (קידה פינסאטיבו) סי, מה סולרי
קין, סולרי קין קאליסה אויר קאיר היל טרוהינו? (טומה היל טאבלו אינקולגאדו
אין לה פאריד) — מילהרימום אין איסטה ליסטה. פוהידי סיר טופאר אין
נומברי, אונו די לוס קייום קי סון מאלדינוס דיל דייו אי מאלדינום די לום
אומברים! (קאיילאדים, אי קוטו ריספונדיינדו אה אונה קיסטיון) אינוסינטי! קי
אינוסינטה? מנטים די טודו קאלי סאלבבאררמי! (מילדאנדו) דופון, סיאבאלי, לה-
קורדיר... נון! איסטוס נון, איסטוטום סון קונוסידום פור מוי הונירבוס.
נינגונו נון קונוסריאה אסום קרימיריאה אסום קולפאבילידאד, בוסקארימום אוטרום (מילדאנדו)
לאביניי, לאפייר, קאזימיר, דוברוהה, סיניסטאל (קונטינואה אה מילדאר אין מורמו-
ראנדו נומברים, אסטה היל נומברי די דריהוס קי היל פרוגונסייה קון בוה אלטה אי אין
סאלטאנדו) דריהוס!... מו! דריהוס!... מון נולייו! היל מוניקו נולייו קי
סי טופה אין היל איסטאבלו-מאהור! (האמדוסי אין לה פריטי) קומו נו פינסי?
אוגדי טיגירה היל טיגו! מון נולייו! מון קאפיטאן נולייו! קין האי מיזור די
אין נולייו פור סיאיר טרהיזידור די סו פאטרייה! קין נו בם קרימיר מה
כו קולפאבלילדאד! יהודה איסקאריוטי פותי היל נולייו! סי היל ביגדייו פור טריינטה
דוקהדום מה נוהיכטרו סיניור ישו, קין סי בם מאטרהבילידאר קי מון אובורו
נולייו ביגדייו אסו פאטרייה פור מונידה? אה! כובו קי פותי יו! קאלימה
טאמניטו בוסקאר? אם דוס פאסום די מי, אין היל בורו.די חקי הלגאדו כי
טופה איסטי קאפיטאן דריהום. היל נולייו אים מיסטה אנורה אינטרו אין היל
איסטאבלו-מאהור! דריהום! קין אים היל ערהיזידור? דריהום! קין אים היל מיזרהאבלי
מאוטור די איסטי בורדרו? דריהום? קין אים היל אבוריסידו קי אינטרינו
נום סיקריטום די סו פאטרייאה אל אינימינו? דריהום! קין אים קי מי-

10 van atar las manos, i me van arankar la espaða, i me van arankar
mis pagones[48] i mis medalyas, me van aprezar i me van djuzgar, i me
van kondenar, i me van maldizir, i la Fransya entera, i el mundo
entero van aboreser a mi nombre...! *(kayaðes, terivle)* Oh! Non! Non!
Esto non lo vo permitir! Esto no se ara! Antes ke kayga la kavesa
del KOMANDAN Fabres, kale ke kaygan syen, kale ke kaygan mil kavesas!
Ah! Vamos a veer! *(Pensativle, los ojos en basho)* Sovre ken, sovre ken azer
kayer el sospecho? Kale, kale bushkar! Kale topar una persona ke page
por mi! Si yo so el kulpavle, el ke sea la viktima! Kale, ora ke
va venir la djustisya por bushkar al kulpavle, kale, por alesharla
de mi, amostrarle uno, mizmo si es inosente, i dizirle: na el
kriminel, este es el kulpavle! Este es el mizeravle ke traizo
a su patrya![49] Aferaldo, mataldo, enteraldo![50] El non merese ningun
PARDON! I de este moðo yo sere salvo! *(Keða pensando)* Si, ma sovre
ken, sovre ke kavesa azer kayer el trueno? *(Toma el tavlo enkolgaðo
en la pareð)* – meldaremos en esta lista. Pueðe ser topare un
nombre, uno de akeyos ke son maldichos del Dyo i maldichos de los
ombres! *(Kayaðes, i komo respondyendo a una kestyon:)* Inosente? Ke
inporta? Antes de toðo kale salvarme! *(Meldando:)* Dupon, Shevalie, La-
korder...[51] Non! Estos non, estos son konosiðos por muy onestos.
Ninguno non kreeria a_sus kulpabiliðað, bushkaremos otros *(meldando:)*
Lavinie, Lapyer, Kazimir, Duiboa, Seneshal[52] *(kontinua a meldar en murmu-
rando nombres, asta el nombre de Dreyfus ke el pronunsya kon boz alta i en
saltando:)* Dreyfus...! Oh! Dreyfus...! Un djuðyo! El uniko djuðyo ke
se topa en el Estaðo-major! *(Dandose en la frente)* Komo no pensi?
Onde tenia el tino! Un djiðyo! Un kapitan djuðyo! Ken ay mijor de
un djuðyo por seer traiziðor de su patrya! Ken no va kreer a
su kulpabiliðað! [Yeuda Iskaryot] fue djiðyo! Si el vendyo por trenta
dukaðos a nuestro sinyor [Yeshu], ken se va maraviyar ke un otro
djiðyo vendyo a_su patrya por moneða? Ah! Bovo ke fui yo! Kalia
tanto bushkar? A dos pasos de mi, en el buro de aki a_laðo se
topa este kapitan Dreyfus, el uniko djuðyo ke asta agora entro en el
Estaðo-major! Ken es el traizidor? Dreyfus! Ken es el mizeravle
autor de este bordro? Dreyfus! Ken es el aboresiðo ke entrego
los sekretos de su patria al enemigo? Dreyfus! Ken es ke me-

---

48 Bulg. *пагон* 'Schulterstück'.
49 Hier mit Doppel-yod geschrieben.
50 Imperativformen mit Metathese.
51 Dupont, Chevalier, Lacordère.
52 Lavignier?, Lapierre, Casimir, Dubois, Sénéchal.

11

ריסי סיר דיזונורחדו, הריסטחדו, קונדינחדו, חבורישידו דיל דייו חי די נה

נינטי, מינוספריקייחדו די נה חומאחניידחד חינטירה? דרייסוס, דרייסוס,

דרייסוס !!!.... (פינחסיגלי, נום חחום חין נחשו, נום נרחסום קרוהזחדום) — חי

חנורה, קחלי פרחנומחר חון פלחן מיסטיריחו חי טיריגלי פור חוזר קריחיר

חל מונדו חין לה קונספאניידחד די חיכטי נחדיין, קחלי, קומו חון מחוטור

קין קונספחה חונה ערחזידיחם, קחלי מפחריזחר לה פייסה סינה פור סינה,

חקטו פור חקטו. קחלי, קון נרחנדי חינעיניחזינבה חי נרחנדי סחביויחים חויר

חינעראר חיל סוספיגו חין נחס קחביגחס נוזיחם קי מי חינטורנחן, חין מיל

מיספריטו דיל זינירחל מונג, חי מיזמו דיל מיניסטרו. מיסטה מוזרה טי-

רינגלי חי טינינבוזה נון סירה פחסיל, מה יו מיספירו ריחושיר. יו סחלדי־

ביניר חיל מיכפריטו די מים סופירייורים קומו מיל פאחיכירו סינייו נה מחסה,

חי חור חינטרחר חין חיליחום נחם מידחב קי יו קירו, מי פור היסטו, קחלי

סירליימי די נחם נחזיטחם חנעיסימיטיקחם. קון חרעיקולום חינפנחמחנחנטים

חי סיקריטום, די מחנירה כי נון סיפחן קי סון די מי, יו זו סולפנחמחר

נוכ קורחסונים די נה פופולחסיון ברחנסחה, חין מיספחהנדיינדו רוחידום

מינחמחזנטים, חין מוינדו קריחיר קי סונו מון נחדיין פוחידי סיר קחפחהי די

ליגדיר נחם סו פחטחרייה. חים בירדחד קי חיכטי ענחנדיינ קולונינ פיקחר חים

חיל קולו חיל קוחל נון קי בה דיסחר חינקחמינחר סינון קירו יי, מה נוחיי

סולדי חיל חי קובחי סו קחטויכה סי נו טופו דילחנערי מי קחמינו ! חה

חיל חי מה מיסטי נחדיין, מחלדיסיון סולרי סום קחבחם חי סום רחבחב !

חדילחנטרי פחהגריכ ! נון פיידרחם קורחזי ! חי חקולדרחטי קי חין נה כחל־

טחלייס מונדי נחם מה חינעראר, חים טו קחבחם קי מיסטה חמינחזחדה,

חי קון חיליח טו חונור חי טו חביניר ? חדילחנטרי דונקי, חי מחלור חה

מיכטי נחדיין !

(פירדי)

חקטו II

(נה סינה סי פחפה חין חיל חי חלעמו נזרו. חין דיספחרעי דיל סיקריטחריו פי
בימי מונה ניקה מיחה חין מיריו דינה סינה קון טולו נוקי פרימי פור מיסקריטחר)

סינה פרימה

.פ'חבריס (סונו).

פ'חבריס — (חין פיים, מינחלה חיל זורגחל נה ,לינרי־פחרוני, דונדי חיל טיטונו
חין נרחגנדים ליטרחם חיפרחם קחוי פור דילחנטרי די נחמנירה קי חים ליספטו דיל פונליקו).

.נומיסטרחם חינפורמחנ̊סיונים סי קונפירמחנרון די פונטו מה פונטו.

11 rese ser dezonoraðo, arestaðo, kondenaðo, aboresiðo del Dyo i de la
djente, menospresyaðo de la umaniðað entera? Dreyfus, Dreyfus,
Dreyfus...!!! *(Pensativle, los ojos en basho, los brasos kruazaðos[53])* – I
agora, kale fraguar un plan misteryozo i terivle por azer kreer
al mundo en la kulpabiliðað de este djuðyo, kale, komo un autor
ke konpoza una trajeðia, kale aparejar la pyesa sena por sena,
akto por akto. Kale, kon grande intelijensa i grande pasensya azer
entrar el sospecho en las kavesas vazias ke me entornan, en el
esprito del jeneral Mons, i mizmo del ministro. Esta ovra te-
rivle i tenebroza non sera fasil, ma yo espero reushir. Yo savre
finyir[54] el esprito de mis superyores komo el panetero finye la masa,
i azer entrar en eyos las ideas ke yo kero, i por esto, kale
servirme de las gazetas antisemitikas. Kon artikolos enflamantes
i sekretos, de manera ke non sepan ke son de mi, yo vo soflamar
los korasones de la populasyon franseza, en espandyendo ruiðos
menazantes, en azyendo kreer ke solo un djuðyo pueðe ser kapache[55] de
vender a su patrya. Es verðað ke este maldicho kolonel Pikar es
el solo el kual non se va deshar enkaminar sigun kero yo, ma guay
sovre el i sovre su kavesa si lo topo delantre mi kamino! A
el i a este djuðyo, maldisyon sovre sus kavesas i sus rasas!
Adelantre Fabres! Non pyeðras koraje! I akoðrate ke en la ba-
talya onde vas a entrar, es tu kavesa ke esta amenazaða,
i kon eya tu onor i tu avenir! Adelantre dunke, i malor a
este djuðyo!

(Perde)

Akto II

*(La sena se pasa en el mizmo buro. En desparte del sekretaryo se
vee una chika meza en meðyo de_la sena kon toðo lo_ke prime por eskrivir.)*

SENA PRIMA
FABRES (solo).

FABRES – *(En pyes, melda el jurnal la "Libre-Parol"[56], donde[57] el titulo
en grandes letras kaye por delantre de manera ke es visto del publiko).*
"Nuestras informasyones se konfirmaron de punto a punto.

---

53 *kruazados* < F *croisés* 'überkreuzt, verschränkt'.
54 Neh., fr. 'pétrir la pâte', sp. *amasar*, dt. *kneten*.
55 < I *capace*; sp. *capaz*.
56 In der *Libre Parole* erschien zum ersten Mal am 1 November 1894 eine Veröffentlichung zum
angeblichen Verrat des Dreyfus.
57 Rel.Pron. < F *dont*; sp. *cuyo*, dt. *dessen, deren*.

12

מוזיסטרוס ג'ימיזורים כחאנ'ין קין ג'וזקה נו הבאהסימוס קוחאס או סאחקטוס
קי נו סון בירדאליזום. קומאנדו הקהזמום אה חונו, חים קי טיזימום נאחים־
טראס רחזוניס פור מקוחארלו. מוננו טיזימוס חיקריזלימוס אקי קי נום נולי־
יום סון מונה רחסה די טראחזידוריה. נינגונו נון קין קיזו קריחירנום. מה
אנורה טולום פודיזין ביחיר קין טולזימוס רחזון. חויי חים ביין קלחרו קי
אונ נולייו סי טופו אין חיל מיניסטיריו די לה נירה, אין נום כורום דיל
מיסטאזלו־מחזור, פור טרוקאר קונטרה מונידה לום מאם טיריבלים לי חים־
קונדידום סיקריטוס דילה דיטינסה נאסיוניאל. חיכטו קין הבאהסחמום נון
פומילי סיר דיזמינטירדו, סיינדו מי פרולזאם מזמירזחם חי טירוזלם קונטרה
חיסקום טרחזון. נון קירימוק פור חויי חזיר קונוסיר חיל נומברי די חיסטי
מיזירחזלי, מה מהזיזאחה קחלה חונו לו קונוסירה. חיכטאזמום קין
חיל זיגירחל "מירכיי" מיניסטירו דילה נירה, סאזלרה חזיר סו דוליר, סן
דישארסי קונזלינסיר דילאם רחזוניס אורדינאריזאם דילוק נולייום, קין סון לה
מונידה חי חיל שוהד. סי חים בירדאל לוקי קונטזאן סולרי לום 5000
סולדזדום פראחנסחזיק קין מורייזרון אין מאחדאנחבקקאר פור לה קולפה דיל
זיגירחל מירסיי, לי סוחזיימום חסינוזרחר קי חיסטי קרימין לי סיריחה סיר־
דונאדו, סי אין חיסטה קינזחיין די טרחזון די מיניסטרו חיל מיניסקרו סי מוסטרה
חינירזיקו חי טומה מיזורחם פרונטחם פור מריסטחר אל טרחזידור נולייו
קן חבכטה אנורה חיסטאזחלה חיסקונדידו אין נום כורום דיל חיכטאזלו־מחזור,
חי טולוק נום לירום סאלוריחזנום נו פודיחרחן קי הפרוזלחרלו לי נרופאנרסין
דיטראק די חילי!

פאבריס — (אג פוגניקו) חרטיקולו נויי, מחזלזההזלו די מי פארטי חל
זורנאל, סן פירמה. חיסטי חרטיקולו כירה מילזחזלו חויי, חי חוק חזי קן
חיסטי מיזירחזלי נולייו סיר סיר מריסטחזלו אקי, אין חיסטי זורו. די חיסטי
מודו לה פראחנסייה חינטירה כהזלרה חיסטה טחזלי קי חיל טרחזידור חים
חון נולייו, חי נינגונו נו סי דוזיארה קן לים חיל מאוזור די חיסטי
חרטיקולו. די חיכטי מודו חיל מיניסטרו סירה חוזלינזחזלו די קחמינחר, מיזמו
קונטרה סו בילונטחזלי. פור חזירסי פירדונחר סום ליזרוק אן לה נירה די
מחזדאנחבקקאר, פור מזירסי פירדונחר לום 5000 קחזלחזלריס די סולדזדום
פראחנסחים חיסטירחזלוק אין לום קחמינוק די מאחדאנחבקקאר, פור נאחזלרסי
לה חמיסטחזל די לום באחנדידום קי מיסקריזלין אין חיכטחם נחזיטחם. די
דרויימן, די רוחזלו חי חוטרום ברינחנדים דיל זורנאליסמו, חיל מיניסטרו
די כזלינה או נינרה ביזלונטחזל, דיזלרה סחחקריזסיאזחר אל נולייו, מיזמו סי
לייי מה דיסקולריר קין חיל נון מים קולפאזלי! — מירי, טולו לה ביין!
(מינחחזגנו) מה! קונונינל פיקחר! נום קיריס ריסיזליר מינפרימירו לום פחפיליק

12 Nuestros leeðores saven ke nunka no avansimos[58] kozas o faktos
ke no son verdaðeros. Kuando akuzamos a uno, es ke tenemos nues-
tras razones por akuzarlo. Muncho tyempo eskrivimos aki ke los djuð-
yos son una rasa de traiziðores. Ninguno non kijo kreermos. Ma
agora toðos pueðen veer ke tuvimos razon. Oy es byen klaro ke
un djuðyo se topo en el Ministeryo de la gera, en los buros del
Estaðo-major, por trokar kontra moneða los mas terivles i es-
kondiðos sekretos de_la defensa nasyonal. Esto ke avansamos non
pueðe ser dezmentiraðo, syendo ay provas numerozas i terivles kontra
esta traizon. Non keremos por oy azer konoser el nombre de este
mizeravle, ma manyana kaða uno lo konosera. Estamos seguros ke
el jeneral "Mersye",[59] ministro de_la gera, savra azer su dover, sin
desharse[60] konvenser de_las razones ordinaryas de_los djuðyos, ke son la
moneða i el shohad.[61] Si es verdað lo_ke kontan sovre los 5000
soldaðos fransezes ke muryeron en Madagaskar por la kulpa del
jeneral Mersye, le pueðemos asegurar ke este krimen le seria per-
donaðo, si en esta kestyon de traizon el ministro se mostra
enerjiko i toma mezuras prontas por arestar al traiziðor djuðyo
ke asta agora estava eskondiðo en los buros del Estaðo-major,
i toðos los veros patriotos no pueðran ke[62] aprovarlo i gruparsen
detras de el!"
FABRES – *(Al publiko)* Artikolo miyo, mandaðo de mi parte al
jurnal, sin firma. Este artikolo sera meldaðo oy, i es oy ke
este mizeravle djuðyo va ser arestaðo aki, en este buro. De este
moðo la Fransya entera savra esta taðre ke el traizidor es
un djuðyo, i ninguno no se dubyara[63] ken es el autor de este
artikolo. De este moðo el ministro sera ovligaðo de kaminar, mizmo
kontra su veluntað. Por azerse perdonar sus yeros en la gera de
Madagaskar, por azerse perdonar los 5000 kadavres de soldaðos
fransezes estiraðos en los kaminos de Madagaskar, por ganarse
la amistað de los bandiðos ke eskriven en estas gazetas, de
Druimon, de Roshfor[64] i otros brigandes del jurnalismo, el ministro
de buena o negra veluntað, devra sakrifisyar al djuðyo, mizmo si
vyene a deskuvrir ke el non es kulpavle! – Ayde,[65] toðo va byen!
(Menazando) Ah! Kolonel Pikar! Vos keresh resivir enprimero los papeles

---

58   *avansar factos* < F *avancer des faits...*, *Fakten* (in der Zeitung...) *bringen...*
59   Auguste Mercier.
60   O.B. liest *desearse*.
61   < H; sp. *corrupción, cohecho.*
62   *no* + V + *ke* < F *ne* + V + *que* 'nur'.
63   *ninguno non se dubyara* 'ahnen' << F *se douter de* mit *dubyar* = 'douter' < I *dubbiare.*
64   Edouard Drumont, Rochefort.
65   cf. bulg. *aùðe* kommt von *xaùðe* (beide Umgangssprache); tr. *haydi*, sp. *¡vamos!, ¡en marcha!*

קי טירמין אל בורו! אה! לואיסטירו פלאוור! מי קומו פאדריקירה קי חיסטי
בורדרו מיסקריביו די מיכטירילאו? קומו בה חאיר מיסקונלניר גום לירדאדירום
קונפאהלילס? קריאטורה! ייו סירי קאפאחאי די דינוסטראראלום קי חיסטה
מיסקריפטורה די מיסטירילאו חים דיל נולייו דרייפום! נאם חאיר קומו סי
לייבא אונה אונה חינקיטיה. — אין מינוסטירו קאחרגו די חאיר מיסטה חינקיטיה
אל קולוניל ריסהרדון מי אל חינקספירטו קריטיריון. מונקה נון קי פוליזה
מיסקוניר הם מומברים נאם מיזור די חיסטוט. סאן דוק חלוקהאדום, לייגום
די סום קינסיה מי די סום מיסאהלייניידאד. חין קינקו פונגטום די קונ-
נירקאסיון קי טוני קון חיליום, לוס קוגבינסי קי חיל קולפאהכלי נון פוחידי
סיר חוטרו קי דרייפום. מילייום מיסטנוטיירון די מקורדו מי סי פוחירון אה
ריקוויר סרונלהה. אין מיסטה חורה עולום דום מיסטאן קונפארמאנדו היכ-
קריטוראה, מריקוויזגרו חינפורמאטאסיונים חונדי סיירטאם פירסונאם חלאם
קומלאם ליו חינטי קומו דילן ריספונדיר, מי טודו חיסטו סין דאר אה
חינטעינדיר אה נינונו קי ליו טינונו חנונן חינכיטיריסו אה קי חיל נולייו
סיאה טוסאהדו קולפאהכלי. — מיידי, טולו בה בין (סי פרינה נאם חאנום די
קונסיגנטים) נס מאטינה מיסטה סונקסיינגאהדו קינון מי בילונגטאהד, אי פין
פוקוק פונגטום, חיל קאפיטאהן נולייו מריסטאהדו חקי, מין חיכטי בורי,
דילהגערי די מי, פור קאהאר די קו ליבירטאהד, מי פוחילי סיר די סו בידה,
חיל קרימין די חון חוטרו. נון טי מיסנאהטים מיסטירילאו, כודו טייאהפו קי
סאהברים חיסנדדה הקי, פוחידלדאם דורמיר סולבורי נאם דום חורואהם!
(דונגגם לם נאחיטא, לה מיטי חין סו חנדיקירה) חל לאחכורו חנורה! (סי חסינסטה
דינאהנטרי מיוַ סיקריטאמר)

סינה סינוונדה.

ם'אבריט — ריסארדון.

ריסארדון — (חינטרחאנדו. אגטו, סיקו, כלאהקו, הנטיפאהטיקו. חינטוחלום די חורי
קי לי קאהין קאהדה פונגיו, נום חלוסטנה קון ליסטוס די חוטוחמאם. סום ליסטום סאן קומו
סי חירה חון טומבני די טחללה. קומאהדו סי נונטה, סי נונטה חינטירו, די חון פילאהטו,
אי נונקה גו סי חונגרילה די גיינדרסי דירילו קומו חון מינימטאר. חוסטחאנום, סין נאמרנה.
ליסטילו קולורחלו, חיספאלה. חומו חורגייחיו אי קורכומלור, נו מרייַנה קונטרחדיקסיון.)
— בונזור סַאהכרים!

ם'אבריט — (סי מגיחחנטה) אה! ריסארדון! בונזור, קומו בה?
ריסארדון — מוי בין, מירסי, (סי סירחן נאם מחנום).

ם'אבריט — (לי פרחינגסא פונא סייה) אי לה חגקיטיה, מין קי קילו?
ריסארדון — (סי חסינטה סאלאם מיספירדאהאם, נאלאנסחאנדוסי סולַרי סו סייה)
ריחולטאהדו קומפלילו! לייה לו חביזירימום חל סונייו נולייו! — חימאחינטי,

13 ke traen al buro? A vuestro plazer! I vos paresera ke este
bordro eskrito de Esterazi vos va azer eskuvrir los verdaðeros
kulpavles? Kriatura! Yo sere kapache de demostrarvos ke esta
eskritura de Esterazi es del djuðyo Dreyfus! Vash a_ver komo se
ɣeva una enketa![66] – El ministro kargo de azer esta enketa
al kolonel Rishardon i al eksperto Kretinyon. Nunka non se poðia
eskojer dos ombres mas mijor de estos. Son dos alokaðos, ɣenos
de sus sensya i de sus infaɣibilidað. En sinko puntos de kon-
versasyon ke tuve kon eɣos, los konvensi ke el kulpavle non pueðe
ser otro ke Dreyfus. Eɣos estuvɣeron de akordo i se fueron a
rekojer provas. En esta ora toðos dos estan konparando es-
krituras, arekojendo informasyones onde sɣertas personas a_las
kualas ɣo enbezi komo deven responðer, i toðo esto sin dar a
entenðer a ninguno ke ɣo tengo algun intereso[67] a ke el djuðyo
sea topaðo kuplavle. – Ayde, toðo va bɣen *(se frega las manos de
kontentes)* la mashina esta funksyonando sigun mi veluntað, i fin
pokos puntos, el kapitan djuðyo sera arestaðo aki, en este buro,
delantre de mi, por pagar de su libertað, i pueðe ser de su viða,
el krimen de un otro. Non te espantes, Esterazi, toðo tɣempo ke
Fabres estara aki, pueðras dormir sovre las dos orejas!
(Dobla la gazeta, la mete en su aldikera[68]) Al lavoro agora! *(Se asenta
delantre el sekretar)*

SENA SEGUNDA
FABRES – RISHARDON

RISHARDON – *(Entrando. Alto, seko, flako, antipatiko. Entojos de oro
ke le kaɣen kaða punto, los adjusta kon djestos de otomat. Sus djestos son komo
si era un ombre de tavla.[69] Kuando se bolta, se bolta entero, de un peðaso,
i nunka no se olviða de tenerse derecho komo un militar. Mostachos, sin barva.
Vestiðo koloraðo, espaða. Tono orgoɣozo i kortaðor, no areɣeva[70] kontradiksyon.)*
– BONJUR Fabres!
FABRES – *(Se alevanta)* Ah! Rishardon! BONJUR, komo va!
RISHARDON – Muy byen, MERSI, *(Se seran las manos)*.
FABRES – *(Le prezenta una siya)* I la anketa, en ke keðo?
RISHARDON – *(Se asenta puchus[71] estiraðas, balansandose sovre su siya)*
Rezultaðo kumpliðo! Ɣa lo aferimos al suzyo djuðyo! – Imajinate,

---

66 B *анкета*, T *anket*, F *enquête; dt. Untersuchung, sp. investigación.*
67 *tener intereso a ke* < F *avoir intérêt à ce que..., sp. tener interés por, en...*
68 Neh. "forme noble de je. *faldukwéra"; dt. Rocktasche; sp. bolsillo.*
69 Rom. *tavla = talva; sp. tabla.*
70 zu lesen als *areɣevar* (**arr**eɣevar), dt. *dulden, ertragen, sp. soportar.*
71 < T *paça,* 'Bein eines Tieres', B *баджак* populär für 'Bein'.; O.B. liest *pyernas.*

אמינו, קי איכטי מיזירחבלי, חיי חג'יים קי מיסטה טראחיינדו חסו פחים
מי טראחיזקחנדו קון לום סיקריטום דילה דיפינסה נחסייונאל.

פ'אברים — (נוספנדו) מה! די חונדי בו לו חימב'זחטים?

רישארדון — מי חסינורי קי קונחנדו חיסטחבלה חין לה חיסקולה
די בורז, חיל מירחבלה די חיקטולייאר חל פונדו חיל מיקחניסמו סיקריטו דיל
סירו גר' 120. און אמינו מי חסינורי קי נוסטחמינטי אין חיכטה חיפוקה
לה אלימחנייה ריסיבייו די פרחנסייה חי חיסטודייו חון חיסטולייו סוברי חיבטי קחמון. לה
קונקלוזיון חים קלחרה: קן חים חיל מחוטור די חיסטי חיבעולייו? נון
פודילי סיר מוערו קי דרייפום!

פ'אברים — סינורו, חים קלחרו!

רישארדון — חיי מוטרה קוזה: און קחפיטחן דיל 24-גו ריזימינטו
מי חסינורו קי חין לחם מחנובראם די שחלון, חיל לידו חינוטרי לחם מחנום
די דרייפום און מחנומיל סוברי לה חרטילייריה. חור חין חיל נורדרו חים
נוסטחמינטי מלבלחדו די חיבטי מחנומיל. מי פחרירי קי חיסטה פרובה
חים בחסטחנטי!

פ'אברים — סינורו! מחס קי בחסטחנטי!

רישארדון — (קון מינדיפידינסייה) חים ב'ירדחד קי עורם קולוגילך מי
חיל זינירחל דיל מיזמו ריזימינטו חסינורו חסינורחן קי דרייפום חין לחם
מחנובראם די שחלון. מה פודילי סיר קי סי מולגידחרון. חים פור חיסטו
קי נון טומי חין קונסידירחכייון סום טיסטיניחו!

פ'אברים — חיניגים כיין! סחלבחגרחם חין חיל חייר, קי נון מיריסן
סיר נועלחדאם — לייהו קולוגיל קי חיל מיגיסטערו נו סי לייגו די קחרנחרכום
די חיסטה חנקיטס. לה חיסטחם ניחנדו קומו סי חירחם חיל מחס חיקק־
סירטו די לום נחטגלחדוריס די אינכטרוקסייון.

רישארדון — (מורגיניחו) נון חים לה פרימירה בז קי מי קחרנחן
די סימיבחנטי מיסייון. קוחנטום ייה חינגיחי חלה פורקה! קון מי נון חיי
לחרנימה! חונו חים קולפאבלי? די חונה חוזבלה נו חינגיבינו. (מירחנדו
חיקסטמחמינטי פור חינגילה חיל מינטון) חל קרימינ' נו פיקסו! קי סו פחלסחהרו
סי מיניחם, סי קו דילו סי חלזבחנטס, סי סו קולר טרוקה, סי קולחלמינטי
סו פיסטחנייה סי סחרסחניחם, (חיספחחני חיל גרחפו) חו! חים קולפחבלי!
מי סינסייה נו סי לייראס! חי פוחידרחן ב'יניר עולום לום טיסטיגנחום דיל
מונדו דיזרמי: חיסטי חומבכי חים מינוכינטי! (פירה לום חומים חי סי סחפה לום
מוילום) סירו מלום מי מוריזחם, נון קירו ב'זחיר כי חייר, חטרחם, פחלסום
טיסטיגנחום! חיסטי חומבכי חים קולפחבלי, חלה פורקה! (קון גרחנדי מורגולייו)
חיל קולוגיל רישארדון נון סי פודילי ליראר!!

14 amigo, ke este mizeravle, ay anyos ke esta traizyendo a_su pais
i trafikando kon los sekretos de_la defensa nasyonal.

FABRES – *(Gustozo)* Ah! De onde vo lo embezatesh?

RISHARDON – Me aseguri ke kuando estava en la eshkola
de Burj,[72] el mirava de estuðyar al fonðo el mekanismo sekreto del
tiro numero 120. Un amigo me aseguro ke djustamente en esta epoka
la Alemanya resivyo de Fransya un estuðyo sovre este kanon. La
konkluzyon es klara: ken es el autor de este estuðyo? Non
pueðe ser otro ke Dreyfus!

FABRES – Seguro, es klaro!

RISHARDON – Ay otra koza: un kapitan del 24-no rejimento
me aseguro ke en las manovras de Shalon,[73] el viðo entre las manos
de Dreyfus un manuel sovre la artileria. OR[74] en el bordro es
djustamente avlaðo de este manuel. Me parese ke esta prova
es bastante!

FABRES – Seguro! Mas ke bastante!

RISHARDON – *(Kon indiferensya)* Es verdað ke tres koloneles i
el jeneral del mizmo rejimento aseguran ke Dreyfus non estuvo en las
manovras de Shalon. Ma pueðe ser ke se olviðaron. Es por esto
ke non tomi en konsiderasyon sus testiguo!

FABRES – Izitesh byen! Palavras en el ayre, ke non meresen
ser notaðas – veo, Kolonel, ke el ministro no se yero de kargarvos
de esta anketa. La estash giando komo si erash el mas eks-
perto de los djuzgaðores de instruksyon.[75]

RISHARDON – *(Orgolyozo)* Non es la primera vez ke me kargan
de semejante misyon. Kuantos ya enbii a_la forka! Kon mi non ay
largia![76] Uno es kulpavle? De una ojaða lo endevino. *(Mirando
fiksamente por enriva el entojo)* Al kriminel lo fikso! Si su palparo
se menea, si su deðo se alevanta, si su kolor troka, si solamente
su pestanya se sarsanea,[77] *(espande el braso)* oh! Es kulpavle!
Mi sensya no se yera! I pueðran venir toðos los testiguos del
mundo dizirme: este ombre es inosente! *(Sera los ojos i se tapa los
oyiðos)* Sero ojos i orejas, non kero veer ni oyir, atras, falsos
testiguos! Este ombre es kulpavle, a_la forka! *(Kon grande orgolyo)*
El kolonel Rishardon non se pueðe yerar!!

72   F Bourges

73   F Châlons (-sur-Marne, -sur-Saône).

74   < F *or*, 'nun'.

75   = F *juge d'instruction.*

76   Rom. *largiya*, 'Dauer', hier 'Zögern, Zaudern'.

77   < T *sars-* 'bouger' (itr., tr., MCV.); fr. ' bouger de soi-même', dt. 's. bewegen'.

פ'אבריס — כרחבו, קולוגיל, כרחבו! חים לה פרימירה ביז קי ביאו

און אינספארוקיטור קומו לום! כרחבו! חו! טיקטינגוחום פחלסום מון מחני-

קחרחן די ביניר הלנארגום, לה מונידה נודיחה חים טחן סודירחה! חיל

חונו לום דירה קי חיל קחפיטחלו דרייפום מון חיסטוכו חין לחם מחזונדרחם

די שחלון. חיל חונכו לום דירה קי לה חיסקריטורה דיל כורדרו מון חסי-

מחה חלה די דרייפום, מה חלה די חונגרו חופיסייר, פור מינשימפחנו מה

קוחיסטורה חיסקריטורה, חמי חיסקריטורה, חו חלה חיסקריטורה די שחל

קומחנגחן חו די טחל קחפיטחן די חיספי חו די חוכטי קוחירפו די חרמחדה!

נון נום מויגנע!

רישאארדון — (ריינדו) לה חיסקריטורה? ייה פוחידרחן ביניר לום

סחלטייום לו מחם חלנחחלום דיל מונדו חינטירו דחירמי קי מי לירו, ח

מיטי מה טיגו די טרוקחר מי קונליקקייון. חי מי קונליקקייון חים קי חיל

כורדרו חיק חיסקריטו די לה מחנו די דרייפום. סיטיגעה קחרטחם די חוכטי

נודייו פוחידי חקווחיר חי קומפחחרחרלחם קון חיל כורדרו. חי כייו, סחלים לוקי

טופי?

פ'אבריס — קומו?

רישאארדון — טוסי קי לה חיסקריטורה דיל כורדרו חי מסיחיטסה דיל

כולו חלה די נחם קחרטחם די דרייפום!

פ'אבריס — מה!

רישאדון — נון, לום פור חיסחטו קי טינגו רחזון די דיזיר קי חיל

כורדרו חים די לה מחנו די דרייפום.

פ'אבריס — מה קי לם חיסקריטורה חים דיפירינטי?

רישאארדון — נוסטחמינטי פור חיסטו! כו עי חנחם קריחטורה פחנגרים,

חונה פירסונה קי חיסקריבי חב חון חגינטי די חון רייגנחלו חינימינו, חונה

פירסונה קי קולי ערחהיר חסו פחהלס, טי פחהריסי קי חיקטה פירקונה לה

חור לה בולידחל די חיסקריבייר די קו חיסקריטורה חורדינחרייה ? נון סינגורו.

סימפרי חים קי לם קונטרליסיר סו חיסקריטורה חי חיסקרילייר די חונה

חיסקריטורה דיפירינטי. חיל כורדרו חים די חונה חיסקריטורה דיפירינטי,

דונקי חיל סוחי חיסקריליו די דרייפום. חים קנחרו ?

פ'אבריס — קלחרו קומו חיל כול! לוק סיליסיטו די חיסטה טופחדה.

מויערו קי כוק נה לה טופחריחה! (נחטין מין לה סומירטה) חנטרי!

סינה טריסידה

לום מיזמום. קריטיניון אי איל קחפו די פולים.

(סינטרחן מי סי סירחן לחם מחנוס קון פחגרים מי רישחרדון)

פ'אבריס — מה! נה חיכטי כרחבו סיי קריטיניון חי חיל קחפו די

פום. חי כייו, קוחלו די נוחיבו ?

15 FABRES – Bravo, Kolonel, bravo! Es la primera vez ke veo un instruktor komo vos! Bravo! Oh! Testiguos falsos non mankaran de venir avlarvos, la moneða djuðia es tan poðeroza! El uno vos dira ke el kapitan Dreyfus non estuvo en las manovras de Shalon. El otro vos dira ke la eskritura del bordro non asemeja a_la de Dreyfus, ma a_la de otro ofisyer, por enshemplo a vuestra eskritura, a_mi eskritura, o a_la eskritura de tal KOMANDAN o de tal kapitan de este o de este kuerpo de armaða![78] Non los oygash!

RISHARDON – *(Ryendo)* La eskritura? Ya pueðran venir los savyos lo mas alavaðos del mundo entero dizirme ke me yero, no meto a tino de trokar mi konviksyon. I mi konviksyon es ke el bordro es eskrito de la mano de Dreyfus. Setenta kartas de este djuðyo pueði[79] akojer[80] i kompararlas kon el bordro. EH BYEN, saves lo_ke topi?

FABRES – Kualo?

RISHARDON – Topi ke la eskritura del bordro non asemeja del toðo a_la de las kartas de Dreyfus!

FABRES – Ah!

RISHARDON – Non. Es por esto ke tengo razon de dizir ke el bordro es de la mano de Dreyfus!

FABRES – Ma si la eskritura es diferente?

RISHARDON – Djustamente por esto! No te agas kriatura, Fabres, una persona ke eskrive a un agente de un reinaðo enemigo, una persona ke kere traizir a_su pais, te parese ke esta persona va azer la bovedað de eskrivir de su eskritura ordinarya? Non, seguro. Syempre es ke va kontrefer[81] su eskritura i eskrivir de una eskritura diferente. El bordro es de una eskritura diferente, dunke el fue eskrito de Dreyfus. Es klaro?

FABRES – Klaro komo el sol! Vos felisito de esta topaða. Otro ke vos non la toparia! *(Baten en la puerta)* ANTRE!

SENA TRESERA

LOS MIZMOS, KRETINYON I EL KAPO DE POLIS.
(Entran i se seran las manos kon Fabres i Rishardon)

FABRES – Ah! Na este bravo sinyor Kretinyon i el Kapo de polis. EH BYEN, kualo de nuevo?

---

78   < F *corps d'armée.*
79   pret. v. *pueder*, cf. MCV 1998, 286.
80   = *(ar)rekojer;* sp. 'reunir'.
81   < F *contrefaire*; sp. 'falsificar'.

קריטיניון — נוזאיסערום סוספינוזם סון אינטירלאמינטי קונפירמאחלום.
איל טרמיזילור מים דריילום לי גון חוטרו!

פ'אבריס — סולרי קומלו באזאם בוזאיסטרה קונביקסיון?

קריטיניון — קונלרי לה מיקקריטורה דיל כורדרו. מיסטה מיסקרי
טורה מים אינטירלאמינטי לה מיזמה קי לה מיסקריטורה דיל קחפיטאן נולריי.

רישארדון — (ריינדו לי מינוספריסייוז, אין פיים לי נאזאנסאנדוזי סונרי
מונה סייה קי טייני פור דיטראם סו מיספאלדה) הה! מי לו פואיליס פרולבר?

קריטיניון — סינורו! טינגו אין מי פוסיקיין 69 קארטאם דיל
קונטאבלי!

רישארדון — ייו טינגו 70!

קריטיניון — מי קינסייה מים אינפאליבלי!

רישארדון — לה מייה גון סי יירו נונקה!

קריטיניון — (קאפרינזוזו) ייו דינו קי מיל כורדרו מים מיסקריזו די
לה מאנו די דריילום!

רישארדון — מי ייו עאמיין לו סוסטיגנו.

קריטיניון — בום לו סוסטיניים? ונה מי פחריסי קי אינדאנורה קי"
זיטים דאר לה אינטיגנדיר קי מיל כורדרו גון מים די דריילום.

רישארדון — פאחרדון, סיימפרי פריטיגדי מי פריטיגדרי קי מיל כורדרו
מים די דריילום!

קריטיניון — מי קי לה מיסקריטורה מסימיזה מלה די סום קארטאם?

רישארדון — נון, כון מסימיזה, מילייה מים דיפירינטי!

קריטיניון — דיפירינטי? סי מים דיפירינטי, קומו דיזטק מים די
דריילום?

רישארדון — (מורגולייחו) מיסטו מים לוקי בום מאנקה די חינטיגנדיר!

קריטיניון — ייו סוסטיגנו קי לה מיקקריטורה מסימיזה מלה די
דריילום!

רישארדון — מי ייו, קי נון מסימיזה!

קריטיניון — (פוריחו) קולוניל!

רישארדון — סינייור! (סי חמינאזאן)

קריטיניון — מי סינקייה מים אינפאליבלי!

רישארדון — מי סינסייס נו סי יירו נונקה!

קריטיניון — (די נואה אין מאם קאפרינזוזו) ייו טינגו 69 קארטאם דיל
קרימינל!

רישארדון — ייו טינגו 70! (סי באן מינאר אונו סונרי אוטרו)

פ'אבריס — (מיספארטיינדולוס) מי! סינייורים, מים מינוטיל די פי-

16 KRETINYON – Nuestros sospechos son enteramente konfirmaðos. El traizidor es Dreyfus i non otro!

FABRES – Sovre kualo bazash vuestra konviksyon?

KRETINYON – Sovre la eskritura del bordro. Esta eskritura es enteramente la mizma ke la eskritura del kapitan djuðyo.

RISHARDON – *(Ryendo i menospresyozo, en pyes i balansandose sovre una siya ke tyene por detras su espalda)* Ah! I lo pueðesh provar?

KRETINYON – Seguro! Tengo en mi posesyon 69 kartas del kulpavle!

RISHARDON – Yo tengo 70!

KRETINYON – Mi sensya es infayivle![82]

RISHARDON – La miya non se yero nunka!

KRETINYON – *(Kaprichozo)* Yo digo ke el bordro es eskrito de la mano de Dreyfus!

RISHARDON – I yo tamyen lo sostengo.[83]

KRETINYON – Vos lo sostenesh? Ma me parese ke endagora kijitesh dar a entender ke el bordro non es de Dreyfus.

RISHARDON – PARDON, syempre pretendi i pretendre ke el bordro es de Dreyfus!

KRETINYON – I ke la eskritura asemeja a_la de sus kartas?

RISHARDON – Non, non asemeja, eya es diferente!

KRETINYON – Diferente? Si es diferente, komo dizish ke es de Dreyfus?

RISHARDON – *(Orgolyozo)* Esto es lo_ke vos manka de entender!

KRETINYON – Yo sostengo ke la eskritura asemeja a_la de Dreyfus!

RISHARDON – I yo, ke non asemeja!

KRETINYON – *(Furyozo)* Kolonel!

RISHARDON – Sinyor! *(Se amenazan)*

KRETINYON – Mi sensya es infayivle!

RISHARDON – Mi sensya no se yero nunka!

KRETINYON – *(De mas en mas kaprichozo)* Yo tengo 69 kartas del kriminel!

RISHARDON – Yo tengo 70! *(Se van a echar uno sovre otro.)*

FABRES – *(Espartyendolos[84])* EH![85] Sinyores, es inutil de pe-

---

82 < F *infaillible*; sp. *infalible*.

83 < I *sostenere* 'behaupten', sp. *afirmar*.

84 Sp. *separar*.

85 O.B. liest *ay;* a+j ergibt aber *i* oder *e*, daher liegt fr. *eh* nahe.

ליארדום! טולום דום איספאם די אקורדו! קולוגיל, סינון לום, דרייפוק חים
קולסאנלי או נו?

רייטאארדון — קי, אים קולסאנלי!

סאברים — אי לום, סי קריטיגייון, קי פינסאם סולרי איסטה קול-
סאנילדאד?

קריטעניון — דרייסום אים איל קולסאנלי!

סאברים — קי טאל? איקטאם קומפלידאמינטי די אקורדו, טודום
דום בייטים אם לם מיזמה קונקלוזיון פור קאמינום דיפירינטים, איסטו
סרולם קי לם סינסיה דיל אונו אים טאן אינסאנלייגני קי נה דיל הוטרו!
אייר, סירחלום לה מאנו קומו דום כרחלום חומכרים קי סום! (רייטירדון
אי קריסינייון סי דאן נאם תאניום). אי לום, סינייור קאחנו די פולים, קי חינ-
פורמאסייונים נום פרחים די נוחיבו?

קאפו — ליו מאלורחאמינטי נון כרחינו בואינם אינפורמאסייונים.
סינן מי חינצחי, דרייסום אים ריקו, די מלטה פאחמילייה, איל חיק קאחמדו
אי אמם אסו מוזיר אי אסום דום קריאטורחם. איל כון אים קי נונגדור,
קי כילדור, אי איל לילנם אונם כידם מוי רינולחרייא. אן קונסגנחינסה
נון פומילו טוסאר סור קי רחון איל טרחיזיחה אסו פאחם!

רייטאארדון — (ריעדו) אה, אה, אה! איסטה בואינה איסטה!
סינייור קאחנו די פולים, ביחו קי קונוקים פוקו לם נאטורה חומאנה! הן
חומכר סולאלי סיר נונגדור אי כילדור סין קי נינגונו לו כיפס! דיים
קן דרייטום אים ריקו, איל טייני קולחמינטי 20,000 פרחנקוס די חינ-
סרחלם, אי לם לינטי דיו קן איל נחטטה מאם די 60,000 חל חניו.
די אוני לי ביני איסטם טולם מוידם? דיים טחמכין קן איל נונה הן
לחם קורחלאם די קחטחליום אי פיחרי סומאטם נרחאניק. דיים טחמכין קי
לו בייץ מינערואר אן מוּנצוק סירקולום אי קלוכים חוגדי סי נונה נידרו
גונו. אי טחמכין נון אים סינורו קי איטטי חולפישיר סיחה טחן רינולחר
קן לו דיים אן אסו לידם די פאחמילייה, מי קונטחרון קי לו ביירון מונגחם
כידק אן פאחיסונים קון מקחכריסאם דיל סירקו, קן דיים די טודו איסטו?

קאפו — דינו קי טולו נוקי נום קונטחרון ריסנוה סולרי דיום ה
מדישום, מינערוק קן נאם אינפורמאסייונים דילה פריסיקטורה די פולים
סן קענרחם!

רייטאארדון — לו! סינייור קאחנו די פולים, קונאנדו סי טראחטה די
אן נולייו, קאלי קרימּיר טולום לום דיחוק הי מידיסום! סי מי בייצין חה
קונטמר מנורח קן אן נולייו סי רוחו לם לונה אי סי חינגלוטייו איל מונצי
ליכּמן, לדיסטם מי קרימו. לום נולייום סון קאחחאנים די טודו!

17 learvos! Toðos dos estash de akordo! Kolonel, sigun vos, Dreyfus es kulpavle o non?

RISHARDON – Si, es kulpavle!

FABRES – I vos si*nyor* Kretinyon, ke pensash sovre esta kul-pabiliðað?

KRETINYON – Dreyfus es el kulpavle!

FABRES – Ke tal? Estash kumpliðamente de akordo, toðos dos vinitesh a la mizma konkluzyon por kaminos diferentes, esto prova ke la sensya del uno es tan infa*y*ivle ke la del otro! Ayde, ser*a*vos la mano komo dos bravos ombres ke sosh! (Rishardon i Kretinyon se dan las manos). I vos, sinyor Kapo de pol**i**s, ke informasyones nos traesh de nuevo?

KAPO – *Y*o malorozamente[86] non traygo buenas informasyones. Sigun me enbe*z*i, Dreyfus es riko, de alta fami*y*a, el es kazaðo i ama a_su mujer i a_sus dos kriaturas. El non es ni djugaðor, ni beveðor, i el *y*eva una viða muy regolarya.[87] En konseguensa non pueðo topar por ke razon el traiziria a_su pa'is!

RISHARDON – *(Ryendo)* Ah, ah, ah! Esta buena esta! – Sinyor Kapo de pol**i**s, veo ke konosesh poko la natura umana! Un ombre pueðe ser djugaðor i beveðor sin ke ninguno lo sepa! Dizish ke Dreyfus es riko, el t*y*ene solamente 20.000 frankos de entraða,[88] i la djente dizen ke el gasta mas de 60.000 al anyo. De onde le v*y*ene esta toða moneða? Dizen tamb*y*en ke el djuga en las koriðas de kava*y*os i p*y*eðre sumas grandes. Dizen tamb*y*en ke lo v*y*eron entrar en munchos serklos[89] i klubes onde se djuga goðro djugo. I tamb*y*en non es seguro ke este ofis*y*er sea tan regolar ke lo dizish en su viða de fami*y*a, me kontaron ke lo v*y*eron munchas vezes en f̲aytones[90] kon aktrisas del sirko, ke dizish de toðo esto?

KAPO – Digo ke toðo lo_ke vos kontaron repoza sovre dishos i medishos,[91] m*y*entres ke las informasyones de_la prefektura de pol**i**s son seguras!

RISHARDON – Eн! Sinyor Kapo de pol**i**s, kuando se trata de un djuðyo, kale kreer toðos los dishos i medishos! Si me v*y*enen a kontar agora ke un djuðyo se rov**o** la luna i se englutyo[92] el monte Liban, a_vista me kreo. Los djuðyos son kapaches de toðo!

---

86 < F *malheureusement*; sp. *por desgracia*.

87 J normal: *regolar* (MKS., Neh.; AP. *regolar* und *regolario*); sp. *regular*.

88 Rom. 'Einkommen'; sp. *ingreso*.

89 < F *cercle* 'Kreis, a. fig.'; *sirklo, serklo* (und *sirkulo*) nicht Neh., *sirklo* nicht MKS., wohl aber *serklo* und *sirkolo*, AP. nur *sirkolo* und *serklo*.

90 < F *phaéton*, B файтон 'Kutsche' ; sp. *coche*, AP. *faytón*.

91 Neh. je. *te dishos i me dishos*, 'discussions, intrigues'; sp. *chismes, habladurías*.

92 < F *engloutir;* Rom. 'verschlingen, verschlucken'; sp. *engullir, tragarse*.

פ'אבריס — מין קונסינוחינסה, קולוגיל, קימלה חיך בו'חיסטורה חו־
סינייון סונ'רי דרייפוס?

רישארדון — (מיסטירחנדו חיל גרחסו) קולפחבלי!

פ'אבריס — מי נום כיי קריטיגיון?

קריטינייון — (מיסטירחנדו חיל גרחסו) קולפחבלי!

פ'אבריס — מי נום כיי קחפו די פוליס?

קאפו — סיינדו טודום מקי מיסטימן סינורום קי דרייפום חים קול־
פחבלי, קחלי קן קימה קן חים!

פ'אבריס — קולפחבלי חלה חונחנימידחד! — קולוגיל קן קונטחם חזיר?

רישארדון — חריסטנחר חלֿזיסטה חל מחירחבלי. (מירחנדו סו מורה) לה
מורה חיסטה דייק מחנקו דייס פונטום, פ'ין דיים פונטום חיל בּיינדרה חקי,
מיר טחלרי לי חיסקריבֿי קי כי פריזינטי חיבעטה ממחיחנה, חלֿחם 10 חין
מיסטי כורו, פור מינוך די כירלוסייו. פ'ין דייק פונטום לו בּירימום חין־
טרחר. מה מנטים די חריסטחרלו, קירו סוטומיטירלו מה חונה חולטימה
פרובּה, קירו קן סי אכינטי מה מיסטה מיזה פור חיסקריביר סוׁבֿו מי
דיקטי אונה קחרטה דונדי חיל קונטיניידו קימה קחל חיל מיזמו דיל בורדרו,
מי בּחֿם מה בֿיר דום קחחם: פרימו, סיׁי קריטינייון, קי לס מיסקריטורה
די דרייפום חים חינטירחמינטי דיפ'ירינטי דילה דיל בורדרו. כינונדו, סיׁי
קחפו די פוליק, קן קומחנדו בּיגדרה מה מיסקריבֿיר לוֹס כיירלוׁק קי כי
טופחן חין חיל בורדרו, חיל מיזרחבלי די נה מיטיר מה טינגלחר, סיינדו
לייך בֿה מינטיגדיר מיסטוגסים קן חים חונה קומיליה קן מיסטממום נוׁ־
נחנדו. מיסטוגסים לו בֿירחם מינפלחבֿיסיר אי חיספירימיסיר קומו מונה קריחטורה,
די סורטי קן טודום מקי מיסטחרחן קונבֿינסידום די קו קולפחבֿיליחדחד. —
מידי, חיל טיימפו לייה סי בֿחירקו, חיל מיזרחבלי לייה מיסטחמרה סובּריינדו
לה מיסקחלירה דיל מיניכפיריין, קחֿדה חונו חסו פוקטו! טו, פחברים,
חקי! (לי מחוסטרה חיל סיקריטחריי) בֿום קריטינייון, מין מיסטי קחנטון!
(לי מחוסטרה חיל קחנטון די דריינה חין חיל פונדו דילה סינה) בֿום, קחפו די פוליק,
טיניגֿום חלחֿדו די קריטינייון, קחֿדה חונו קי חנה קומו סי מיסטה חוקו־
פחחו, מה נו לו פידרחם די בֿיקטה חין טודו לֿוקי מרה מי דירה! חנה־
זאמינחלֿלו בּיין קומחנדו די דריינה חין חיל פונדו דילה סינה. פֿיקסה נום חוֹום סונ'רי
חיל, סונ'רי כום דילום! מי סי נו בֿיחים טינגלחר נון בֿום דיעינגחם די די־
זירלו, סיינדו מחֿם מי טיסטיגינוחום, מיוׁר חים! — מיסטחם פרוגטום?

טודום — סיׁי!

רישארדון — (סי מסינטה זה לה מיזה די מין נוילייו, קומו פֿהגרים דילחנ־
ערי חיל סיקריטחריין) כיין, קחלֿימדים! מיסטו מוליינדו פחטמדלֿחם! חים חיל!

18 FABRES – En konseguensa, Kolonel, kuala es vuestra o-
pinyon sovre Dreyfus?

RISHARDON – *(Estirando el braso)* Kulpavle!

FABRES – I vos si*nyor* Kretinyon?

KRETINYON – *(Estirando el braso)* Kulpavle!

FABRES – I vos si*nyor* Kapo de pol**is**?

KAPO – S**y**endo toðos aki estan seguros ke Dreyfus es kul-
pavle, kale ke sea ke es!

FABRES – Kulpavle a_la unanimidað! – Kolonel, ke kontash azer?[93]

RISHARDON – Arestar a_vista al mizeravle. *(Mirando su ora*[94]*)* La
ora est**a** d**y**es manko d**y**es puntos, fin d**y**es puntos el vend**r**a aki,
a**y**er taðre le eskriv**i** ke se prezente esta manyana, a_las 10 en
este bur**o**, por echos de servisyo. Fin d**y**es puntos lo veremos en-
trar. Ma antes de arestarlo, kero sotometerlo[95] a una ultima
prova,[96] kero ke se asente a esta meza por eskrivir soto[97] mi
dikte[98] una karta donde el konteniðo sea kaje el mizmo del bordr**o**,
i vash a ver dos kozas; primo, si*nyor* Kretinyon, ke la eskritura
de Dreyfus es enteramente diferente de_la del bordr**o**. Segundo, si*nyor*
Kapo de pol**is**, ke kuando vend**r**a a eskrivir los b**y**ervos ke se
topan en el bordr**o**, el mizeravle se va meter a tenblar, s**y**endo
ya va entender estonses ke es una komeðya ke estamos dju-
gando. Estonses lo verash enplaveser i estremeser komo una kriatura,
de sorte[99] ke toðos aki estar**a**n konvensiðos de su kulpabiliðað. –
Ayde, el t**y**empo **y**a se aserk**o**, el mizeravle **y**a estar**a** suv**y**endo
la eskalera del ministeryo, kaða uno a_su posto! Tu, Fabres,
ak**i**! *(Le amostra el sekretaryo)* Vos, Kretinyon, en este kanton!
(le amostra el kanton de derecha en el fondo de_la sena) Vos, Kapo de pol**is**,
ten**e**vos alaðo de Kretinyon, kaða uno ke aga komo si est**a** oku-
paðo, ma no lo peðrash de vista en toðo lo_ke ar**a** i dir**a**! Eg-
zaminaldo b**y**en kuando enpesar**a** a eskrivir. Fiks**a** los ojos sovre
el, sovre sus deðos! I si lo veesh tenblar non vos detengash de di-
zirlo, s**y**endo mas ay testiguos, mijor es! – Estash prontos?

TOðOS – Si!

RISHARDON – *(Se asenta a la meza de en meðyo, komo Fabres delan-
tre el sekretaryo)* Bᴠᴇɴ, ka**y**aðes! Est**o** o**y**endo pataðas! Es el!

---

93 < F *compter faire* 'Was gedenken Sie zu tun?'
94 << T *saat*, 'Stunde, Uhr'; cf. rum. *ceas.*
95 < I *sotto* + J *meter*; cf. F *soumettre qn à qc*; sp. *someter.*
96 < F *épreuve*; dt. Probe, sp. *prueba.*
97 < I *sotto*; sp. *bajo.*
98 O.B. liest *dikto.*
99 < F *de sorte que* 'so dass'; sp. *de manera que.*

19

אקאמפאסיון! נאלדולו! (סולום סי מוסטראן אוקופאדוס, רישארדון אי סאבריוס אה לים-
קריזיר, קריטיזיין אי היל קאפו אה אינזאמינאר לאם קארטאם די זימונראפיה אין לה
פאריד דיל פונדו).

סינה קואטרינה

לום מיזמום — דרייפום.

דרייפום — (אינטרס נוססחו. ליסטיזו פריסו די מרטיל:ויור, קון קורדונים חו-
ריאונסאלים סוכרי סו פינזמלורה. קאסקיקה קון שירמיטם נריאאנטים, אינטולום די חורו,
ושפאדה. סי דיסקולרי אי לב דיריטו מלה מיה די רישארדון, גו פאגונה) כולימם
זימא, מי קולוניל!

רישארדון — (מיסקרילויגנדו, לי זה לה מאנו כיירדרס סין אלליאנטאאר לום מחוס)
אה! בום קום קאפיטאן דרייפום? אי כיין קומו לה? מינואקטו אל ראמבוצו?

דרייפום — בום רינגראמסיו, מי קולוניל — לה מינואקטיטוד מים
לה לירטוד דילום מיליטאריום. (סולום לו מינאמינאן די מון אוזו. דרייפום נה אה
סאנרים אי לי זה לה מאנו) כוליינוק דימם קומאנדאן, די טאן מחכייאננה אל
לאטורו?

סאברים — (ריינו) כוליינום דימם דרייפום, קן מיר? איל לאטורו
מים סאמכיין לה לירטוד דילום מיליטאריום!

דרייפום — (ריינו) ביין ריספונדידו! (לי מיניאה לה מאנו) דרייפום נה
סאלוטר אלום סוטרום) אי כיין, קומו לה, סי" קריטיזיין אי סי" קאפו די
פולים? סינירו קן מים אלאנק פרוסיסו די מיספיאונדאז' קי בום טראלי-
אקו! אה! מים טיריגלי די פינסאר קן סי פותידי' אוספאר מזירדאללים קה-
סאבום די בינדיר פור מונידה לום סיקריטום דילה ריפינסה נאסיונאל!
איקפאם קון מיריסין קן לה טורקה!

קאפו — טינים רמון, קאפיזימאן, טינים רמון!

רישארדון — (לייסאאנדו סין נולסטארסי) קאפיזימאן דרייפום!

דרייפום — מי קולוניל! (סי אפיריקה די רישארדון די סי סיניי ויספיק-
טיופמאמינטי דילפינטרי די לין).

רישארדון — (סי אלליאנטה) קיריזה מאנדאר מונה קארטה אה מונה
טירסונה די קונפיאנסה, קירים טינר לה כואינדאד די מיסקריליר קון מי דיקטי?

דרייפום — קן פלאזיר, מי קולוניל. מויי מורתו די פותידיר כירגום
יאודולו אה אלגונה קאה.

19 ATANSYON![100] Naldolo[101]! *(Toðos se mostran okupaðos, Rishardon i Fabres a es-krivir, Kretinyon i el kapo a egzaminar las kartas de jeografia en la pareð del fondo.)*

SENA KUATRENA
LOS MIZMOS – DREYFUS

DREYFUS – *(Entra gustozo. Vestiðo preto de artilyor,[102] kon kordones o-rizontales sovre su pechaðura.[103] Kaskeṭa kon sherites[104] briyantes, entojos de oro, espaða. Se deskuvre i va dirito[105] a_la meza de Rishardon, lo saluða)* Buenos dias, mi Kolonel!

RISHARDON – *(Eskrivyendo, le da la mano syeðra sin alevantar los ojos.)* Ah! Vos sosh Kapitan Dreyfus? EH BYEN, komo va? Egzakto al RANDEVU?[106]

DREYFUS – Vos rengrasyo,[107] mi Kolonel – la egzaktituð es la virtuð de_los militaryos. *(Toðos lo egzaminan de un ojo. Dreyfus va a Fabres i le da la mano)* Buenos dias, KOMANDAN, de tan manyana al lavoro?

FABRES – *(Ryendo)* Buenos dias, Dreyfus, ke azer? El lavoro es tambyen la virtuð de_los militaryos!

DREYFUS – *(Ryendo)* Byen respondiðo! *(Le menea la mano. Dreyfus va saluðar a_los otros)* EH BYEN, komo va, sinyor Kretinyon i sinyor Kapo de polis? Seguro ke es algun proseso de espionaje ke vos traye aki! Ah! Es terivle de pensar ke se puede topar mizeravles ka-paches de vender por moneða los sekretos de_la defensa nasyonal! Estos non meresen ke la forka!

KAPO – Tenesh razon, Kapitan, tenesh razon!

RISHARDON – *(Yamando sin boltarse)* Kapitan Dreyfus!

DREYFUS – Mi Kolonel! *(Se aserka de Rishardon i se tyene respek-tuozamente delantre de el).*

RISHARDON – *(Se alevanta)* Keria mandar una karta a una persona de konfyensa, keresh tener la buendað de eskrivir soto mi dikte?

DREYFUS – Kon plazer, mi Kolonel. Muy orozo[108] de pueðer servos provechozo a alguna koza.

---

100 < F *attention.*
101 < *na*, 'le voici', Rom.; sp. *¡aquí está!*
102 < F *artilleur*; sp. *artillero.*
103 'Brust', hier 'Brust des Hemdes, der Jacke' (sonst, Neh.: *pecho*)
104 < T *şerit* 'Streifen'; sp. *cinta.*
105 < I *diritto* 'direkt'; AP. J *dirito, direto.*
106 < F *rendez-vous.*
107 < I *ringraziare*; sp. *agradecer.*
108 < F *heureux*; sp. *alegre.*

20

ריטשארדון — מיטיילוק דה היסטה דה חפרונטהדלוכ דה מיסקריזיר.

דרייפוס — (אספיטנטנדוסי אלנה מיזה די אין מידיון) ביין מי קולוניל! (איל
סי חפרונטה, טולום דו חונסירדאן).

ריטשארדון — (סי דיטיייי דיל טודרי דילה מיזה, מירטי חון פיי סודרי איל
אוטרו) מיכקריזי! (דיקטאנדו:) סינייור, טיגנו איל פלחזיר די מינביחרדום
גונטו קון לה פרריינטי סינקו דוקומינטום מויי דימפורטאנטים, דוגדי דום
סאלרהם לספריסיידר לה מלטה דהלור. 1) און מתקנהל די מרטילידירהם.....

דרייפוס — (מיסקריזיינדו, פרונונסייה גום ביידלוס): די מרטילידירהם.....
(טולום חיסמטאן חין פיים מי סי אטירקאן פוקו לה פוקו).

ריטשארדון — די מרטילידירהם... 2) אונה דיסקריפסייון דיל מיקאניזמו
דיל קאנון די קאמפאנייה נומירו 120, נואיבו אינבליינטאדו...

דרייפוס — (מיסקריזיינדו) מינבליינטאדו (טולום סי אטירקאן די הון פאסו
אי נו פוקסאן).

ריטשארדון — מינבליינטאדו... 3) און לאבורו סוברי לה נירה די....
די מחדחנהסקחר... די מחדחנהסקחר... (אין מיסמי מומינטו ריטשארדון מיסטה
אבוקחדו דולרי דרייפום פור מיזור חונסירדאנדלו).

דרייפוס — (מיסקריזיינדו) די מחדחנהסקחר... (אין מיסמי מומינטו
טולום סי אספירקארון די מינטורגאדרון דרייפום, אי גריטאן אין אונה:) טימבלון! ליה
טימבלון! (טולום גום גרחסום דיזיניאן דה דרייפום אי טולום גום חוום סי לו קירין
קומיר).

ריטשארדון — (ריסיגידו) לום דידום לי טינבלחרון! אין מיכקריזיינדו
מחדחנהסקחר לי טימבלחרון לום דילום! ליין לו בידי! לו ביטיס בוזוטרוס?

טודיום — (אין אונה) סי! סי!

דרייפוס — (גום מירם סין מינטינדיר) אי ביין, קי טינגי? קי גום
טומו סוביטו? אי פורקי גום אקודיטים אמי דירידור? פורקי מי מירחם
קון מיסמום אוזוכ?

ריטשארדון — (טיריאנו) סין דוכיו מיסטי מיזירחבלי איס איל קול-
פחבלי! קחפו די פוליכ, אזי בוחיסטרו דוביר!

קאפו — (מירי לה ונאנו סוברי איל אונבדו די דרייפום) חל נומברי די לה
ליי, דום חריקטי!

דרייפוס — (חלבלאנטאנדוסי) מי חריסטאם! לוקו סחליטים?

פיאבריס — (קון מינינישטה) קחליידים! דום קום און מיזירחבלי!
איל קולפחבלי סום דום!

דרייפוס — מיזירחבלי! קולפחבלי! סחליירון טולום לוקום! קי סי-
נייפיקה מיסטו? אי קי אים מיסטה קומידייה?

20 RISHARDON – Metevos a esta meza i aprontavos[109] a eskrivir.

DREYFUS – *(Asentandose a_la meza de en meðyo)* BYEN mi Kolonel! *(El se apronta, toðos lo observan)*.

RISHARDON – *(Se detyene del boðre[110] de_la meza, mete un pye sovre el otro)* Eskrivi! *(Diktando:)* Sinyor, tengo el plazer de enbiarvos djunto kon la prezente sinko dokumentos muy importantes, donde vos savrash apresyar la alta valor. 1) Un manual de artileria...

DREYFUS – *(Eskrivyendo, pronunsya los byervos):* De artileria...
(Toðos estan en pyes i se aserkan poko a poko).

RISHARDON – De artileria... 2) Una deskripsyon del mekanizmo del kanon de kampanya numero 120, nuevo inventaðo...

DREYFUS – *(Eskrivyendo)* Inventaðo *(Toðos se aserkan de un paso i lo fiksan).*

RISHARDON – Inventaðo... 3) Un lavoro sovre la gera de... de Madagaskar... de Madagaskar... *(En este momento Rishardon esta abokaðo[111] sovre Dreyfus por mijor observarlo.)*

DREYFUS – *(Eskrivyendo)* De Madagaskar... *(En este momento toðos se aserkaron i entornaron[112] Dreyfus, i gritan en una:)* Temblo! Ya temblo! *(Toðos los brasos dezinyan[113] a Dreyfus i toðos los ojos se lo keren komer).*

RISHARDON – *(Resendiðo[114])* Los deðos le tenblaron! En eskrivyendo Madagaskar le temblaron los deðos! Yo lo viðe! Lo vitesh vozotros?

TOðOS – *(En una)* Si! Si!

DREYFUS – *(Los mira sin entender)* EH BYEN, ke tenesh? Ke vos tomo subito? I porke vos akojitesh a_mi dereðor? Porke me mirash kon estos ojos?

RISHARDON – *(Terivle)* Sin dubyo[115] este mizeravle es el kulpavle! Kapo de polis, aze vuestro dover!

KAPO – *(Mete la mano sovre el ombro de Dreyfus)* Al nombre de la ley, vos aresto!

DREYFUS – *(Alevantandose)* Me arestash? Loko salitesh?

FABRES – *(Kon enemistað)* Kayaðes! Vos sosh un mizeravle! El kulpavle sosh vos!

DREYFUS – Mizeravle! Kulpavle! Salyeron toðos lokos! Ke sinyifika esto? I ke es esta komeðya?

---

109 Neh., sp. *prepararse a*.
110 Neh., sp. *borde, canto*.
111 Neh., sp. *inclinarse*.
112 Neh., sp. *rodear*.
113 F *désigner*, im Sinne von *señalar* 'zeigen auf'.
114 Bei Avner Perez; sp. *furioso, rabioso*.
115 < I *dubbio*; sp. *duda*.

רישארדון — דרייפוס, אין לוגאר די מיניינאר אמירלאם מיזור די אטורנאר!

דרייפוס — אטורנאר י' אטורנאר קואלו?

רישארדון — איל מוריבלי קרימין קי קומיטיטיס! או! נון לום חנאם
איל קין נו סאבי נאדה, מוי ביין סאבליס סור קואלו נום מיסטאמום אריכּ-
טאנדו, אי נון מיגיורלאס קואל אים בוחיסטרו מוריבלי קרימין.

דרייפוס — קרימין מוריבלי! ליו קומיטי און קרימין מוריבלי? או
דייו! מיספיירטו מיסמו או לים און מוריבלי מיספולהנייו? אמי מיך קי מי
מיסטאס מבלאנדו, מי קולוניל, אמי, קאפיטאן דרייפוס?

רישארדון — מלום, קאפיטאן דרייפוס, חבום קי נום רינדיטיס
קולפאבלי דיל מאס מוריבלי דילום קרימינים! מיידי, אטורנה טודו, כו נו
מקונסינו אין בוחיסטרו מינטירים!

דרייפוס — דייו דילום סילום, דאמי פאסיינסיה! קולוניל, מי קולו
ניל, בום נורו קי סו לה ביקטימה די מון טיריבלי מאל מינטינדימיינטו! ליו
קרימינל, ליו אל קואל אים סופיריורים נון סודיירון נונקה נינגונה קיכה
אם אזיר? מי קולוניל, בום נורו סודרי מי חונור די חופיסייר, בום נורו
כולרי לה קאבוסס די מי מוחיר ציין אמאנלה אי מי מים דום קירולאס
קריאטורלאם, בום נורו קי לים אין כואלו מיסטו מון מוריבלי אינגאניו! ליו
סו אינוסינטי די טולו פיקאלו! (רמלייו) נון טיגים איל דיריטו די הריכּ-
סאמרמי סין פרולאם!

רישארדון — (רייגדו) פרולאם! טיגימום די פרולאם לאס מחום
ליגאם!

דרייפוס — קי ליו סו איל קולפאבלי? — או! דייו!

רישארדון — (פרוטאלאמינטי) מיידי, מיסטאמום פידריינדו איל טיימפו!
איל מיניסטרו מי מיטאם מי אספירתאנדו, קאלי קי באייגה חורלי מי רחפורטו.
קומאנדאן סאחבריס, כומאלי לה מיסטאמדה אי מקומפאנייאלו אל קאפו די
סולים. ליינאלדו אם מיסמו מיזרחמבלי הלה פריזיון מיליטאר. מינסירחלדו
און לה סיגולה לה מאם סיקרעה! קי נינגונו אלמאם ביבה נון לו פוחילה
ביתר נו מבלאנרלי! סיקריטו אבסולוטו!

סאבריס — קין מי קולוניל, (אה דרייפוס) בוחיסטרה מיכפאדה!

דרייפוס — (רינולבינדוזי, אי אפירמאנדו סו מיספאדה) חון, נון! סו
מינוסינטי! מי מיספאדה מי מפארטייני! נו טיגים איל דיריטו די טומארלה!
(לו ארונגאן אי סי לה טראבלאם פור פוהירסה) חו! סו דיזונורלו! או! מיסטו קן חום,
סי טופארלם איל ליבו קולפאבלי! (אגרימאם) או! מיסטו מים מוריבלי!

רישארדון — מיידי, קומאנדאן, אין קאמינו!

21 RISHARDON – Dreyfus, en lugar de inyegar[116] ariash mijor de atorgar![117]

DREYFUS – Atorgar? Atorgar kualo?

RISHARDON – El orivle krimen ke kometitesh! Oh! Non vos agash del ken no save naða, muy byen savesh por kualo vos estamos arestando, i non inyorash kual es vuestro orivle krimen.

DREYFUS – Krimen orivle! Yo kometi un krimen orivle? Oh Dyo! Espyerto esto o es un orivle esfuenyo? A_mi es ke me estash avlando, mi Kolonel, a_mi, kapitan Dreyfus?

RISHARDON – A_vos, Kapitan Dreyfus, a_vos ke vos renditesh[118] kulpavle del mas orivle de_los krimenes! Ayde, atorga toðo, vo lo akonsejo en vuestro intereso!

DREYFUS – Dyo de_los syelos, dame pasensya! Kolonel, mi Kolonel, vos djuro ke so la viktima de un terivle mal entendimyento! Yo kriminel, yo al kual mis superyores non tuvyeron nunka ninguna kesha a azer? Mi Kolonel, vos djuro sovre mi onor de ofisyer, vos djuro sovre la kavesa de mi mujer byen amaða i de mis dos keriðas kriaturas, vos djuro ke ay en toðo esto un orivle enganyo! Yo so inosente de toðo pekaðo! (*Ravyozo*) Non tenesh el dirito[119] de arestarme sin provas!

RISHARDON – (*Ryendo*) Provas! Tenemos de provas las manos yenas!

DREYFUS – Ke yo so el kulpavle? – Oh, Dyo!

RISHARDON – (*Brutalamente*) Ayde, estamos peðryendo el tyempo! El ministro me esta asperando, kale ke vayga azerle mi raporto. KOMANDAN Fabres, tomalde la espaða i akompanyalðo al kapo de polis. Yevaldo a este mizeravle a_la prizyon militar. Enseraldo en la selula la mas sekreta! Ke ninguna alma biva non lo pueða veer ni avlarle! Sekreto absoluto!

FABRES – BYEN, mi Kolonel, (*a Dreyfus*) vuestra espaða!

DREYFUS – (*Rebueltandose, i aferando su espaða*) Oh, non! So inosente! Mi espaða me apartyene![120] No tenesh el dirito de tomarla! (*Lo arodean i se la travan*[121] *por fuersa*) Oh! So dezonoraðo! Esto ke azesh, lo vash un dia regretar,[122] el dia ke se savra la verdað, i ke se topara el vero kulpavle! (*Lagrimas*) Oh! Esto es orivle!

RISHARDON – Ayde, KOMANDAN, en kamino!

---

116 sp. *negar*.

117 Neh., fr. *avouer*, sp. *confesar*.

118 < F *se rendre coupable.*

119 < I *diritto*; sp. *derecho*.

120 < F *appartenir*; sp. *pertenecer*.

121 Rom. J *travarle la espada*; sp. *tirar la espada a alg.*

122 < F *regretter*; sp. *lamentar, sentir*.

דרייפֿוס — אלו מינום, מי קונֿוניל, לֿוימי קונוסיר קי הקומֿסייו פֿואה סולֿרי מי קאלֿיסה! די קואל קרינין אוריבֿלי איכטו לֿייו סוספֿיֿחֿדו? טיננו איל דיריטו די סאלֿירלו!

רישֿארדון — לו קאלֿֿראם קון טיימפו! קֿמינה!

דרייפֿוס — (קילֿה סין מיניֿאר, סוניֿטו סי מֿרֿנֿה לה קאלֿיכה) או! מי מוֿיר! או! מים קרימֿטוראם! קי פֿינסֿאֿראן, קי דירֿאן קואֿנדו סי מינֿבֿי־ נֿרֿאֿן לוקֿי לֿיֿנו סולֿרי מי קאלֿיסה! או! (סי עֿפֿה לום אֿלֿוס לי לֿיֿורה).

פֿ'אברים — אֿין קֿמינו דונקי! נון מלֿרנימום!

דרייפֿוס — (גֿריֿטֿה קון אֿינֿירֿלֿיֿמֿה)! כֿן מינֿוסֿינֿטי! (לו מֿרֿספֿטֿאֿן).

(פֿירדי)

———

22 DREYFUS – A_lo menos, mi Kolonel, azeme konoser ke akuzasyo[n] peza sovre mi kavesa! De kual krimen orivle esto yo sospechaðo? Tengo el dirito de saverlo!

RISHARDON – Lo savrash kon tyempo! Kamina!

DREYFUS – *(Keða sin menear, subito se harva*[123] *la kavesa)* Oh! Mi mujer! Oh! Mis kriaturas! Ke pensaran, ke diran kuando se enbe-zaran lo_ke vino sovre mi kavesa! Oh! *(Se tapa los ojos i yora)*.

FABRES – En kamino dunke! Non alargemos!

DREYFUS – *(Grita kon enerjia)!* So inosente! *(Lo arastan)*.

(Perde)

---

123 = *aharvar.*

(לה סינה סי פאסה אין לה פרייזון פרוניזורייה, סירקה דיל קונסיזייו די גירה קי
איסטה גונגאנדו לה דרייפוס).

סינה פרימה

דרייפוס (סולו).

דרייפוס — (אסינטאדו, פינסאטיבו, טריסטי. נייבה סו ניסטימירו
אי סו איספאלדה. אין לה סינה נו סי בימי ביננון מובלי סאלבו לה סייה די דרייפוס.
סי מונה ניקה מיה סולברי איל בודרי די לה קולאנה איל בוחה סו קולדו, פאלידים פרי-
טאס, פין ניננן קאבלו סו סאבנו.) לואי אים איל דימה אנדי סי דיזי פיקסאר
מי כומירטי. דיהי דום מיזס קי מי אלמה סולברי לאם מחם טיריבלים
קוברייסמאס, אי נון סי קומאנדו איסטי מארטירייו טומאהרה פין, אי און סי
סי איסטי מארטירייו טומאהרה און דימא פין, אה כי נו סו פרידיסטיגאדו
אה סולפריר אבטה מי אולטימה אורה! און היספואיניייו מי איסטה פאהי-
סינדו, מה מון היספואיניייו לייו די איספאהנטום אי די טירורים! — לייו
ביזיאה נוסטחו אי אלינרי, מינערי מי כיין אמאלדה לוסי אי מיק דוק קי-
רילאס קריאטורארם. לם בידה סי אמוכטרהבה דילאנטרי די מי, קומו און
פראדו אינגדריסידו, לייו די פלוריס אי די רוזאם. מים סופירייוריס נו מי
דאבאן קי אלאבאנסייוניס אי פיליכיטאסייוניס, אי טודו מי מזיחה איסבירחאר
קי פין פוקו טיימפו איזה אפירחר איל נרמאלו טאהן דיזיאדו די קומאנדאהן,
אי דיספוחאל... ליוטיגאן קולוגיל, קולוגיל, זיגירחל פוחידי סיר!... (סי דה נב
קאליסה) או! איספואיניייו! איספואיניייו! לאהירימאה! אומו!... סוביטו טודו
קאיו אין כאאו! סוביטו נון לילי מאם אל דירידור די מי קי רוהיגאהך!
מי מלינר איסטרוחימדו! מי בידה אלינרי דירוקאהדה! איל אבינר די מי
נומברי אי די מי פאהמילייס דיזונורחדו! לו בורקן? פור קי פיקחדו? פור
איל פיקחדו די מי און מוערו! (סי אלינאהנטה טירינלני) או! איסטי מיזירחבלי,
איסטי טרחחזידור קי איסקריבייו איסטי בורדרו, קירימה סאהבר קין חים,
אונדי סי איסקונדי, פור אלאנקארלי סו מאסקה, פור מוכטרארלו אה לה
פאהאצ דיל מונדו, מי פורקי טודום סי קונבינקאהן קי לייו סו מיואיסינטי,

22 DREYFUS – A_lo menos, mi Kolonel, azeme konoser ke akuzasyo[n]
peza sovre mi kavesa! De kual krimen orivle esto yo sospechaðo?
Tengo el dirito de saverlo!

RISHARDON – Lo savrash kon tyempo! Kamina!

DREYFUS – *(Keða sin menear, subito se harva*[123] *la kavesa)* Oh! Mi
mujer! Oh! Mis kriaturas! Ke pensaran, ke diran kuando se enbe-
zaran lo_ke vino sovre mi kavesa! Oh! *(Se tapa los ojos i yora)*.

FABRES – En kamino dunke! Non alargemos!

DREYFUS – *(Grita kon enerjia)!* So inosente! *(Lo arastan)*.

(Perde)

---

123 = *aharvar.*

(לה סינה סי פאסה אין לה פּרייזון פּרוזינוארייה, סירקה דיל קונסיזייו די גירה קי
איסטה נוזגאנדו אה דרייפוס).

סינה פּרימה

דרייפוס (סולו).

דרייפוס — (הסינטאדו, פּינסאטיבלי, טריסטי. גייבה סו ביסטידו מיליטּארייו
אי סו איספּאדה. אין לה סינה נו סי בימי נינגון מובלי סאלבו לה סיה די דרייפוס,
סי מונה ליקה מיה סולַרי איל בודרי די לה קואלה איל בּוהה סו קולדו, פּהורידיס פּרי-
טאס, סין נינגון קאדרו אי סאגנו.) מוי מים איל דימה אנדי סי דיבי פּיקסאר
מי כומירטי. דיזדי דוס מיזים קי מי אלמה סובּרי לאם מחם טיריבּלים
כּוברייסטאס, אי נון סי קואנדו איסטי מארטירייו טומחרה פּין, אי נון סי
סי איסטי מארטירייו טומחרה און דימה פּין, או כי נו סו פּרידיסטינגאדו
אה סופּריר אבּטה מי מולטימה מורה! און איקספּומיינייו מי איסטה פּרי-
סינדו, מה מן איקספּומיינייו לייו די איספּאנטום אי די טירורים! — לייו
בי'זאם נוטסטו אי מלינרי, מינטרי מי כיין אמאמלה לוסי אי מיק דוק קי-
רילאם קרימאטורחס. לה בּילה סי אמוכטרחלבּ דילאנטרי די מי, קומו און
פּראלדו מינגדרישדו, לייו די פּלוריס אי די רוחאס. מים סופּיירייוריס נו מי
דאבּאן קי אלאבאבאכייונים אי פּיליכיטאסייונים, אי טודו מי מוזחא איספּירראר
קי פּין פּוקו טיימפּו אינבה אפּירראר איל גראדו טאהן דיזימאדו די קומנחדון,
אי דיספּואיכ... לוטינאן קולונגל, קולונל, זיורחל פוחדי סיד!... (סי זה נם
קאליסה) או! איקספּואיגנייו! איקספּוהוניינ! לאגירמד! ומומ!... סוכיטו טודו
קחיו אין כאסו! סוכיטו נון בּילי מאם אל דירידור די מי קי רוחינאכ!
מי מלינר איסטרוחילדו! מי בּילה אלינרי דירוקאדה! איל אלוניר די מי
נומבּרי אי די מי סאמיליים דיזונורחלדו! לי פּורקן? פּור קי פּיקהדו? פּור
איל פּיקאדלו די הון מועירו! (סי אלינאנטה טיריגגלי) או! איסטי מזירחבּלי,
מיסטי טרחזידור קי איסקרימייו מיסטי כּורדרו, קירימה סאחניר קן חים,
אונדי סי איסקונדי, פּור אראמנקחרלי סו מחסקה, פּור מוכטרחרלו אלה
פּאהם דיל מונדו, אי פּורקי טודוס סי קונבּינקחן קי לייו סו מיגנוסינטי,

Akto III

(La sena se pasa en la prizyon provizorya,[124] *serka del Konsilyo de gera ke esta djuzgando a Dreyfus).*

SENA PRIMA
DREYFUS (solo).

23 DREYFUS – *(Asentaðo, pensativle, triste. Yeva su vestiðo militaryo i su espaða. En la sena no se vee ningun moble salvo la siya de Dreyfus, i una chika meza sovre el boðre de la kuala el poza su kovdo,*[125] *pareðes pretas, sin ningun kaðro*[126] *o tablo.)* Oy es el dia ande[127] se deve fiksar mi suerte. Dezde dos mezes ke mi alma sufre las mas terivles sufryensas,[128] i non se kuando este martiryo tomar**a** fin, i non se si este martiryo tomar**a** un dia fin, o si no so predestinaðo a sufrir asta mi ultima ora! Un esfuenyo me esta paresyendo, ma un esfuenyo **y**eno de espantos i de terores! – *Y*o bivia gustozo i alegre, entre mi b**y**en amaða Lusi i mis dos keriðas kriaturas. La viða se amostrava delantre de mi, komo un praðo enveðresiðo,[129] **y**eno de flores i de rozas. Mis superyores no me davan ke alavasyones[130] i felisitasyones, i toðo me azia esperar ke fin poko t**y**empo iva aferar el graðo tan dezeaðo de KOMANDAN, i despues... liutenan[131] kolonel, kolonel, jeneral pueðe ser...! *(Se da la kavesa).* Oh! Esfuenyo! Esfuenyo! Vaniðað! Umo!... Subito toðo kay**o** en basho! Subito non viðe mas al dereðor de mi ke ruinas! Mi avenir estruiðo! Mi viða alegre derokaða! El avenir de mi nombre i de mi fami**y**a dezonoraðo! I porke? Por ke pekaðo? Por el pekaðo de un otro! *(Se alevanta terivle)* Oh! Este mizeravle, este traiziðor ke eskriv**y**o este bordro, keria saver ken es, onde se eskonde, por arankarle su maska, por mostrarlo a_la facha[132] del mundo, i porke[133] toðos se konvensan ke **y**o so inosente

---

124 sp. *provisional*; fr. *provisoire* 'provisorisch'.
125 Asp. *cobdo*; sp. *codo*, dt. *Ellenbogen*.
126 < T *kadro*, F *cadre*; sp. *cuadro*.
127 *el dia ande..*: 'wo, an dem', Rel.Pron.
128 Neh., sp. *sufrimiento*, dt. *Leiden*.
129 Wbi *verde > vedre > envedreser*.
130 *...no me davan ke alavasyones* < F *ne ...que* 'nur'.
131 < F *lieutenant*; sp. *teniente*.
132 < I *faccia*; sp. *cara, rostro*.
133 *porke*+ Konj. sp. *para ke*, dt. *damit*.

אי קי מיסטו פאתאנאגדו פור לה קולפה, פור איל קרימין די חון חוטירו!...
(פינטאטיג'לי) קין סירה? קון קירה מיסטי מאאלדינ'ו קי טאל אריאה? אי קי
אגורה סי מיסטה מיסקונדיינדו אי מאיטאנדו קי חון אינוסינטי סיאם סאק־
ריפיסיאדו אין סו לוגאר? קון, קין קירה?.. (קאיינדוס, סי אספינטה דיסקו־
ראזאדו) אי אגורה לייה סי מיקטאפו! מאם נון מי מיספיראנסה! פין חונום
קואנטוק פונטוס מי באן חזר סאלר לה סיטינסיה דיל טרינונאל קי מי
גוֹגֶה, אוֹ! מיסטי נאנו! קי טיריב'לים מורחם מי חיזירון כאטאר! טולום,
מאסטה איל מאם קארו אמיגו, טולוק סי חזירון מים מינימיגוס! טולום
סי אלינאנטאארון פור מקחאר, פור מינקולפאר אל חינוסינטי! אי איל קואנל־
דאן פאנרים מאם קי טולום! קי לי מי חוֹ לייו חה מיסטי חומני פור קי
מי פירסינה די טאנטה מינימיסטאר? סיימפרי לו ערטחי קון אמיכטאל
אי ריספיקטו! (קאיינדוס) אינטרי טאנטום מינימיגוס סולו איל קולויגיל פיקאר
מי אמוסטרו חון פוקו די פיחדאד! איל סולו נון סי דישו כיינאר דילה
אבוריסיון זינירחלה קונטרה איל נוֹלייו!... נוֹלייו! סי! מי סולה קולפה
איס די סימיר איל נוֹלייו! סי לייו נון חירה נון נוֹלייו, נינגונו נו פינסארי אה
חזר פינגאר סוֹב'ר מי קאב'יסה חונה מקחאסיון טאן טיריב'לי! מיכטו כינורו
קון מיק מי קואליטיס די נוֹלייו קי מי מיטירו טאנטאם אבוריסיוגיס אי
טאנטה מיזיריאס!... (קון אימוסייון) אוֹ! אין קי דולור מיסטאחלראן מים פא־
ריינטיק, מים חירמאנום, מי מוֹור! קי מיסטאחלראן דיזיינדו מים קריאטורחס
די נו ב'ירמי מאם? קואנדו כה ב'יניר פאסה די כו ליאו, די, מהנמן?
מיסטאחלראן דיחיינדו, אוֹ! (ליורה. סי אלינ'אנטה) דייו קי מילדאם אין איל קו־
ראסון דיל חומברי, טו סולו סאכ'יק סי סו קולפאבלי חו חינוסינטי, כין
פיחדאד די מים כיניוס סין פיקאדו, טין פיחדאד די טולוק לוק מייוס,
אי טאמבין די מי, דחמי לה פוחירסה פור סונפורטאר מיסטה טיריב'לי מי־
זיריאס, אי דישאמי ביב'יר מסטה קי מי חינוסינסיה חרלומברי קומו איל סול!

סינה סיגונדה

דרייפוס — קאפיטאן די ג'אנדארמירייה.

דרייפוס — (סי טורנה ב'ירסו איל קאפיטאן קי אינטרה, סי אלינ'אנטה לאם
לאבריוטאם) אי כין, קאפיטאן, קי נוֹב'יטה? קון סוחירטי מים איל מייו? קי
דימוסטרו מינג'ין מי חינוסינסיה?

24 i ke esto pagando por la kulpa, por el krimen de un otro...!
(Pensativle) Ken sera? Ken sera este malðicho ke tal aria? I ke
agora se esta eskondyendo i achetando[134] ke un inosente sea sak-
rifisyaðo en su lugar! Ken, ken sera...? *(Kayaðes, se asenta desko-
rajaðo)* I agora ya se eskapo![135] Mas non ay esperansa! Fin unos
kuantos puntos me van azer saver la setensya del tribunal ke me
djuzgo, oh! Este djuzgo! Ke terivles oras me izyeron pasar! Toðos,
asta el mas karo amigo, toðos se izyeron mis enemigos! Toðos
se alevantaron por akuzar, por enkulpar al inosente! I el KOMAN-
DAN Fabres mas ke toðos! Ke le ize yo a este ombre por ke
me persiga de tanta enemistað? Syempre lo trati kon amistað
i respekto! *(Kayaðes)* Entre tantos enemigos solo el kolonel Pikar
me amostro un poko de pyadað. El solo non se desho syegar[136] de_la
aboresyon jenerala kontra el djuðyo...! Djuðyo! Si! Mi sola kulpa
es de seer djuðyo! Si yo non era djuðyo, ninguno no pensaria a
azer pezgar sovre mi kavesa una akuzasyon tan terivle! Esto seguro
ke es mi kualita[137] de djuðyo ke me atiro[138] tantas aboresyones i
tanta mizerya...! *(Kon emosyon)* Oh! En ke dolor estaran mis pa-
ryentes, mis ermanos, mi mujer! Ke estaran dizyendo mis kriaturas
de no veerme mas? "Kuando va venir papa de su viaje, di, MAMAN?"
estaran dizyendo, oh! *(Yora. Se alevanta)* Dyo ke meldas en el ko-
rason del ombre, tu solo saves si so kulpavle o inosente, ten
piadað de mis ninyos sin pekaðo, ten piadað de toðos los miyos,
i tambyen de mi, dame la fuersa por sonportar[139] esta terivle mi-
zerya, i deshame bivir asta ke mi inosensya arelumbre komo el sol!

SENA SEGUNDA
DREYFUS – KAPITAN DE DJANDARMERIA

DREYFUS – *(Se torna verso*[140] *el kapitan ke entra, se alimpya las
lagrimas)* EH BYEN, Kapitan, ke novita?[141] Ke suerte es el miyo? Se
demostro enfin[142] mi inosensya?

---

134 < I *accettare*; sp. *aceptar.*
135 J *eskapar* 'beenden', *eskaparse* 'zu Ende gehen, enden, aufhören'.
136 sp. *cegar*; 'blenden, blind machen'.
137 < I *qualità* 'Eigenschaft'
138 < F *attirer*; sp. *atraer.*
139 sp. *soportar, aguentar*, dt. *aushalten.*
140 < I *verso.*
141 < I *novità.*
142 < F *enfin*, sp. *al fin(al), finalmente.*

25

קאפּיטאן — קומו קי פּודירי דימוקטראר לה אימוסיניסייה די און
קולסאלאלי ?

דרייפוס — אה ! מי נום טאמביין קרימים ?...

קאפּיטאן — ליו קריאו לוקי קריאין טודוס, קי מי מיסקונטא, אריאה
נואיבו די טאורנאר.

דרייפוס — אטורנאר ? אטורנאר און פיקאדו קי נון קומיטי ? קי
מי דימאנדאם, קאפּיטאן ?

קאפּיטאן — און סינגו קירים, מי דוליר מים די אנלאמראדוס אנסי.

דרייפוס — מי מי דוליר מיך די ריספּונדירלום אין דיזיינדו לה
נירדאד, קי סו מינוסינטי.

קאפּיטאן — נין, מים בואיסטרו מיזמו. קאפּיטאן דרייפוס, ליו בינו
אה אנונסיירארלום קן לה סיטינסייס דיל טריבונאל לייה סי דיו.

דרייפוס — לה סיטינסייס ! או ! נום רונו, דיזימי קואלה מים !
מינוסינטי או קולפּאלאלי ?

קאפּיטאן — נון סי ! אונורה נאן מה בינור לאה מילדראדורונה, מפּא-
ריזאדורום, לא... קולראי !

דרייפוס — קולראי ? או ! ליו קו פירסו ! ליו סו דיזונוראדו !

קאפּיטאן — נא קן לייה ביינין !

סינה טריסירה

(נום מיזמוס, אינטראן איל נריפּאי דיל טריבונאל אין ביספּידו מיליטאריי, איל חלו-
קאטו דימאה, סינגילום די סולדאדום ארמאדום).

דימאנו — (פירה לה מאנו די דרייפּום) קולראי, מי מיזו, ליו נונקס נון
נום אבאנדונארי !

טרימסי — (אן פאפּיל אין לה מאנו. נום סולדאדום פּריזינטאן ארמאאם) קא-
פּיטאן דרייפום, מיסקונאה לה סיטינסייס דיל קונסילייו די נירה ! (מילדאנדו :)
אל נומברי דיל פּואיבלו פּראנסים, נחום, קונסילייו די נירה דיל סינוגדו
ארונדיסימיינטו מיליטאריו די סאריס, מזימום קאטיר אל אקוסאדו דרייפום
אלפריד לוקי סיגיי : לום נהנאלדורים דיל קונסילייו די נירה טוביירון אה
ריספּונדיר אה מיסטס דימאנדה : איל אקוסאדו דרייפום אלפריד, קאפּיטאן
די ארטילירייאם, מים או נון קולפּאלאלי די מאיר טראלייקאדו אל פּרוליטו די

25 KAPITAN – Komo se pueðe demostrar la inosensya de un kulpavle?

DREYFUS - Ah! I vos tambyen kreesh...?

KAPITAN – Yo kreo lo_ke kreen toðos, si me eskuchash, ariash bueno de atorgar.

DREYFUS – Atorgar? Atorgar un pekaðo ke non kometi? Ke me demandash, Kapitan?

KAPITAN – Aze sigun keresh, mi dover es de avlarvos ansi.

DREYFUS– I mi dover es de respondervos en dizyendo la verdað, ke so inosente.

KAPITAN – Byen, es vuestro echo. Kapitan Dreyfus, yo vine a anunsyarvos ke la setensya del tribunal ya se dyo.

DREYFUS – La setensya! Oh! Vos rogo, dizime kuala es! Inosente o kulpavle?

KAPITAN – Non se! Agora van a venir a meldarvola, aparejadvos, i... koraje!

DREYFUS – Koraje! Oh! Yo so perso! Yo so dezonoraðo!

KAPITAN – Na ke ya vyenen!

SENA TRESERA

(Los mizmos, entran el grefye del tribunal en vestiðo militaryo, el avo-kato Demanj, segiðos de soldaðos armaðos).

DEMANJ – *(Sera la mano de Dreyfus)* Koraje, mi ijo, yo nunka non vos abandonare!

GREFIE – *(Un papel en la mano; los soldaðos prezentan armas)* Kapitan Dreyfus, eskuchað la setensya del Konsilyo de gera! *(meldando:)* "Al nombre del puevlo fransez, nozos, Konsilyo de gera del segundo arondesimyento[143] militaryo de Paris, azemos saver al akuzaðo Dreyfus Alfred lo_ke sigye: los djuzgaðores del Konsilyo de gera tuvyeron a responder a esta demanda: el akuzaðo Dreyfus Alfred, kapitan de artileria, es o non kulpavle de aver trafikaðo al profito[144] de

---

143 < F *arrondissement.*

144 < F *au profit de;* sp. *en beneficio de,* dt. *zugunsten von.*

26

אונה נאסייון אזינה סיקריטום דילה דיז'יסה נאסייונאל ? לה ריסו-
מיסטה אה מיסטה קיסטייין פוסי אלה אונאונימידאד דילאס בוחס : סי !
(דרייסוס אזי און וולנטייינטו, דיממנו קי נו טייני דילה וומנו, לו דיטיני מין מיסטי
מומינטו) מין קונסיגנומינסה, איל אבקחאלו דרייסוס מים קונדינאלו אה כיאיר
אינסירדו מסטה סו נוחירטי אין אונה סורטיריסה אחומלדס סור סאמנאר
סו אוריבלי קרימין, מים טאמביין קונדינאלו אה סיאיר דיזנראדאדו סוללי-
קאמינטי, אי מיכסס דיסנראדמסייין טיונרה לונאר אין לה קורטי דילה
מיסקולה מיליטאריה. אין סריזינסה די דום באטאליונים דילה נארניזון די
סארים ! סור איל קונסיליו די נירה, איל סריזידינטי : קולוניג זומוסט —
(אה דרייסוס) טיניס אלנונה קוזה קי דיזיר ?

דרייסוס — סי !

נריפי — קומלו ?

דרייסוס — (קון מיגרוזאה) קי סו מינוסינטי !

נריפי — מוטרה קוזה ?

דרייסוס — — נאדה ! (איל נריסי סי ריטירה, סינאילו דילום סולדדום).

סינה קוארטינה

דרייסוס, אבוזקאטו דימאנו' מי דיספואים

קאסיטאן די ג'אנדארמיריאה.

דרייסוס — (קי סי קונטובו, סי מיזה אין לום בראסום די דימאנו קון
סאנגלוטום) אה !

דימאנו' — (ליורמנדו, טייני אה דרייסוס סירמלו אין סום בראסום) קורמז',
קורמז' מי איו ! קאלי נומלרמר בוחיסטרמם סוחירסמם סור שונסורטמר
מיסטמם סיריגלום סוסריינסמם. קאלי פינסמר אה בוחיסטרה סאמילייה,
קאלי טאמביין די מוי, די מיסטה מורה, די מיסטי מומינטו, מסמריזאל
בוחיסטרה ריחביליטמסייון !

דרייסוס — (מאניאנדו לה קאביסה, קון און טונו דיסקורמז'אלו) אה ! נון
מים לה סינה ! טולו לייה סי מיסקאסו סור מי ! סורקי קאנסארנום מין
באלדים ? דיסאלדמי, דיסאלדמני סולריר אין איל בורמקו מונדי מי בון אה
מינקאסאר ! נון פינסיס מאם מאם אמי, לייו סו וונאלדינו !

דימאנו' — מי לה מונור די בוחיכטרו נומברי קי בוחיסטרו סאללי
בום ליסו סין מאנלה ? אי בוחיספרמם קריחטורמם קי נון מיריסייון מיסטה

26 una nasyon ajena de_los sekretos de_la defensa nasyonal? La repu-
esta a esta kestyon fue a_la unanimidað de_las bozes: si!
(Dreyfus aze un movimyento, Demanj ke lo tyene de_la mano, lo detyene en este
momento). En konseguensa, el akuzaðo Dreyfus es kondenaðo a seer
enseraðo asta su muerte en una forteresa[145] izolaða por pagar
su orivle krimen, es tambyen kondenaðo a seer dezgradaðo[146] puvli-
kamente, i esta desgradasyon tendra lugar oy en la korte[147] de_la
eskola militarya. En prezensa de dos batalyones de_la garnizon de
Paris! Por el Konsilyo de gera, el prezidente: kolonel Juost –
(a Dreyfus) Tenesh alguna koza de dizir?
DREYFUS – Si!
GREFIE – Kualo?
DREYFUS – *(Kon enerjia)* Ke so inosente!
GREFIE – Otra koza?
DREYFUS – Naða! *(El grefye se retira, segyiðo de_los soldaðos).*

SENA KUARTENA
DREYFUS, AVOKATO DEMANJ i despues
KAPITAN DE DJANDARMERIA

DREYFUS – *(Ke se kontuvo, se echa en los brasos de Demanj kon*
sanglutos.[148]) Oh!
DEMANJ – *(Yorando, tyene a Dreyfus seraðo en sus brasos)* Koraje,
koraje mi ijo! Kale guaðrar vuestras fuersas por sonportar
estas terivles sufryensas. Kale pensar a vuestra famiya,[149]
kale tambyen de oy, de esta ora, de este momento, aparejar
vuestra reabilitasyon!
DREYFUS – *(Alevantando la kavesa, kon un tono deskorajaðo)* Oh! Non
es la pena! Toðo ya se eskapo por mi! Porke kansarmos en
baldes?[150] Deshaðme, deshaðme poðrir en el burako onde me van a
enkashar! Non pensesh mas a_mi, yo so maldicho!
DEMANJ – I la onor de vuestro nombre ke vuestro paðre
vos desho sin mancha? I vuestras kriaturas ke non meresyeron esta

---

145 < F *forteresse*; sp. fortaleza, dt. *Festung*.
146 < F *dégrader*, hispanisiert; sp. *degradar*.
147 = F *cour*, 'Hof', so nicht bei Neh. angeführt.
148 < F *sanglots* in genau dem Sinne: 'schluchzend'; bei Neh. *sangluto* nur 'hoquet' – 'Schluckauf'.
149 J 'Frau' und 'Familie', sp. *mujer, familia*.
150 sp. *de balde*.

27

דיזַנוֹר, מִי פוֹר לוֹם קוֹאַלוֹם לַה בִּלְדַה סִירְיַאַה אוֹנַה טַאן פִּיזַנַה קַאַרְנַה?
נַן דְרַיְפוֹם, נַן טִיגִים רַאוֹן דִי רַיזִסְפִּירַאר! אַנְדִי קִי אִיסְטַאַרִיס, פִּינְסַה
קִי אַי אוֹנַה פַֿאמִילְיַיס דְיֵזוֹלַאדַה קִי נוֹ בַּ כוֹמְקַאַר טוֹדוֹ רֵימֵידְיוֹ דִי דִימוֹם-
טְרַאַר בּוֹאיסְסַרַה אִינוֹסֵינְסְיַה, פִּינְסַה פַֿאמְכִּין אוֹלוֹם מִילְיוֹנִים דִי בּוֹאיסְסַרוֹם
קַאַרְלֵיזַיינַאַרְיוֹם קִי בַּאן לֵיבַּאַר סַאַנְטוֹ הֵפַּרְטוֹ מִי טַאַנְטוֹ מַאַל אִין קַאַבּזַה
דִי בֹּאם. טוֹדוֹם אִילְיוֹם קְרַאין אִין בּוֹאיסְסְרַה קוֹלְפַֿאבִּילִידַאַד, קַאַלִי בִּיבִּיר
פוֹר דִימוֹסְטְרַאַרְהֵרְלִים קִי בֹּאם אַקַחַאַרוֹן קַאן לֵירוֹ, קִי סוֹם אִינוֹסֵינְטִי, מִי קִי
אִיל מֵיזִירַאַבְּלִי קִי בֵּינְדְיוֹ אֵיסוֹ פַֿאַטֵירְיַיס, נוֹן סוֹם בֹּאם, מַה מִים אוֹטְרוֹ!
דְרַיְפוֹם — אוֹ! מִי קַאַרוֹ אַמִינוֹ, בֹּאם רֵיגְנַרַאַסַיְיוֹ פוֹר לוֹם קוֹנְסֵיזוֹם
מִי מִיל קוֹרַאזֹו קִי מִי אִיסְטַאַמַאַ רַאַמַרוֹ. — סִי, רַאַוֹן טִיגִים, קַאַלִי בִּיבִּיר,
קַאַלִי בִּיבִּיר פוֹר דִימוֹסְטְרַאַר אֵיל מוֹנְדוֹ אֵיגְנַטִירוֹ מִי אִינוֹסֵינְסְיַיס, קַאַלִי בִּיבִּיר
פוֹר דִיסְקוֹבְּרִיר אֵיל בֵּירְדַאַדֵירוֹ קוֹלְפַֿאבְּלִי, אוֹנְדִי קִי סִי אִיסְקוֹנְדַה, קַאַלִי
כּוֹסְקַאַרְלוֹ, קַאַלִי כּוֹפַֿאַרְלוֹ! קִי מִים בִּירְמַאַנוֹם, קִי מִי מוֹזִיר נוֹן מִיכְפַּאַרְמַאַיין
נַאַדַה פוֹר רִיקוֹנְצַלִירְלוֹ! טוֹדַה מִי פֿוֹרְטוֹנְגַה קִי סֵימַה אִימְפּיֵינְגַאַדַה פוֹר
אֵיסְפּוֹ! כּוֹסְקַאַד, כּוֹסְקַאַד, נוֹן בֹּאם אַרִיכַּפִּים, מַאַסְטַה קִי לַה בֵּירְדַאַד סַאַלְגַה
אִין מִידְיוֹ! מִי לֵיבוֹ סַאַבְּלֵי סוֹנְפּוֹרְטַאַר קוֹן פַֿאַסְיינְסְיַיס טוֹדַה טוֹרְטוֹרַה מִי
טוֹדַה מֵיזִירְיַיס, אַן מִיכְפִּירְמַאַנְכָּס קִי אַן דִימַה לַה לֹא דִילַה בֵּירְדַאַד אַרִי-
לוֹמַכְּרַאַרַה אַסְטַה לוֹם חוֹזֹם לוֹם מַאַם סֵינוֹם!

קַאַפִּיטַאַן דִי גַ׳אַנְדַאַרְמֵירְיַאַה — (פִֿינְסוֹס) קִי דִימַאַזֹ, לַה מִידְיַיה
מוֹרַה לֵיס פַֿאַסוֹ.

דִימַאַנוֹ׳ — (אַבְּרִי לוֹם בְּרַאַסוֹם) אַה! מִים בְּרַאַסְקוֹם, מִי מִוֹ! מִי קוֹרַאַ-
סוֹן סִי אַמַאַמַאַה סוֹבְּרִי בּוֹאיסְטְרוֹ פַּאַסוֹ! סוֹמְרֵירְטִי מִי לֵיבוֹרַה סוֹבְּרִי בּוֹאיסְסַרַה
דֵיבִּינְסְטוֹרוֹס, מַה נוֹן פִּידְרַאַם קוֹרַאַזֹ! מִי עֵינִי קוֹנְפַֿיַינְסַס אִין בּוֹאיסְטְרוֹס
פַֿאַרַיינְטַעָק קִי אִין מִי מַדְרִיוֹ!... נוֹן, אַרִיבַֿאַארְמוֹם! סֵינוֹדוֹ מִיסְפּוֹ סִינוֹרוֹ
קִי נוֹם בֹּאַמוֹם מַה בִּיבִּיר דִי גוֹאיֵלְבֹּ. קוֹרַאַזֹ! (רַאַמַהַל סַאַלִי קַאַן לַה רַאַבַֿה אִין
לוֹם חוֹזֹם, דְרַיְפוֹם סִי קוֹלַרִי לַה פִֿיטוֹרַה קוֹן בֹּאם מַאַנוֹם).

סִינַה סִינְקִינַה.

דְרַיְפוֹם — קַאַפִּיטַאַן דִי גַ׳אַנְדַאַרְמֵירְיַאַה.

קַאַפִּיטַאַן — מִי קֵיין, דְרַיְפוֹם!
דְרַיְפוֹם — (אַבַֿאַנְסַאַמַדוֹ לַה קַאַבֵֿיסַה) קִי אַי?
קַאַפִּיטַאַן — נוֹן מִיסְטַאַם מַויינַדוֹ מִיסְטוֹם גֵיטוֹם?

27 dezonor, i por los kualos la viða seria una tan pezga karga?
Non, Dreyfus, non tenesh razon de dezesperar! Onde ke estaresh, pens**a**
ke ay una fami**y**a dezola**ð**a ke va bushkar to**ð**o reme**ð**yo de demos-
trar vuestra inosensya, pens**a** tamb**y**en a_los milyones de vuestros
korelij**y**onaryos ke van **y**evar tanto apreto[151] i tanto mal en kavza[152]
de vos. To**ð**os e**y**os kreen en vuestra kulpabilida**ð**, kale bivir
por demostrarles ke vos akuzaron kon **y**ero, ke sosh inosente, i ke
el mizeravle ke vend**y**o a_su patrya, non sosh vos, ma es otro!
DREYFUS – Oh! Mi karo amigo, vos rengrasyo por los konsejos
i el koraje ke me estash dando. – Si, razon tenesh, kale bivir,
kale bivir por demostrar al mundo entero mi inosensya, kale bivir
por deskuvrir el verda**ð**ero kulpavle, onde ke se eskonda, kale
bushkarlo, kale toparlo! Ke mis ermanos, ke mi mujer non esparan**y**en[153]
na**ð**a por deskuvrirlo! To**ð**a mi fortuna ke sea emp**y**ega**ð**a por
esto! Bushka**ð**, bushka**ð**, non vos arestesh,[154] asta ke la verda**ð** salga
en me**ð**yo! I **y**o savr**e** sonportar kon pasensya to**ð**a tortura i
to**ð**a mizerya, en esperansa ke un dia la luz de_la verda**ð** are-
lumbrar**a** asta los ojos los mas s**y**egos!
KAPITAN DE DJANDARMERIA – *(Entra)* Si**ny**or Demanj, la me**ð**ya
ora **y**a pas**o**.
DEMANJ – *(Avre los brasos)* En mis brasos, mi ijo! Mi kora-
son se amanzia[155] sovre vuestro suerte i **y**ora sovre vuestra
dezventura, ma non pe**ð**rash koraje! I ten**e** konf**y**ensa en vuestros
par**y**entes i en mi! Ady**o**...! Non, a_reveermos![156] S**y**endo est**o** seguro
ke nos vamos a veer de nuevo. Koraje! *(Demanj sale kon la rida[157] en
los ojos, Dreyfus se kuvre la figura kon sus manos).*

SENA SINKENA

<small>DREYFUS – KAPITAN DE DJANDARMERIA</small>

KAPITAN – E<small>H</small> B**Y**EN, Dreyfus!
DREYFUS – *(Alevantando la kavesa)* Ke ay?
KAPITAN – Non estash o**y**endo estos gritos?

---

151 fig. 'Not, Angst'; sp. *aprieto* u.a. 'Not, Notlage, Bedrängnis'.
152 < F *à cause de vous.*
153 AP. *esparanyar*; sp. *ahorrar*, dt. *sparen*. O.B. liest *esparmyen.*
154 << F *(s')arrêter* 'aufhören'; sp. *arrestar* nur 'verhaften, festnehmen'.
155 Rom., Neh. *amanziyarse*; sp. *apiadarse.*
156 F *au revoir*, I *a rivederci.*
157 < T *rida* 'Taschentuch'; sp. *pañuelo.*

28

דרייפ׳וס — קי מֿקונטיסייוֹ קי קי די מֿוחֿיבֿו ?

קאפיטאן — מֿים חֿיל פֿומֿיגֿו קי לייני פֿור בֿיחֿיר בֿוחֿיקטרה דיס־
גראדֿאסייון.

דרייפ׳וס — מי דיסגראדֿהֿסייון ! חֿו !!

קאפיטאן — פֿין פֿוקוס מינוטוס בֿום בֿאֿן אֿה טומֿאר, בֿים בֿחֿן הֿה
לייבֿאר דילאֿנטֿרי אֿונה מֿוֹנגֿידֿומֿברי די גֿינטי, די סוֹלדֿאדֿום אֿרמֿאדֿום, קי
אֿלי בֿום בֿאֿן הֿה דיכֿגראדֿאֿר, בֿום בֿאֿן הֿה כֿומֿאר די מֿוחֿיבֿו בֿוחֿיסטרה
אֿיספֿאדֿה, בֿום בֿאֿן הֿראֿנכֿאֿר לאֿב אֿיפֿוֹליטאֿם, בֿום כֿוטֿונים דֿיל בֿיספֿידֿו.
בֿום טֿירֿיטֿים, בֿה סֿיחֿיר מֿורֿיבֿֿני !

דרייפ׳וס — חֿו ! (סי טאֿפֿה לה פֿינוֹרה).

קאפיטאן — בֿאֿם פֿוהֿדֿיר סוֹנפֿורטֿאֿר מֿיסֿטֿה דֿיחֿוֹר פֿובֿליקֿה ?

דרייפ׳וס — נון ! נון ! מֿיזֿור בֿאֿלֿי מֿורֿיר !

קאפיטאן — מֿים כֿאֿמֿכֿיין מֿי חֿופֿֿיניוֹן ! (חֿיל קֿימֿה אֿון רֿיבֿוֹלבֿֿיר אֿי לו
פֿוֹנֿה סוֹלֿרֿי לֿה מֿיזֿה) אֿון מֿופֿֿיסֿיאֿר נון דֿיבֿֿי אֿיספֿיגֿֿאֿר קי כֿיאֿה דֿיוֹנוֹרֿאֿדֿו
דילאֿנטֿרי אֿיל פֿובֿליקֿו. פֿור לֿה מֿונוֹר די סוֹק אֿיפֿוֹליטאֿם אֿי די סו אֿיס־
פֿאֿדֿה קאֿלֿי קי אֿיל טומֿי מֿאֿם אֿנטֿים אֿונה מֿיירוֹהֿיקֿה רֿיזוֹלוֹסייון, אֿיי־דֿי,
דֿרייפֿֿוס, אֿינוֹסֿינֿטֿי חֿו קוֹלפֿאֿבֿֿלֿי, אֿקולֿדֿהֿבֿֿֿום קֿי סוֹק מֿילֿיטֿיר, אֿי נוֹן
מֿכֿפֿירֿים קֿי בֿֿינֿגֿאֿן קוֹחֿטֿרו נֿאֿגֿדֿאֿרֿמֿים לֿה כֿומֿאֿרלֿום דֿינֿב ייֿאֿקֿכֿ ! מֿוֹרֿיו !
(סאֿלֿי אֿין מֿוסֿטֿרֿאֿנדֿו לֿה דֿרייפֿֿום אֿיל רֿיבֿֿוֹלבֿֿיר סוֹבֿֿרֿי לֿה מֿיזֿה).

דרייפ׳וס — (סולֿו. טומֿה אֿיל רֿיבֿֿוֹלבֿֿיר) מֿיסֿטֿי קאֿפֿיטֿאֿן די נֿאֿגֿאֿדֿֿאֿר־
מֿירֿיאֿם טֿייֿיי רֿאֿזֿון, מֿיזֿור בֿֿאֿלֿי לֿה מֿוחֿֿירֿפֿֿי קי לֿה דֿיוֹנוֹר ! אֿון מֿופֿֿיסֿיאֿר
נון דֿיבֿֿי אֿיכֿפֿֿיֿרֿאֿר קי לֿו דֿיזוֹנוֹרֿין אֿין פֿובֿֿליקֿו ! מֿירֿסֿי, קאֿפֿֿיטֿאֿן, מֿרֿלֿסֿי
די אֿבֿֿירֿמֿֿידֿֿלֿו אֿיסֿטֿה דֿֿרֿמֿה. אֿין מֿילֿייֿה אֿיסֿטֿאֿם מֿי סֿאֿלֿבֿֿאֿסייון ! אֿיי־דֿי,
מֿאֿלוֹרוֹזֿו גֿולֿייו, לֿיי־דֿיֿלו אֿין מֿיכֿֿטֿי מֿונדֿו פֿור סוֹפֿֿרֿיר, אֿיי־דֿי, מֿיטֿי פֿֿיֿן אֿב
טֿו מֿיזֿֿֿרֿאֿבֿֿלֿי בֿֿידֿֿה, אֿפֿֿין קֿי לֿה אֿיסֿפֿֿורֿייֿה נוֹן פֿֿופֿֿי גֿינגֿֿונֿכֿ קוֹלֿפֿֿכֿ אֿין
טֿו אֿינוֹסֿיטֿינֿכֿייֿה, אֿפֿֿין קֿי מֿון דֿיֿאֿה דֿינֿאֿן די טֿי : בֿֿיֿלֿייו אֿיגֿֿימֿכֿינֿיגֿֿי אֿי
מֿורֿיו קוֹן קוֹרֿאֿזֿֿי ! (אֿיל אֿסֿיֿרֿקֿה אֿיל רֿיבֿֿוֹלבֿֿיר די סו סֿיֿן — אֿינֿוֹטֿרֿה סו מֿוֹ־דֿֿיר).

28 DREYFUS – Ke akontesyo? Ke ay de nuevo?

KAPITAN – Es el puevlo ke vyene por veer vuestra des-
gradasyon.

DREYFUS – Mi desgradasyon! Oh!!

KAPITAN – Fin pokos minutos vos van a tomar, vos van a
yevar delantre una muncheðumbre de djente, de soldaðos armaðos, i
ayi vos van a desgradar, vos van a tomar de nuevo vuestra
espaða, vos van arankar las epoletas,[158] los botones del vestiðo,
los sherites,[159] va seer orivle!

DREYFUS – Oh! *(Se tapa la figura).*

KAPITAN – Vash pueðer sonportar esta dezonor publika?

DREYFUS – Non, non! Mijor vale morir!

KAPITAN – Es tambyen mi opinyon! *(El kita un revolver i lo
poza sovre la meza)* Un ofisyer non deve esperar ke sea dezonoraðo
delantre el publiko. Por la onor de sus epoletas i de su es-
paða kale ke el tome mas antes una enerjika rezolusyon, ayde,
Dreyfus, inosente o kulpavle, akoðravos ke sosh MILITER,[160] i non
asperesh ke vengan kuatro djandarmas a tomarvos de_la yaka![161] Adyo!
(Sale en mostrando a Dreyfus el revolver sovre la meza).

DREYFUS – *(Solo. Toma el revolver)* Este kapitan de djandar-
meria tyene razon, mijor vale la muerte ke la dezonor! Un ofisyer
non deve asperar ke lo dezonoren en publiko! MERSI, Kapitan, MERSI
de averme daðo esta arma. En eya esta mi salvasyon! Ayde,
malorozo djuðyo, veniðo en este mundo por sufrir, ayde, mete fin[162] a
tu mizeravle viða, afin ke la istorya non tope ninguna kulpa en
tu egzistensya, afin ke un dia digan de ti: bivyo inosente i
muryo kon koraje! *(El aserka el revolver de su syen – entra su mujer).*

---

158 < F *épaulette*; trk. *epolet*; sp. *capona, hombrera.*
159 < T *şerit*; sp. *raya, lista,* dt. *Band, Streifen.*
160 < F *militaire,* [militɛr]; sp. *militar.*
161 < T *yaka* 'Kragen'; sp. *cuello.*
162 < F *mettre fin à.*

29

סינה סיזינה

דרייפוס — לוסי דרייפוס.

(מהדראס דרייפוס מינטרה, קלם און מימוטו אין סו לונאר קומו פיטרופיימדה.
סוניסו הינב און גרימו טירילַנֿי, סי מילֿה סונֿרו סו מאירלו אי לֿי מרהנקה מיל רילֿולֿיר
דינה מאנו).

דרייפוס — (סי סולטה, צימֿו סו מאיר) לוסי!

לוסי — (היסמונילדוס, לה ריספירסיין קורטטֿה) טי קירימאס מאטאר!
לוקו כֿאליטיס? פֿורקי טי קירימאם מאטאר?

דרייפוצם — (אינטירומֿינטי דיסקורומֿלֿו) מי קירילֿה לוסי, לה בֿילֿה חים
מויי פֿינה אי מויי קרומֿילה פֿור מי! אמֿומֿירה סי איסטה הֿפֿאריזֿאנדו מיל
פֿומֿילֿלֿו פֿור מֿכיסטטֿר המֿי דיסגרמֿלֿאמֿסֿיון אי נוטֿאֿרסי די איסמֿי ספֿיק-
מֿאקלו, לייו נון בֿו פֿומֿילֿיר סונפֿורטארטֿר מֿיסֿפה דֿזונֿר! מיזֿור מֿוריר! דמֿמֿי
מֿיכֿטֿם אֿרמֿה קי מי מֿרחֿנקמֿסֿיק דֿילֿה מֿהֿנֿו.

לוסי — (אלֿיטֿמֿנֿדו מֿיל רילֿונֿיר) מֿוריר! אֿי קֿי בֿאֿן מֿה פֿינסמֿר, אֿי
קֿי בֿאֿן אֿס דֿיר אֿיל מֿונֿדו אֿי נֿולֿיסטֿרוט מֿינֿימֿינֿוק? בֿאֿן דֿיזֿיר: בֿֿימֿים,
סֿמֿלֿיינֿדֿוקֿי קֿולֿפֿאבֿלֿי, מֿיל סֿי מֿאֿמֿו! אֿי אֿין מֿיסֿפֿה מֿאֿירֿירֿה מֿיס דֿאֿר
אֿס קֿרֿימֿיר קֿי כֿו סֿום מֿיל בֿֿירֿדֿאֿדֿירֿו פֿרֿאֿחֿדֿור, אֿה! אֿלֿפֿֿרֿיֿד, לֿיֿיו נֿון
אֿספֿירֿמֿֿבֿם מֿיסֿפֿו דֿי טֿי!

דרייפוס — קֿי מֿֿוֿיֿר, מֿי קֿירֿֿידֿם לוסי? מֿיל מֿונֿדו מֿינֿטֿירֿו סֿי
אֿלֿֿיבֿֿֿלֿֿכֿֿו קֿונֿטֿרֿה דֿי מֿי פֿֿֿֿור מֿקֿֿֿ

SENA SEJENA
DREYFUS – LUSI DREYFUS

29 *(Madam Dreyfus entra, keða un minuto en su lugar komo petrifyaða.*[163] *Subito echa un grito terivle, se echa sovre su mariðo i le aranka el revolver de_la mano).*

DREYFUS – *(Se bolta, vee su mujer.)* Lusi!

LUSI – *(Esmoviða,*[164] *la respirasyon kortaða)* Te kerias matar!
Loko salites? Porke te kerias matar?

DREYFUS – *(Enteramente deskorajaðo)* Mi keriða Lusi, la viða es muy pezga i muy kruela por mi! Afuera se esta aparejando el puevlo por asistar a_mi desgradasyon i gustarse de este spek-taklo,[165] yo non vo pueðer sonportar esta dezonor! Mijor morir! Dame esta arma ke me arankates de_la mano.

LUSI – *(Aleshando el revolver)* Morir! I ke van a pensar, i ke van a dizir el mundo i nuestros enemigos? Van dizir: vitesh, savyendose kulpavle, el se mato! I en esta manera es dar a kreer ke tu sos el verdaðero traiziðor, ah! Alfreð, yo non asperava esto de ti!

DREYFUS – Ke azer, mi keriða Lusi? El mundo entero se alevanto kontra de[166] mi por akuzarme, mis mas keriðos amigos me sospecharon, ken se pueðria kreer mas en mi inosensya afuera del Dyo ke melda en mi korason? Non, dame, dame esta arma, esto kanso de_la viða!

LUSI – I yo, i tus kriaturas, ke vamos mas azer en este mundo? Kale dunke matarlos i matarme tambyen? Te parese ke vamos pueðer bivir kon un nombre manchaðo, sospechaðo? Non, non, Alfred, tus palavras non son de un ombre de koraje, syendo kale ke venga una mujer por espertarte del esfuenyo ande kayo tu alma, espertate[167] mi keriðo mariðo, non te espantes de loke somos pokos a kreer en tu inosensya. Ya abastamos tu i yo i nuestro amigo el avokato Demanj, ya abastamos nozos por kreer ke sos el ombre el mas onesto, el mas inosente! El Dyo tendra piadað de nozos i amostrara kual kamino devremos segir por azer arelumbrar tu inosensya!

---

163 < F *pétrifié*; sp. *petrificado*.
164 Neh., je. *esmover*, sp. *emocionar*; *emocionada*.
165 < F *spectacle*; sp. *espectaculo*.
166 it. *contra di*.
167 *espertate = desp(i)ertate*.

30

דרייפֿוס — מה מי קירידה, פֿין, פֿוקוס פֿונטוס מי נאן נה דיזנרהלאר!

לוסי — קי מימפֿורטה! אלסה לה קאליסה, אי נה קהלה טורטורה,

נה קאלה מינגונרייה, ריספֿונדי קי סוס אינוסינטי! קי חיל פֿוחיללו נון נוי

איסטוס נריטוס, חיל דייו נוס אוליירה!

דרייפֿוס — מה ! לוסי! נה רמזון היקטה קון טי! פֿיידרי קולַיאדו,

מאם נון פֿינסאלרי מה מהטהחרמי, טי לו פרומיטו, אי ליו סהחרי כונפֿור-

פֿאר טודה טורטורה קון מונה אלמה סיריכה! (מי טומה נאם מהחנוס) מירסי,

מי נהלַיאנטי קומפאנייה. מירסי פור טוס פאנלהנרהם. מילַיחב מי קונסו-

לארון מי מי רינדיירון חיל קורחזי קי ליו חלַיחה פֿידרידו, (קהלַיחדים. קון

נרמהנרי אימוסיין מי קון נוז טימנהלמהנדו :) מי . . . מיס קרימטורהם ? . . . קומו

איסטהן ? . . . קי דיצן ?

לוסי — (אימוסיונהלה) נון קולַיים סוחרי מילַיחב, מילַיחב היסטהן

כהנהם אי מורהחהם, נון סהבין נהלה, ליס דישי קי פאחפה פֿהרטייו פור

און בִֿיהזֿי לארנו, מוי לארנו, מי קי מאם עהלרי נון מהנקהרה די לַייד ?. . .

קהזרה חיל דייו קי מיסטי ביחזֿי נון סי חנז מוי לארנו! (לַיורהן).

קאפֿיטאן די זֿאנדארמירייה — (סי מוסטרה) מהדהם, לַייס חיס

טיאמפֿו די קיטהר לה פֿרחיין! (דרייפֿום מי לוסי סי אנרהנסאן מין לַיורהֿהנדו, מהדהם

דרייפֿום סאלַי קון נה רידה מין נום חווהס. דרייפֿום קידה פֿידרידו מין סו בויזֿה, נה

5ינורה קולַיירטה די סום מהנום).

סינה סיטינה

דרייפֿום, קאפֿיטאן די זֿאנדארמירייה, זֿאנדארטים.

קאפֿיטאן — הילי, דרייפֿום, לַייה טינו לה מורה! (חיננרמהן קומהנרו

לאנדהרמהם קון היספהלדהם מיזבֿליינהמלהם, דרייפֿום סי אינדיריזֿה, הזֿ היספֿורסום פור

פארישיר קהלמו מי דיחי :) נהמנום! (סהלַין, דרייפֿום קהמינה קון מהן מון כהסו פֿירמי, נה

קאליסה אלסהדה, מזיינדו מיספֿורסום פור נון מוסטרהר סו מימוסיין, נום קומהטרו זֿהנ-

דהרמהם נו מינטורהנהן, מי חיל נרופו סהלַי. קהני חיל פֿירדו).

30 DREYFUS – Ma mi keriða, fin pokos puntos me van a dezgraðar!

LUSI – Ke importa! Alsa la kavesa, i a kaða tortura,

a kaða indjurya, responde ke sos inosente! Si el puevlo non oye

estos gritos, el Dyo los oyira!

DREYFUS – Ah! Lusi! La razon esta kon ti! Pyeðre kuðyaðo,

mas[168] non pensare a matarme, te lo prometo, i yo savre sonpor-

tar toða tortura kon una alma serena! *(Le toma las manos)* MERSI,

mi valyante kompanya, MERSI por tus palavras. Eyas me konso-

laron i me rendyeron el koraje ke yo avia peðriðo, *(kayaðes, kon*

grande emosyon i kon boz temblando:) i... mis kriaturas...? Komo

estan...? Ke dizen...?

LUSI– *(Emosyonaða)* Non kuðyes sovre eyas, eyas estan

sanas i orozas, non saven naða, les dishe ke papa partyo por

un viaje largo, muy largo, i ke mas taðre non mankara[169] de venir...!

Kijera el Dyo ke este viaje non se aga muy largo! *(Yoran).*

KAPITAN DE DJANDARMERIA – *(Se mostra)* Madam, ya es

tyempo de kitar[170] la prizyon! *(Dreyfus i Lusi se abrasan en yorando, madam*

Dreyfus sale kon la rida en los ojos. Dreyfus keða peðriðo en su dolor, la

figura[171] kuvyerta de sus manos).

SENA SETENA

DREYFUS, KAPITAN DE DJANDARMERIA, DJANDARMAS.

KAPITAN – Ayde, Dreyfus, ya vino la ora! *(Entran kuatro*

djandarmas kon espaðas ezvaynaðas,[172] Dreyfus se enderecha, aze esforsos por

pareser kalmo i dize:) Vamos! *(Salen, Dreyfus kamina kon un paso firme, la*

kavesa alsaða, azyendo esforsos por non mostrar su emosyon, los kuatro djan-

darmas lo entornan, i el grupo sale. Kaye el perde).

---

168 *mas no(n)* + V < F *ne ... plus* + V.

169 *non mankara de* + V: < F *ne manquera pas de* + V.

170 < F *quitter.*

171 Neh., fr. *figure*; sp. *cara.*

172 Neh. je. *desvaynar* 'e-e Waffe ziehen'; fr. *dégainer*; sp. *desvainar* 'aushülsen'.

31

סינה אונג׳ינה

(אין איל קורטיז׳ו דינה סקונה מיליטאריה. גראנדי פובליקו אין איל פונדו דינה
סינה. צ׳אנדארמאס, סונדהדום ארממלום, אופיסיירים, נום צ׳אנדארמאס אי נום סולדאדום
קונטינויין אל פובליקו, קי בוסקה סיימפרי מה מלאנסאראסי אין נה סינה. אין איל פרימיר
פלאן סי ביאן: פיקאר אין לה דיריצ׳ה, פאנגרים, היסטיראזו, קריטיזיין, ריסארדון אין
לה סיידרה).

גריטום דיל פוב׳ליקו — נאלו! נאלו! נאלו! (טוהום סי אריפוסאן, סי
סוליצ׳אנגנאן סונרי נאם פונטאם די נום קוליסאם דינה דיריצ׳ה, ביאיר אין נאם קוליסאם דינה דיריצ׳ה,
סור מואדי לה אינטרמאר דרייפום. אינטרמאן איל קאפיטאן די צ׳אנדארמריאם קון נום קו־
חברו צ׳אנדארמאס. טודום קון מיספאהדאם מעצ׳איינגאדאם, אי אין מידיין די איויום סי
ביאי דרייפום, איל גרופו טראבליירסה לה סינה די דיריצ׳ה אלה סיידרה. דרייפום סי בולטה
דאמדו לה מיספאהלדה אלה קוליסה די לה סיידרה אי מירמאנדו אלה דיריצ׳ה פור מונדי
איל אינטרו. נום קוחטרו צ׳אנדארמאם סי פלאסאן דיטראם די איל. ברומילדו אין איל
פובליקו, קי קירי מלאנסאראר צ׳ירטו דרייפום, מה נום סולדאדום נו קונטייניין, מינטרה מון
יניראל, סינידו די און גרופו די אופיסיירים, נום אופיסיירים נו פלאסאן דיטראם איל זיניראל,
קאליירסם, איל זיניראל טראבזה לה מיספאהלדה. נום סולדאדום פריזינטאן ארמאם, איל
זיניראל אנסה לה מיספאהלדה אי מזי און סינייאל. מדיסטה סי מולי און ברומילו די
טמבור, סוברי און סיגונדו סינייאל דינה מיספאהלדה, איל ברומילדו קולה, איל זיניראל סי
מדריסה אם דרייפום) :

— דרייפום, אל נומברי דיל פוחיצלו פראנסיז מי כוצרי לה סיטינ־
סייה דיל קונסילייו די גירה קן צום קונדינו, צום דיקלארו מינדיייי די ליצאר
לה מיספאהלדה, אי מונדינו קן טיגנגה לוגאר אקי בומיסטארם דיזגראדאסיין:
(אין איסטי טיימפו דרייפום סי טייי דירילו אי מירה פיקסאממינטי אל זיניראל).

דרייפום — (גריטה) סו מינוסינטי! קונדינארון און מינוסינטי! (נראנדי
ברומילדו די גריטום אין איל פובליקו, קי סי קירי מיצאר סוברי דרייפום — ברומילדו די
טמבור קן קובַרי לה בוז די דרייפום — סוברי און סינייאל דינה מיספאהדה דיל זיניראל
איל קאפיטאן די צ׳אנדארמיריאה סי פלאסאם דילאמנטרי דרייפום, לי פרמבזה לה מיספאהדה,
לה רומפי אין דום סוברי סו רודילאה אי מיצה נום פידאסום אין באטו).

גריטום דיל פובליקו — אה מוחירעי איל ג׳וליין!

דרייפום — (אלסה לה קאביסה, מיסטירה איל נראסו) סו מינוסינטי!
(ברומילדו די טמבור).

גריטום — קאליימדו, יהודה מיקמאריוט! — טראחידור! — אה
מוחירעי !

(איל קאפיטאן די צ׳אנדארמיריאה לי ארמנקה נאם איפוליטאם מונה מה מונה,
נאם מילה אין באטו).

גריטום — אה מוחירעי איל טראחידור! (מולייניינגו דיל פובליקו פור
איצ׳ארסי סוברי דרייפום).

SENA OCHENA

31 *(En el kortijo de_la shkola militarya. Grande puvliko en el fondo de_la sena. Djandarmas, soldaðos armaðos, ofisyeres, los djandarmas i los soldaðos kontyenen al puvliko, ke bushka syempre a avansarse en la sena. En el primer plan*[173] *se veen: Pikar en la derecha, Fabres, Esterazi, Kretinyon, Rishardon en la syeðra).*

GRITOS DEL PUVLIKO – Nalo! Nalo! Nalo! *(Toðos se arepushan,*[174] *se solevantan sovre las puntas de los pyes por veer en las kulisas*[175] *de_la derecha, por onde va entrar Dreyfus. Entran el kapitan de djandarmeria kon los kuatro djandarmas, toðos kon espaðas ezvaynaðas, i en meðyo de eyos se vee Dreyfus, el grupo traversa la sena de derecha a_la syedra. Dreyfus se bolta dando la espalda a_la kulisa de la syeðra i mirando a_la derecha por onde el entro. Los kuatro djandarmas se plasan detras de el. Bruiðo en el puvliko, ke kere avansar verso Dreyfus, ma los soldaðos lo kontyenen, entra un jeneral, segiðo de un grupo de ofisyeres, se detyenen enfrente de Dreyfus, dando la espalda a_la kulisa de derecha, los ofisyeres se plasan detras el jeneral, kayaðes, el jeneral trava la espaða. Los soldaðos prezentan armas, el jeneral alsa la espaða i aze un senyal, a_vista se oye un bruiðo de tambor, sovre un segundo senyal de_la espaða, el bruiðo keða, el jeneral se adresa a Dreyfus):*
– Dreyfus, al nombre[176] del puevlo fransez i sovre la setensya del Konsilyo de gera ke vos kondeno, vos deklaro endinye[177] de yevar la espaða, i ordeno ke tenga lugar aki vuestra dezgradasyon:
(En este tyempo Dreyfus se tyene derecho i mira fiksamente al jeneral).
DREYFUS – *(Grita)* So inosente! Kondenaron un inosente! *(Grande bruiðo de gritos en el puvliko, ke se kere echar sovre Dreyfus – bruiðo de tambor ke kuvre la boz de Dreyfus – sovre un senyal de_la espaða del jeneral, el kapitan de djandarmeria se plasa delantre Dreyfus, le trava la espaða, la rompe en dos sovre su roðia i echa los peðasos en basho).*
GRITOS DEL PUBLIKO – A muerte el djuðyo!
DREYFUS – *(Alsa la kavesa, estira el braso)* So inosente!
(Bruiðo de tambor!)
GRITOS – Kayaðo, [Iehuda Iskaryot]! – Traiziðor! – A muerte!
(El kapitan de djandarmeria le aranka las epoletas una a una, las echa en basho).
GRITOS – A muerte el traiziðor! *(Movimyento del puvliko por echarse sovre Dreyfus).*

---

173 < F *au premier plan*, 'im Vordergrund'.
174 Rom., sp. *empujar*, dt. *stoßen*.
175 < F *coulisses*; tr. *kulis*; sp. *bastidor*.
176 < F *au nom de*; sp. *en nombre de*, dt. *im Namen von ...*
177 < F *indigne*; sp. *indigno*.

דרייאים — (ריספונדיינדו אל פובליקו) ליין כו סו טרמחידור, ליין סו
מינוביינטי! (כרומילו די גריטום מי די עאמבור).

גריטום — אה מומירטי! אה מומירטי! — סוחיין גוליין! — מחירלאלני!
(מיל קאפיטאן לי מראנקה לי שידיטיס, נום בוטוניס).

גריטום — אה מומירטי מיל גוליין! אלה פורקה! (כרומדו, סלאמבור,
גריטום).

(דרייאים, מיסקורטעמלו דילום נאנדמרמאם אזי מיל טורנו דילה סינה. טולום גריטאם:
אה מומירטי! אה מומירטי מיל גוליין! אי מין קמלה לה דרייאים ריספומדי: סו מינו-
סינטי! איסטילילאזי אי סאכברים סי מוסטראן פוריירחזם אי מינאמאנטיס אי גריטאן: אה
מומירסי מיל טרמחידור! סי לו ליילאן אה דרייאים. לה צ'ינטי סי לאמן אה פוקו פוקו
קן גריטום אי צרומידו).

פיקאר — (אה פארטי) איסטי אומבני אים מינוסינטי! (סאלי)

פ'אברים — (אה ליסטירחזי) אי מגורה, פומילידמום דורמיר סונכרי
לאם דום אוריחאם!

(פירדי)

32 DREYFUS – *(Respondyendo al puvliko)* **Y**o no so traiziðor, **y**o so inosente! *(Bruiðo de gritos i de tambor).*

GRITOS – A muerte! A muerte! – Suzyo djuðy**o**! – Mizeravle!
(El kapitan le aranka los sherites, los botones).

GRITOS – A muerte el djuðy**o**! A_la forka! *(Bruiðo, tambor, gritos).*

(Dreyfus, eskortaðo[178] *de_los djandarmas aze el turno de_la sena. Toðos gritan: A muerte! A muerte el djuðyo! I en kaða vez Dreyfus responde: So inosente! Esterazi i Fabres se mostran furyozos i menazantes i gritan: A muerte el traiziðor! Se lo* **y**evan a Dreyfus. La djente se van poko a poko kon gritos i bruiðo).*

PIKAR – *(A parte)* Este ombre es inosente! *(Sale)*

FABRES – *(A Esterazi)* I agora, pueðemos dormir sovre las dos orejas!

(Perde)

---

178 < F *escorter*; sp. *escoltar*, dt. *eskortieren*.

אקטו IV

(נה סינה בי פאסה אין היג נורו דיל קומיטי ביקהר, סיקריטאריין, סייה, קארטאס אין
ליא בהרידים, טאנגום.)

סינה פרימה.

ביקאר (סולו) דיספואים גארדסון די סירב׳ים, אגינטי.

ביקאר — (אינזאמינה פאפילים סיברי סו סיקריטאריין. טומה און טנגליוף סירהדו
סובדי מיל קונל מילדה:) .פאפילים סיקריבוס אטירולדום אין מיל תמכתאסאר
די תלימאכייס! (תלאמנו) קומו! אתינדה אי מיזירמבלניים קי תיסטאן שראל-
ביקאנדו קן נום אינימינוב די נואיבשרו פאמיק? קומאנדו דרייסום ליכטאלבה
חקן, פולאום לוק פיקאדלום מירדן מינגאדום כונזר סו קהביסה, מיל סוגו
מירס הל טרמחיולור? לי בין, נא מאם די קואתערו הגיום קי מיל נוליין
נו מיסמע חקן, נא קואתערו הגיוק קי מיל מיסמס סינטיומלדו אין לה מחם
לישאטה לי לה מחם מחזולמדה דילאם פרייזיניק. אים גו ביאי כי אלמה
בילם גי קאהרס די מומנדי. קומו פומידי סיר קי אהינדה סיקריפום דילה
דילייכס נחכייונאל סי מיסטאן ביזדיינדו לס נואיסטורוב אינימיטם? (קא-
נייארים) סיימפרי סינסי קי מיכטי חומכרי לים אינוסיינטי, קי נון מיב מיל
מל קי קומיניריו מיל קרמן חוריללי די פרמחיר חסו פאמים. לים סינורו
קי מיל פאנו פור הן מומרו. מיכטי תומרו קן מיק? קן מיק מיל חומכרי
מחגדינו קי דישר קומדינאר אם און מיטיסינטי אין סו לונאר, לי קי חיסטה
אתיגדה קונטרימותלנדו מס רולאר לום סיקריבום די נואיספרה ארמתלדם סור ביר-
דירלום אל מינימיעו? קן, קן סירה? (קאפליימדים) פומידי סיר חיסטי טנגילום
מר לו חרס סאליר, אם! סי פומידיאם קונוסיר מיל נומנרי די מיסטי
מתלרט, לי סאלגאר אל דיזלינטורמלדו קי מיסטה סופריינדו אלוי מיל מו-
מירטים!... (ארמטגה מיל מנגילום) קן מים מיסטו? טן טיליגרמם אדריסאדו
לה אן מום חולמסייר פרלאסת! (מילדם) : מה סי מיסטירמחי, קומאנדרן אין
מיל 24-גו קואירפו די מרמאלדם, 27 קאלויים דילה בייגחינסייס אין פא-
ריס (תלאנדו) מיסטרמחי! אים לס פרימה לז קי מינקונטרו מיסטי קום-
גריז (סוגא סיל סונאטי).

110

Akto IV

(La sena se pasa en el buro del kolonel Pikar. Sekretaryo, siya, kartas en las paredes, tablos).

SENA PRIMA

PIKAR *(solo), despues* GARSON DE SERVIS, AGENTE.

33 PIKAR – *(Egzamina papeles sovre su sekretaryo. Toma un anvelop seraðo sovre el kual melda:)* "Papeles sekretos aferaðos en el ambasad de Alemanya!" *(Avlando)* Komo! Ainda ay mizeravles ke estan trafikando kon los enemigos de nuestro pa'is? Kuando Dreyfus estava aki, toðos los pekaðos eran echaðos sovre su kavesa, el solo era el traiziðor! EH BYEN, na mas de kuatro anyos ke el djuðyo no esta aki, na kuatro anyos ke el esta enseraðo en la mas leshana i la mas izolaða de_las prizyones. El no vee ni alma biva ni kara de ombre. Komo pueðe ser ke ainda sekretos de_la defensa nasyonal se estan vendyendo a nuestros enemigos? *(Kayades)* Syempre pensi ke este ombre es inosente, ke non es el el ke kometyo el krimen orivle de traizir a_su pa'is. Es seguro ke el pago por un otro. Este otro ken es? Ken es el ombre maldicho ke desho[179] kondenar a un inosente en su lugar, i ke esta ainda kontinuando a rovar los sekretos de nuestra armaða por venderlos al enemigo? Ken, ken sera? *(Kayades)* Pueðe ser este anvelop me lo ara saver, ah! Si pueðia konoser el nombre de este maldicho, i salvar al dezventuraðo ke esta sufryendo ayi mil muertes...! *(Arazga el anvelop)* Ke es esto? Un telegram adresaðo a un ofisyer fransez! *(Melda)*: "A sinyor Esterazi, KOMANDAN en el 24-no kuerpo de armaða, 27 Kaleja de_la Byenfezensya en Paris" *(Avlando)* Esterazi! Es la prima vez ke enkontro este nombre! *(Sona el sonaje)*.

---

179 O.B. liest *deseo.*

נארסון — (מינטרה) מי קולוניל!

פיקאר — קון טדוטו מיספי אנגילופ?

נארסון — מיל אנינטי קין מיספטה הפהרטיהדו פהרה סין המנטסיד

די אלימאנייס. מיל מיספטה חבתסו.

פיקאר — דוזנדי קי כ'נה.

נארסון — כ'ין מי קולוניל (סאלי).

אנינטי — (מינטרה) מי קולוניל!

פיקאר — בוק סום מיל קי טרוטיטיס מיסטי אנגילוף?

אנינטי — סי מי קולוניל.

פיקאר — קאלים קואלה הים לה פייסה תינקלוה?

אנינטי — סי מי קולוניל, מים חון טילינרהס הדריסהדו הל קומה-
דאן ליסטירמאו.

פיקאר — אונדי טומאטיס מיספי טילינרהס?

אנינטי — מי לו דיין היל פוהירטהלורו דיל המנבתסהד די אלימאנייס.
היל לו רולו מה כו סהכרון, היל קולה סי לו הביאה הולבידהדו סוכרי חונה
מיזה, מנטים די מיגביהרלו הל טינינרהל.

פיקאר — מיספטאם סינורו דינוקו מיסטטהב הבלאנדו? סי מים חנכי,
היכטי קומהנדהן מיסטירהאו מיסטהריהאו הן רילהבייונים קון היל תמנבתסהד
די אלימאנייס.

אנינטי — מי קולוניל, טודלם מים פהלהבלרהם סון דילה פורה ביר-
דהל מי הים ביירדהל קי היל קומהנדהן היכטירהאו מיסטה הן רילהבייונים
קון לום אינימינום דילה פראנסייה.

פיקאר — מיספטאם סינורו?

אנינטי — מנטים די טודו, היל קונטיזירו די היכטי טילינרהם נו
דימוסטרה.

פיקאר — (מלני היל טילינרהם הי וילוהה) .בוק מיספירו מהגויהטנה הגדי
סאלים, נו מוללידים טראיר לב פייסה קין מי פרומיטיטים, 6000 פראנקום
(הלגהנדו) סין פירמה!

אנינטי — כינורו, הין מיספי מודו די דוקומינטום נו סי מימי פיר-
מאם, טודום סון מנונימום.

פיקאר — הי היכטי קומהנדהן היסטירהאו, קין מודו די הומרכרי הים?

אנינטי — כינקומינטה הניים! הפהרטהאלו די סו מוזיר הי כ'ליינדו
קון קואנטה מוזיר נינרה מי! נאסטאהלור, נונהלור, כ'לילור, דיסיסהלו!
מן כאנגדו דילה מאם נינרה מיספיסה! פירסונה קי כינדירהם מה סו
ריין, הסו הלמה הי הסו פאטריייה פור מונידה!

34 GARSON – *(Entra)* Mi Kolonel!

PIKAR – Ken trusho este anvelop?

GARSON – El agente ke esta apartaðo para el ambasad
de Alemanya. El esta abasho.

PIKAR – Dizilde ke venga.

GARSON – Bᴠᴇɴ mi Kolonel *(Sale).*

AGENTE – *(Entra)* Mi Kolonel!

PIKAR – Vos sosh el ke trushitesh este anvelop?

AGENTE – Si mi Kolonel.

PIKAR – Savesh kuala es la pᴠesa inkluza?

AGENTE – Si mi Kolonel, es un telegram adresaðo al koman-
dan Esterazi.

PIKAR – Onde tomatesh este telegram?

AGENTE – Me lo dyo el puertalero del ambasad de Alemanya,
el lo rovo a su patron, el kual se lo avia olvidaðo sovre una
meza, antes de enbiarlo al telegraf.

PIKAR – Estash seguro de_lo_ke estash avlando? Si es ansi,
este ᴋᴏᴍᴀɴᴅᴀɴ Esterazi estaria en relasyones kon el ambasad
de Alemanya.

AGENTE – Mi Kolonel, toðas mis palavras son de_la pura ver-
dað i es verdað ke el ᴋᴏᴍᴀɴᴅᴀɴ Esterazi esta en relasyones
kon los enemigos de_la Fransya.

PIKAR – Estash seguro?

AGENTE – Antes de toðo, el konteniðo de este telegram lo
demostra.

PIKAR – *(Avre el telegram i melda)* "Vos espero manyana ande
savesh, no olvidesh trayer la pᴠesa ke me prometitesh, 6000 frankos"
(avlando) sin firma!

AGENTE – Seguro, en este moðo[180] de dokumentos no se mete fir-
mas, toðos son anonimos.

PIKAR – I este ᴋᴏᴍᴀɴᴅᴀɴ Esterazi, ke moðo[181] de ombre es?

AGENTE – Sinkuenta anyos! Apartaðo de su mujer i bivᴠendo
kon kuanta mujer negra ay! Gastaðor, djugaðor, beveðor, disipaðo![182]
Un bandiðo de_la mas negra espesa![183] Persona ke venderia a su
Dyo, a_su alma i a_su patrya por moneða!

---

180 'solch ein, so ein'.

181 'was für ein?'

182 < F *dissiper* 'verschwenden'; dt. *verschwenderisch*, sp. *disipador, pródigo.*

183 < F *espèce* 'Art'.

פיקאר — או! או! פירסונאחֿי קומפלידו! קרינאנדו די מונטאנייאם,
קורטאֿדור די סאלֿאם אי ארינֿאטאחֿדור די כולסאם! נֿוסטו לוקי סרימי סור
סיאֿיר טראחֿידֿור! דזימי, מי פוחֿדֿים טוונֿאר חֿונאֿר קומנטאם קאריטאם דילה
איסקריטורה די איסטי טריסטי פירכונאחֿי?

אנינטי — (רריֿינדו) מי קולֿנֿיל, לייו איסטאחֿבֿה סינורו קי מי מילֿאם
דימאחֿנדֿאר מיספו. נֿה! (מיל קיטה קאריטאם די טולֿאם סום אֿנֿריקיראם).

פיקאר — או! או! קואנטאֿאם קאריטאם!

אנינטי — מיל כינייור איסטירמאֿי אים נראמנדי מיככרילֿידֿור. נון מי
כאנקייר, טיריזי, קאמסאם, כאקמל או פחֿניטירו אל קולֿל מיל נון מינכיאֿה
סומיריאם די קאריטאם סור רונֿארלי די כון אֿספריטאמרלו סור סום דילֿאם,
אי סור פרומיטירליס קי קון טיימפו לייס לים כה פאֿאנֿאר, מיסטאם טולֿאם
קאריעאם לאֿם חֿריקוחֿי חֿדרייניפרו די דום או טרים דיאם.

פיקאר — קואֿל אים בֿוחֿיכנֿרו נומכרי, מי כראֿבֿו.

אנינטי — טומה טומס, סור סילֿירלֿום, מי קולֿנֿיל.

פיקאר — אי כיין, מי כראֿבֿו כומס, מיסטו קונטינכי די כום! לייו
לום אֿקורדו 300 פראנקום די נראֿטיפיקאסֿיון, אי נו מחֿנקאֿר קומאנדו אים-
טאֿרי חֿונדי מיל מיניסטרו די מאֿלֿאֿרלי אין בֿוחֿיספאֿרה סאֿבֿור.

אנינטי — או! מי קולֿנֿיל, אים מונֿלֿה בֿוחֿינדֿאֿלֿ!

פיקאר — סולֿאמינטי, קאֿלֿי אֿלֿריר לום אֿוחֿום, אי סירֿאמר לה כוקה.
מונֿנֿו לֿימֿיר אי פוקו מֿלֿאֿר! קירו סאֿבֿיר קין איק מיסֿי מיכֿכירלֿאֿי,
קומו כיבֿי, לוקי לֿוז, די מונֿדי לייֿי, אֿנֿדי לֿה. אֿטאֿלֿום אֿכום פֿאֿטאֿלֿאֿם
קומו קולֿומכרה. מיסטולֿיֿיה כו לֿידֿה אי כום מולֿים. סורבֿילֿייֿגלֿדֿו כוחֿיֿנו
אֿי נון מאֿנֿקום די מינֿוֿרמֿאֿרמֿי דימֿה סור דימֿה די כום פֿאֿסום אֿי די
כום חֿונֿראם. מי מינֿטֿינֿדֿיֿטֿיס?

אנינטי — סי מי קולֿנֿיל. מי קולֿנֿיל פוחֿידֿי קונטאֿר סוכֿרי מי.

פיקאר — כיֿין, אֿנֿדה! (מיל חֿנֿינטֿי סֿאֿלֿי).

35 PIKAR – Oh! Oh! Personaje kumpliðo! Brigando[184] de montanyas, kortaðor de pach**a**s[185] i arevataðor[186] de bolsas! Djusto lo_ke prime por seer traiziðor! Diz**i**me, me pueðesh tomar unas kuantas kartas de_la eskritura de este triste personaje?

AGENTE – *(Ryendo)* Mi Kolonel, *y*o estava seguro ke me ivash demandar esto. Na! *(El kita kartas de toðas sus aldikeras).*

PIKAR – Oh! Oh! Kuantas kartas!

AGENTE – El sinyor Esterazi es grande eskriviðor. Non ay bank**y**er, terezi,[187] kasap,[188] bakal[189] o panetero al kual el non enbia sumeria[190] de kartas por rogarle de non apretarlo por sus devdas, i por prometerles ke kon t**y**empo *y*a les va pagar, estas toðas kartas las arekoj**i** ad**y**entro de dos o tres dias.

PIKAR – Kual es vuestro nombre, mi bravo?

AGENTE – Toma Toms, por servirvos, mi Kolonel.

PIKAR – E**H** B**Y**EN, mi bravo Toms, est**o** kontente de vos! *Y*o vos akordo 300 frankos de gratifikasyon, i no mankar**e** kuando estar**e** onde el ministro de avlarle en vuestra *f*avor.

AGENTE – Oh! Mi Kolonel, es muncha buendað!

PIKAR – Solamente, kale avrir los ojos, i serar la boka. Muncho veer i poko avlar! Kero saver ken es este Esterazi, komo bive, lo_ke aze, de onde v**y**ene, ande va. At**a**vos a_sus pataðas[191] komo solombra.[192] Estuð**y**a su viða i sus moldes.[193] Surve**y**aldo[194] bueno i non mankesh de informarme dia por dia de sus pasos i de sus ovras. Me entenditesh?

AGENTE – Si mi Kolonel. Mi Kolonel pueðe kontar[195] sovre mi.

PIKAR – B**Y**EN, and**a**! *(El agente sale).*

---

184 F *brigand* 'Räuber, (Straßen-)Dieb'; I *brigante*; sp. *ladrón*.

185 cf. Neh.; fig. 'Halsabschneider'.

186 'Straßenräuber'; cf. Neh. *arrevatamyento* 'acte...de s'emparer avec brutalité'

187 < T *terzi*; sp. *sastre*.

188 T *kasap*; sp. *carnicero*.

189 T *bakkal*; 'Lebensmittelhändler'; sp. *negociante, tendero*.

190 J *suma+eria* (Neh., Rom.); dt. *Unzahl*, sp. *gran cantidad*.

191 J '(Fuß-) Spuren'; sp. 'Fußtritte'

192 J 'Schatten'; sp. *sombra*; O.B. liest *su ombra*.

193 J 'Mittel, Möglichkeiten'; sp. *recursos*.

194 < F *surveiller* 'überwachen'; sp. *vigilar*.

195 *contar sovre alg.* < F *compter sur qn*, 'rechnen mit, vertrauen auf'.

סינה סיגונדה

פיקאר (סולו).

פיקאר — (מינגאמיגאנגדו לאם קארטאם די איסטירמוי) איסטה איסקריטורה אים קונוסידה די מי! (קאלייאלים, איל סי אלינלאנטה, נה אגריר און קולברי די פיירו קי·איסטה אין און קאגטון דיל טורו, טראהלה און גראנדי אנגוסט», לו טראחי אה לו טורו, קיטה קיל גורדרו אי לו קומפארה קון לאם קארטאם) אה!! כון פולידי אגריר דוביי! לאם דום איסקריטורום סון סאל מי קול קימילֿאנטים! קאלי סיר קיינו סור גו בֿימיר! איל מאטוור די איסטאלם קארטאם אים איל קי איסקריאַביֿיו איכטי כֿורדרו, פור איל קול דרייסום סֿוחי קונדינאדֿו! איל מיזי-ראלֿלֿי טראחזולדור קי בֿינדֿיו אל אנימינו לום קיקריטום די מולֿסטֿרה הֿרממלֿה אים איסטֿי מאלֿדיגֿו איסטֿירמאֿוי, איכֿטי כֿאלֿנדֿידֿו מֿינדֿיגֿאנדֿאֿדֿו אי לֿיֿנו די קרי-מינים, מיינטֿרֿים קי איל דֿזלֿיֿנטֿורֿאֿלֿדֿו דֿרֿייסֿום אים מֿינוסֿיֿכֿנֿטֿי די טֿולֿו סֿיקֿאֿלֿוֿ! אֿסֿפֿיֿכֿה מֿנֿוֿרֿה מֿון דֿוֿבֿיֿיֿ רֿיֿסֿפֿאֿמֿלֿה אֿיֿן מֿי אֿיֿכֿפֿרֿיֿטֿו פֿוֿכֿאֿנֿטֿי כֿו קֿוֿלֿסֿאֿבֿיֿלֿיֿדֿאֿדֿ, סֿו מֿיֿנֿוֿסֿיֿנֿסֿיֿיֿה מֿי סֿאֿרֿיֿסֿמֿה פֿרֿוֿכֿאֿבֿלֿיֿ, מֿה לֿייֿו נֿון טֿיֿנֿיֿמֿאֿם כֿיֿנֿוֿנֿכֿ פֿרֿוֿכֿה די מֿיֿלֿיֿה, מֿה הֿנֿוֿרֿה נֿון פֿוֿלֿיֿדֿי אֿגֿריֿר מֿאֿכֿ דֿוֿבֿיֿיֿ, דֿרֿיֿיֿסֿום אֿים מֿיֿנֿוֿסֿיֿנֿטֿי, אֿי אֿיֿל קֿוֿלֿפֿאֿבֿלֿי אֿים אֿיֿסֿטֿיֿרֿמֿאֿוֿי! (פֿיֿנֿסֿאֿטֿיֿלֿיֿ) קֿי הֿוֿיֿר? אֿסֿטֿוֿרֿנֿאֿר לֿה בֿיֿרֿדֿאֿדֿ? מֿיֿר אֿונֿדֿי אֿיֿל מֿיֿנֿיֿסֿטֿרֿו אֿי מֿוֿסֿטֿרֿאֿרֿלֿי קֿי הֿוֿלֿו אֿון טֿיֿרֿיֿלֿיֿ לֿיֿרֿו? מֿוֿכֿטֿרֿאֿרֿלֿי קֿון פֿרֿוֿבֿאֿם אֿיֿן לֿה מֿאֿנֿו קֿי אֿיֿן לֿוֿנֿאֿר דֿיֿל קֿוֿלֿפֿאֿבֿלֿי קֿוֿנֿדֿיֿנֿאֿמֿוֿם אֿה אֿון מֿיֿנֿוֿסֿיֿנֿטֿיֿ? קֿי אֿיֿן טֿיֿיֿמֿפֿו קֿי אֿיֿל מֿיֿנֿוֿסֿיֿנֿטֿיֿ סֿי אֿיֿסֿפֿאֿם דֿיֿרֿיֿטֿיֿיֿנֿטֿו אֿמֿחֿי, אֿין סֿו פֿרֿיֿזֿיֿון חֿוֿלֿאֿמֿאֿדֿה, אֿיֿל קֿוֿלֿפֿאֿבֿלֿי אֿיֿסֿטֿה אֿכֿי, קֿוֿנֿטֿיֿנֿוֿאֿמֿאֿנֿדֿרֿו כֿו טֿרֿאֿכֿיֿקֿו מֿוֿרֿיֿבֿלֿי די פֿרֿאֿחֿון? אֿיֿסֿקֿוֿלֿרֿיֿר לֿה בֿיֿרֿדֿאֿדֿ סֿיֿרֿאֿם מֿי דֿוֿלֿיֿר, מֿה קֿוֿאֿמֿנֿטֿוֿם מֿיֿנֿיֿמֿיֿנֿוֿכֿ גֿו מֿי בֿו חֿוֿיֿר? טֿוֿלֿוֿם אֿקֿלֿיֿיֿום קֿי גֿׄוֿנֿאֿרֿון אֿי קֿוֿנֿדֿיֿנֿאֿרֿון אֿה דֿרֿיֿיֿסֿום, אֿוֿטֿיֿסֿיֿיֿרֿיֿם, מֿיֿנֿקֿסֿטֿאֿלֿוֿרֿיֿם, גֿאֿנֿאֿ-לֿוֿרֿיֿם, מֿיֿנֿיֿקֿטֿרֿום, דֿיֿפֿוֿנֿאֿלֿוֿם, נֿאֿוֿיֿטֿיֿרֿום אֿי אֿנֿטֿיֿסֿמֿיֿטֿיֿם, טֿוֿלֿוֿם סֿי בֿאֿן אֿלֿיֿלֿאֿנֿפֿאֿר קֿוֿנֿטֿרֿה די מֿי פֿוֿר אֿקֿוֿחֿאֿרֿמֿי! די אֿיֿסֿפֿאֿמֿאֿנֿטֿו די סֿיֿר אֿקֿוֿלֿפֿאֿבֿלֿוֿם די אֿגֿריֿר קֿוֿנֿדֿיֿנֿאֿדֿו מֿון מֿיֿנֿוֿסֿיֿנֿטֿי, מֿיֿלֿיֿיֿוֿכֿ טֿוֿלֿוֿכֿ סֿי בֿאֿן אֿנֿוֿנֿטֿאֿר פֿור נֿון דֿיֿשֿאֿר סֿאֿלֿיֿר אֿה לֿוֿז לֿה בֿיֿרֿדֿאֿדֿ, אֿיֿלֿיֿיֿום מֿיֿרֿאֿן מֿיֿחֿמֿו אֿסֿטֿעֿם אֿקֿוֿחֿאֿרֿמֿי די אֿגֿריֿר רֿיֿסֿיֿבֿׄיֿדֿו מֿוֿנֿיֿדֿו דֿיֿלֿוֿם נֿוֿדֿיֿיֿום! אֿי מֿי קֿאֿרֿיֿיֿרֿה סֿיֿרֿה רֿוֿמֿפֿיֿדֿה, אֿי מֿי אֿלֿבֿׄיֿיֿר אֿיֿסֿטֿאֿרֿוֿמֿאֿדֿוֿ! (פֿיֿנֿסֿאֿטֿיֿלֿיֿ) פֿיֿנֿסֿה בֿׄוֿחֿיֿנֿו פֿיֿקֿאֿר! סֿי טֿרֿאֿטֿה פֿור עֿי די טֿו אֿלֿבֿׄיֿיֿר! אֿה 38 אֿנֿיֿיֿוֿם טֿו סֿום קֿוֿלֿוֿגֿיֿל, אֿי כֿון חֿי אֿין לֿה אֿרֿמֿאֿלֿדֿה פֿרֿאֿנֿסֿיֿזֿה אֿון קֿוֿלֿוֿגֿיֿל טֿאֿן מֿאֿנֿכֿיֿבֿׄוֿ, פֿין דֿום אֿנֿיֿיֿום אֿים סֿיֿנֿוֿרֿו עֿךֿ בֿאֿם אֿה אֿוֿכֿטֿיֿנֿיֿר אֿיֿל נֿרֿאֿדֿׄו די זֿׄיֿרֿאֿל. מֿיֿסֿטֿי מֿאֿנֿיֿיֿפֿיֿקֿו אֿלֿבֿׄיֿיֿר עֿו לֿו סֿוֿחֿיֿלֿיֿם קֿוֿמֿסֿרֿוֿמֿעֿטֿיֿר, טֿו לֿו קֿיֿרֿיֿם אֿיֿכֿטֿרֿוֿיֿיֿר אֿין חֿון סֿוֿנֿטֿוֿ! סֿי

36 PIKAR – *(Egzaminando las kartas de Esterazi)* Esta eskritura
es konosiða de mi! *(Kayaðes, el se alevanta, va avrir un kofre de
fyero ke esta en un kanton del buro, trava un grande anvelop, lo tra'e a
su buro, kita el bordro i lo kompara kon las kartas)* Oh!! Non pueðe
aver dubyo! Las dos eskrituras son tal i kual semejantes! Kale
ser syego por no veer! El autor de estas kartas es el ke
eskrivyo este bordro, por el kual Dreyfus fue kondenaðo! El mize-
ravle traiziðor ke venðyo al enemigo los sekretos de nuestra armaða
es este maldicho Esterazi, este bandiðo enðebdaðo[196] i yeno de kri-
menes, myentres ke el dezventuraðo Dreyfus es inosente de toðo
pekaðo! Asta agora un dubyo restava en mi esprito[197] tokante su
kulpabilidað, su inosensya me paresia probavle, ma yo non tenia
ninguna prova ðe eya, ma agora non pueðe aver mas dubyo, Dreyfus
es inosente, i el kulpavle es Esterazi! *(Pensativle)* Ke azer?
Atorgar la verdað? Ir onde el ministro i mostrarle ke uvo
un terivle yero? Mostrarle kon provas en la mano ke en lugar del
kulpavle kondenimos a un inosente? Ke en tyempo ke el inosente
se esta derityendo ayi, en su prizyon izolaða, el kulpavle esta
aki, kontinuando su trafiko orivle de traizon? Eskuvrir la verdað
seria mi dover, ma kuantos enemigos no me vo azer? Toðos akeyos
ke djuzgaron i kondenaron a Dreyfus, ofisyeres, enkestaðores,[198] djuzga-
ðores, ministros, deputaðos, gazeteros i antisemites, toðos se van
alevantar kontra de mi por akuzarme! De espanto de ser akulpaðos
de aver kondenaðo un inosente, eyos toðos se van adjuntar por non
deshar salir a luz la verdað, eyos iran mizmo asta akuzarme
de aver resiviðo moneða de_los djuðyos! I mi karyera sera rompiða,
i mi avenir estru'iðo! *(Pensativle)* Pensa bueno Pikar! Se trata
por ti de tu avenir! A 38 anyos tu sos kolonel, i non ay en
la armaða franseza un kolonel tan mansevo, fin dos anyos es
seguro ke vas a obtener el graðo de jeneral. Este manyifiko avenir
tu lo pueðes komprometer, tu lo keres estruyir en un punto! Si

---

196 Rom., je. *endevdar*; sp. *endeudado*.
197 F *esprit;* sp. *espíritu*.
198 Wbi < *enkesta* < F *enquête: enquêteur* 'Untersucher'.

37

טו טומאם פּאטרסי פוּר לה לירדאד, סי מיטיטים אין טינו די חויר טריוּמ-
פאר לה קאלם דיל אינוּסינטי, סיפּאם קי סוּם פירסו, קן טו אבּניר, אי
סומדי סיך טו נילם סון אין אין פּיריקוּלו, איל מינספירו מיחמו נו טי פּואידרה
ליחר! סינגאס, פּינסאטילו כּואינו! (קאליאהדיס. סוניסו אוי אין פּאטסו הדינאסמרי
קוּחו טור ריטופּאה אה מו חיגסו, קון שונו אינדיניייאלו) איספּרימו סוּנכּאלילדור
קן מראם די טרעאורידראמי די מי קאטמימו, איכּפּרימו די שגן, אטראלם!
נן קירו טדיר טו כּה כּי פּוּכ פרומיטסאם בּאנאם! טולום סי לאָן חויר מים
אינימינום, דיכ סו? מי אבּניר לב סיאיר קוּמפּרומיטידו, מי בּילם מיגא-
נאדם? אי? קן אימטפּורטס? ליו דילו חויר מי הוביר! מאיי, אין סו פריון
חוונלהדס, אן לב חחלם ליבתגס אי אין סוּבּיריטו תומאנו אינסירראלו רחי
קוטחכרו אניוס, מפּארטעאלדו די סו פאמעלייס, די סום קרעטורראם, די לה
הומאנידהל, אי קן דאם אי נוני מיטּפּט מיסטירעראלו סוק נרסאסום לירכו
איל דיו אי מי דחיינדו: גן אי תלנוו קן סי הפּיימלי די מי? אי מיספּי
תומכרי חיך מינוכיניני, ליקטימא די לה כּיינה נוספיטיה דילוס מומכרים,
אי ליו קן סי לס לירדאד, ליו קן פּינגנו לאם מאגום לייגאם די פּרוטאם
די סו חימוכיניסיה אי די לה קוּלפּאבּילידאד די און מוטרו, ליו מי קאלאראהם
קתאגירלדו, אי דיטאריאם מיסטפּ מאתאיאם קומיטירטי, כּן פרוטיסטטיחר, סין
אנילבהאנסטר לה כּח פוּר נרכּמאר הלס פּאנט דיל מונדו: דריפוּס חים מיאו-
סינטי! דריפוס חים מינוסיני!!! ... (קן מיניהוּפּם) אאיילי, פּיקאר, אוי סו
דוכיר, טי תקוּגניסקא נוקי מיאהס! (קן ריחוּלוּסיון) ליו גו חיר הבּלאר אל
מיניטטרו! (טריקאי נום פּאטיזוֹם פוּר חיר הוגדי איל מינוסטרו, מינטרם קריסינויון).

סינה טרידיסירה

פּיקאר — קריסטעניון

קריסטעניון — כּוגחור קוּלוגיל.

פּיקאר — (טנטאהנדוט) קריסטעניון! הה? היל סיילו לום מיגביאה —
קריסטעניון, מירה מיכּסו, (קי הוסטרה הונג קאהרטה די היספּיראטי אין טראפמנדולי
לה פירמם.

קריסטעניון — או! חיך לה חיסקריטורה דיל מזרחללי דרייפום!
פּיקאר — די הוגדי טופּחטים קן חים אנבּי?
קריסטעניון — מיכסס חיסקריטורס חים לה מיזמה, מה טעאל מי קואל,
קן לה מיסקרטורס דיל כּוהרו.

37 tu tomas parte por la verdað, si metites en tino de azer tryum-
far la kavza del inosente, sepas ke sos perso, ke tu avenir, i
pueðe ser tu viða son en perikolo, el ministro mizmo no te pueðra
veer! Pensa, pensatelo bueno! *(Kayades. Subito aze un paso adelantre*
komo por repushar a un enemigo, kon tono endinyaðo:) Esprito sonbayeðor[199]
ke miras de trazyerarme[200] de mi kamino, esprito de [Satan],[201] atras!
Non kero oyir tu boz ni tus prometas vanas! Toðos se van azer mis
enemigos, dizes tu? Mi avenir va seer komprometiðo, mi viða mena-
zaða? Eh? Ke importa? Yo devo azer mi dover! Ayi, en su prizyon
izolaða, en la izla leshana ay un povereto umano enseraðo dezde
kuatro anyos, apartaðo de su famiya, de sus kriaturas, de la
umanidað, i ke dia i noche esta estirando sus brasos verso
el Dyo i dizyendo: non ay alguno ke se apyaðe de mi? I este
ombre es inosente, viktima de la syega djustisya de_los ombres,
i yo ke se la verdað, yo ke tengo las manos yenas de provas
de su inosensya i de la kulpabilidað de un otro, yo me keðaria
kayaðo, i desharia esta manzia[202] kometerse, sin protestear, sin
alevantar la boz por gritar a_la facha del mundo: Dreyfus es ino-
sente! Dreyfus es inosente...!!! *(Kon enerjia[203])* Ayde, Pikar, aze tu
dover, i akonteska lo_ke sea! *(Kon rezolusyon)* Yo vo ir avlar al
ministro! *(Arekoje los papeles por ir onde el ministro, entra Kretinyon).*

SENA TRESERA
PIKAR – KRETINYON

KRETINYON – BONJUR Kolonel.
PIKAR – *(Boltandose)* Kretinyon! Ah? El syelo vos enbia –
Kretinyon, mira esto, *(le mostra una karta de Esterazi en tapandole*
la firma).
KRETINYON – Oh! Es la eskritura del mizeravle Dreyfus!
PIKAR – De onde topatesh ke es ansi?
KRETINYON – Esta eskritura es la mizma, ma tal i kual,
ke la eskritura del bordro.

---

199 Neh. *sombayer, (-se), sombayido* fr. '(se laisser) séduire', 'wankelmütig'
200 'vom rechten Weg abbringen'; Neh. 'dévier'; sp. *desviar.*
201 Hebr. שטן, sp. *diablo.*
202 Neh. 'malheur, infortune'.
203 O.B. liest *alegria.*

38

פיקאר — איסטאס סינורו ?

קריסטיניון — מי קינסייה נו קי נייד׳ה נונקה !

פיקאר — סי, מי פ׳ארדי קי לייד נו מינייש דינו מוגגאב צ׳יס —

מי פ׳ואדיש ד׳אר פ׳ור איסקריטו איסטו קי ד׳יט׳יש ?

קריסטיניון — קומו ? קין לס איסקריפ׳ורה די איסטאה קארטה היס

לס מיזמה קין לס איסקריפ׳ורה דיל טודרו ?

פיקאר — טיבעלמינסי !

קריסטיניון — סינורו קי טו לו דו, טי דוס כ׳יס חן ג׳ונג׳אר די חונכ !

פיקאר — (טופרמאג׳וני חיג סיקריטאריו) איסקריב׳רי לוס חוגו.

קריסטיניון — נין ! (לם לג סיקריטאריו מי חימפיסה איסקריד׳יר מה סי

ריטירי) קומלס חיס לס פ׳ורמה די איסטה קארטם ? דריפׄום, נון ?

פיקאר — איסקריב׳רי אינפרימירו (קריסטיניון איסקרילי).

קריסטיניון — (האגרוג׳ לוקי איסקריניון) נם ! טי חנורה דזימי לס

פ׳ורמה.

פיקאר — מילדם לום מ׳חמו. (לי טופיסרש גה פ׳יחמה)

קריסטיניון — (פלי1מגימולוסי) איסטרלחמי ! חון ! קאני קי סיזכ קי

מי נייד׳ו טו מירי כ׳וח׳ינו ! גו הינג׳ימני קן טעהכ׳ג׳יין !

פיקאר — נולי׳ספארה סינסייה נו קי נייד׳ס נונקם !

קריסטיניון — חים לירד׳אד, מס קאני קן איסמטולי איסכם איסקרי

פ׳ורס, קי לס פ׳וסונגרפ׳יאי, קי לס חנאלה׳י, דיסכ׳ומאס מי פחהנוסימ׳אר.

פיקאר — מס, פ׳ור ב׳ירטסי׳מר קן חים ד דריפ׳ום נו לום קאליח

קי פ׳וסונגרפ׳יאר, קי חנאלחאר, הגורם קן כ׳אלים קן חים די לוסח חוסי

סיר, קאני איסמטולי׳אר קן אמחנסיין ?

קריסטיניון — כי אינט׳ינד׳י, קולוג׳יל, טולו כי׳מפו קי סי פרחמכס ד

חן נ׳ד׳יין, חי סוג׳ר טולו די חן קרמיג׳יל קומו דריפ׳ום, חן כ׳לו מי

כ׳רחו, מס חקי סי פרחכס די חופרו, די חן חנורחלללי חוסיסיר׳ז !...

פיקאר — (ריים׳ו) חון ! חונורחלללי !

קריסטיניון — מינאן, סי פרחמס די חוגו קי נו חים נ׳ד׳יין, קאלי

איסמטולי׳אר !

פיקאר — אי נין, איסמטולי׳ארים, מס סיפ׳אם קן נולי׳ספארה סירלם

פ׳יקאסיין, לם נו מטסרחאר חל מיניכ׳רו.

קריסטיניון — סינון לום פלחו׳י, קולוג׳יל, נייו כ׳חלר ד׳יחכמרחר חל

מירםמח חי קן פ׳חלחם, קן מיסכם איסקרימ׳ורם נו חכ׳ימים חלם חים

קרסורס דיל טודרו. חד׳יין. (סחלי רחב׳יחו).

38 PIKAR – Estash seguro?

KRETINYON – Mi sensya no se ɣera nunka!

PIKAR – Si, me parese ke ɣa lo tenesh dicho munchas vezes – me pueðesh dar por eskrito esto ke dizish?

KRETINYON – Kualo? Ke la eskritura de esta karta es la mizma ke la eskritura del bordro?

PIKAR – Djustamente!

KRETINYON – Seguro ke vo lo do, i dos vezes en lugar de una!

PIKAR – *(Mostrandole el sekretaryo)* Eskrivi̱, vos rogo.

KRETINYON – Bᴇɴ! *(Va al sekretaryo i empesa eskrivir[204] ma se detɣene)* Kuala es la firma de esta karta? Dreyfus, non?

PIKAR – Eskrivi enprimero *(Kretinyon eskrive)*.

KRETINYON – *(Dandole lo_ke eskrivyo)* Na! I agora dizime la firma.

PIKAR – Melda vos mizmo. *(Le mostra la firma)*

KRETINYON – *(Alevantanðose)* Esterazi! Oh! Kale ke sea ke me ɣeri! No miri bueno! No egzamini kon atansyon!

PIKAR – Vuestra sensya no se ɣera nunka!

KRETINYON – Es verdað, ma kale ke estuðɣe esta eskritura, ke la fotografi'e, ke la analize, despues me pronunsyare.

PIKAR – Ma, por sertifyar[205] ke es de Dreyfus no vos kalɣo ni fotografyar, ni analizar, agora ke savesh ke es de otro ofisyer, kale estuðyar kon atansyon?

KRETINYON – Se entɣende, Kolonel, toðo tɣempo ke se trata de un djuðyo, i sovre toðo de un kriminel komo Dreyfus, en toðo me kreo, ma aki se trata de otro, de un onoravle ofisyer...!

PIKAR – *(Rɣendo)* Oh! Onoravle!

KRETINYON – Enfin, se trata de uno ke no es djuðyo, kale estuðyar!

PIKAR – Eh Bᴇɴ, estuðyaresh, ma sepash ke vuestra sertifikasyon, la vo mostrar al ministro.

KRETINYON – Sigun vos plaze, Kolonel, ɣo savre demostrar al ministro i kon provas, ke esta eskritura no asemeja a_la eskritura del bordro. Adyo. *(Sale ravyozo)*.

---

204 *empesa eskrivir*: satzphonetisches Fehlen von *a*, < *empesa a eskrivir*.
205 < F *certifier*; sp. *afirmar*, dt. *bestätigen*.

39

פיקאר — (סולו) אי חים מיסטי מולדו די נינגי קי מינביהן חון חומברי
חלה פורקה! חים לה כינסייה באחואחה די חיסטום לוקום קי חון חסריוחר
לה חון חינוסינטי חסטה לה מואירטי! (אינטרה פאברים).

סינה קוארטינה

פיקאר — פ'אברים.

(מיסטה סינה חים לה מאס דראמאטיקה די לה פייסה, פריוי פואגאדה קון פאטאנטיין.
מיסטונסים אילייה פרודואיחירה סוברי איל פובליקו און גראנדי איפיטו).

פ'אברים — (סאלודאנדו) קולוניל!

פיקאר — אקירקה קומאנדאן, צום אנונסייו חונה מוליטה קי צום
לה חזיר פלאחיר.

פ'אברים — קי מוליטה?

פיקאר — דרייפוק חיך חינוסינטי!

פ'אברים — (ריינדו) לייה חיך מאם די 100 ביזים קי מי לו דיזיש.

פיקאר — צירדאל חים, מה חיסטה וח טינגו פרובאס חן מאנו.

פ'אברים — (סיריייוו אי מיספאחנטאדו) פרובאס? קי דרייפום חיך חי־
מוסינטי?

פיקאר — סי, פרובאס סינגראס, (מוסטראנדולי חונה קארטה די חיסטירחזי)
קונוסיס חיסטה חיסקריטורה?

פ'אברים — חיסטה חיסקריטורה? (מה פאלירי) אה! חונה קארטה
די חיסטירחזי! (אלטו) נון קולוניל, חיסטה חיסקריטורה נון מי חים קונוסיה.

פיקאר — מילדה לה פירמה.

פ'אברים — (מילדאנדו) חים... חיסטיר... מיסטירחזי?

פיקאר — קונוסיס אה חיסטה פירסונה?

פ'אברים — נו. חים פור לה פרימירה ביז קי חויגו חיסטי נומברי.

פיקאר — אי לייו טאמביין, אי כיין קומאנדאן, חיל טראחזידור קי
ביגדיו לה סו פאטרריאה נו חים חיל מאלורוזו דרייפום, מה חיסטי מיז־
ראבלי מיקטירחזי.

פ'אברים — חים פוסיבלי?

פיקאר — חים סינורי! חיסטי מיסטירחזי חים חיל מאם קומפלידו
באנדידו קי פואידי אבריר דינאשו לום קיילום. חו! טינגו סודרי איל חירמו־

39 PIKAR – *(Solo)* I es este moðo de djente ke enbian un ombre a_la forka! Es la sensya vazia de estos lokos ke azen aprezar[206] a un inosente asta la muerte! *(Entra Fabres)*.

SENA KUARTENA
PIKAR – Fabres.

(Esta sena es la mas dramatika de la pyesa, prime djugaða[207] kon atansyon. Estonses eya produizira sovre el puvliko un grande efeto[208]).

FABRES – *(Saluðando)* Kolonel!
PIKAR – Aserka, KOMANDAN, vos anunsyo una novita ke vos va azer plazer.
FABRES – Ke novita?
PIKAR – Dreyfus es inosente!
FABRES – *(Ryendo)* Ya es mas de 100 vezes ke me lo dizish.
PIKAR – Verdað es, ma esta vez tengo provas en mano.
FABRES – *(Seryozo i espantaðo)* Provas? Ke Dreyfus es i-nosente?
PIKAR – Si, provas seguras, (mostrandole una karta de Esterazi) konosesh esta eskritura?
FABRES – Esta eskritura? *(A parte)* Oh! Una karta de Esterazi! *(Alto)* Non, Kolonel, esta eskritura non me es konosiða.
PIKAR – Melda la firma.
FABRES – *(Meldando)* Es... Ester... Esterazi?
PIKAR – Konosesh a esta persona?
FABRES – No. Es por la primera vez ke oygo este nombre.
PIKAR – I yo tambyen, EH BYEN, KOMANDAN, el traiziðor ke vendyo a su patria no es el malorozo Dreyfus, ma este mize-ravle Esterazi.
FABRES – Es posivle?
PIKAR – Es seguro! Este Esterazi es el mas kumpliðo bandiðo ke pueðe aver debasho los syelos. Oh! Tengo sovre el ermo-

---

206 'ins Gefängnis stecken'.
207 J *prime* + part. perf. pass.: = 'muß gespielt... werden'
208 F *effet*, I *effetto*; sp. *efecto*.

40

נאם אינקורמאסייוניס קי לו פינטאן קומו איל נאם דיזרינגלאדו די טולום
לום אוּפֿיסיירים דילה אָרמאדה פֿראנסיזה.

פ'אבריס — קולוניל, בום פומֿדיים לירמאר, מיכֿער... קומו סי יאמה?
ראסמאראחֿו?... מיסטירמחֿו?... אה! מיסטירמחֿו! מיסטי מיכֿטירמחֿו פֿומֿיזי
סיר דיזרינגלאדו, אי מיזמו חון באמֿדידֿו סינון דיים, מה טרמֿיזידֿור די סו
פּאחֿי!... סי קירי פֿרובלאם סינורֿאם!

פיקאר — מיכֿטאם פֿרובלאם נֿאם טינינו, טיננו פֿרובלאם קי מיסטי
מיזירעבֿלי מיכֿטה אין רילאמֿסייוניס קון איל עממֿאסעל די אלימאנייה אין
פֿאריז, נה קומאנדאן, מילדה מיסטי טילינגראמה קי מי טרושירון מוֹי מיזמו
אי סירעלאם קונמֿינסֿידֿו.

פ'אבריס — (דיספּוחֿים די עבֿיר מילדאדֿו אין קאֿימֿדים, מה פֿארטֿי) פּיר-
סום, סומֿם פֿירסום! קומו אזיר? כֿי פֿיריקולו אמינמֿאזה מי קאֿביסה! קי
אזיר פֿור אלֿישֿאר לה טימפֿיכֿטה? (אלטו) קולוניל, מיסטי טילינגראמה פֿומֿיזי
סיר פֿאלסו, קין דישו קי נו אים חון מיניׁמֿינו די מיסטי מיסטירמחֿו קי לו
מיכֿקריבֿיי פֿור עֿרמֿאיֿר דעחֿייו סובֿרי סו קאֿבֿיסה?

פיקאר — מימפֿוסיבֿלי קומאנדאן, מיסטי טילינגראמע פֿומֿי רומֿאדֿו אל
עממֿאסעל די אלימאנייה, מורה קי סי מיֿבֿה מעאנדאר ה! טילינגראפֿו, בום
סאבֿים קי לום אנינֿים קי אימפֿלאֿמום אה מיסטום מיכֿפֿימֿומֿזֿים סון סינורום.

פ'אבריס — אין עולֿו קאבֿו מי פֿאריסי מימפֿוסיבֿלי קי נֿון אוּפֿיסיר
דילה אֿרמֿאדֿה פֿראנסֿזה פֿומֿדה טרמֿיזיר אה סו פֿאחֿי.

פיקאר — אי בֿיין, מי דריֿפֿום?

פ'אבריס — או! דריֿפֿום, מים מוטורה קתה! דריֿפֿום מים גֿולֿדיו!
לום גֿולֿדיום סון עֿרמֿיזידֿוריק די ניסינסֿיה, מילֿיום פֿור נֿון אבֿפֿרו בֿינדי-
ריאן מסום לֿיי, אה סום דיֿו. מֿון גֿולֿדיו!

פיקאר — אי בֿיין קומאנדאן, מיכֿטאם מין גֿראן לֿיירו, איל גֿולֿדיו
דריֿפֿום מים מינוסֿינֿי, אי איל קריסטֿיחֿנו קאטולֿיקו מיסטירמחֿו מיכֿ איל
גֿירדמֿדֿירו קולפֿאבֿלי, אי נה לֿאם פֿרובֿלאק.

פ'אבריס — אי קי קונסֿאם אֿזיר?

פיקאר — דיסקוֿֿריר לֿה בֿירדמֿאל אל מיניטֿרו.

פ'אבריס — נו בֿום קונכֿֿאמֿריאם די אֿזיר טאל.

פיקאר — פֿורקֿי?

פ'אבריס — פֿור רחֿון קי סי מיזמו דריֿפֿום מים מינוסֿינֿי, בֿום
נֿאם אה קריאר מונֿום מיני מינֿום. בֿומֿיסטערה אינֿנֿירֿבֿאמֿנֿסֿיון נו פֿומֿיזי
ריחֿוסֿיר, איל מינוסֿערו נו פֿומֿדֿירה קי קֿירה אֿזיר טֿרֿוקמֿאר לוקי פֿאכֿו,
סיננֿו סירֿיֿאם אֿטֿוֿרנֿאר קֿן סי לֿיֿרֿו, קי סי לֿיֿפֿֿאֿרון לום גֿֿוֿנֿאֿדֿוֿרים אֿין

40 zas informasyones ke lo pintan komo el mas dezreglaðo[209] de toðos los ofisyeres de_la armaða franseza.

FABRES – Kolonel, vos pueðesh yerar, este... komo se yama? Rastarazi...? Esterazi...? Ah! Esterazi! Este Esterazi pueðe ser dezreglaðo, i mizmo un bandiðo sigun dizish, ma traiziðor de su pa'iz...! Se kere[210] provas seguras!

PIKAR – Estas provas las tengo, tengo provas ke este mizeravle est**a** en relasyones kon el ambasað de Alemanya en Pariz, na KOMANDAN, meld**a** este telegrama ke me trusheron oy mizmo i serash konvensiðo.

FABRES – *(Despues de aver meldaðo en kayaðes, a parte)* Per-sos, somos persos! Komo azer? El perikolo amenaza mi kavesa! Ke azer por aleshar la tempesta? *(Alto)* Kolonel, este telegrama pueðe ser falso, ken disho ke no es un enemigo de este Esterazi ke lo eskrivy**o** por tra'er danyo sovre su kavesa?

PIKAR – Imposivle, KOMANDAN, este telegramo fue rovaðo al ambasað de Alemanya, ora ke se iva mandar al telegrafo, vos savesh ke los agentes ke empleamos a estos espionajes son seguros.

FABRES – En toðo kavzo me parese inposivle ke un ofisyer de_la armaða franseza pueða traizir a su pa'iz.

PIKAR – EH BYEN, i Dreyfus?

FABRES – Oh! Dreyfus, es otra koza! Dreyfus es djuðyo! Los djuðyos son traiziðores de nesensya,[211] eyos por un aspro[212] vende-rian a_sus Ley, a sus Dyo. Un djuðyo!

PIKAR – EH BYEN, KOMANDAN, estash en gran yero, el djuðyo Dreyfus es inosente, i el kristyano katoliko Esterazi es el verdaðero kulpavle, i na las provas.

FABRES – I ke kontash azer?

PIKAR – Deskuvrir la verdað al ministro.

FABRES – No vos konsejaria de azer tal.

PIKAR – Por_ke?

FABRES – Por razon ke si mizmo Dreyfus es inosente, vos vash a krear munchos enemigos. Vuestra intervansyon no pueðe reushir,[213] el ministro no pueðra ni kera azer trokar lo_ke paso, syendo seria atorgar ke se yero, ke se yeraron los djuzgaðores en

---

209 Neh. *desreglado*; dt. liederlich, sp. *desordenado*.

210 *se kere* + N: 'man, es braucht ...'

211 < F *naissance;* dt. *Geburt.*

212 osman. Münze (Pfennig, Cent...).

213 I *riuscire* F *réussir*; dt. *gelingen*, sp. *tener éxito.*

41

קונדינאמדו מה דריפוכ, (הינמאנדו) הריפאם כונאינו די נו מיניהר נאם סיני-
נאם ביינאם, קיינדו נוכ פולהידריאם קימאר הן ברמזאם היסקונידידהם.

פיקאר — נו אים מי מאהנירה די פינסאר, ליו פינסו, קי מי דופיר
אים די דיכקולריר לה לה בירדאד.

פאברים — (די מאם אין האם אינסינדידו) מה קולוגיל, כוהיסטרום
אינימינום נו מאהנקארהן די דודר קן ריסיליניס פרוזיננטיס די נום נאליום
פור סאהלבאר אומו די הליוק אי פור הקואהר אהן הונורהללי הוליסיייר
קריסטיאנו.

פיקאר — קן לו דינאן!

פאברים — לאם נאמיטאם אנטיסימיטיקהם נו מאהנקארהן די אים-
קריליר קורפרס לום קאהם מינטירהם אי פריטאם קאהלומניהם.

פיקאר — קן איסקרילאן! ליו מיסנו פרוכנטו מה ריכיניר פולה
הימונוריק אי לה אויר מי דופיר.

פאברים — מה קולוגיל, לוהיסטרום קאהפום, איל זינירא מונכ,
איל מינוסטרו, נו היסמארהן קונפינטיס די בירלום הינטרחר הן היכטי
קאמינו הי נו מאהנקארום די מוסטערחרלום סום דיסקונטינטיס.

פיקאר — סימה! ליו הרי לוקי מי מורדינק מי קונסיגנסייה.

פאברים — לומיכסרו אלביר סי טופאהרה קומפרומיטידו!

פיקאר — פולולי סיך, מה מיסטי מיספאנטו נו מי טרמאיירארה די
מי קאמינו! (קה נו סינייכ) קומאנדרהן, באמטה! הן בירדאד נו פולהלו
הינטינדיר הן קן מינטיריסו מיסטאם רחזונהגדו הנסי! מיסטי מיספאירהוי
סירירם הימינו לוהיסטרו?

פאברים — נו. לייס לוכ דישי קן נו לו קונוסקו.

פיקאר — סי הים אנסי, פורקי מיסטאם הינסיקפאנדו סור מורדמי
טרוקאר די מידהם?

סיאברים — קולוגיל, לו מיסמו מוינדו אין לוהיסטרו מינטיריסו.

פיקאר — נרחסיים, מוקופאלום די לוהיסטרום הינטיריסוכ מי דישאמי
אקומפלניר מי דופיר. (אריקהי נום ספפינלים אי קירי סאליר).

פאברים — (פורייחו, ט מיסי דינאמעורי די מין) הונדי לאם איר?

פיקאר — הונדי מיל מיניסטרו!

פאברים — (פורייחו) לו כיין נו! נו נאם איר הונדי מיל מיניסטרו!

פיקאר — לוקו סאליטים, קומאנדרהן סאהברים?

פאברים — נו! נו סאלי לוקו! מה נו קירו נו נאמינאם הונדי מיל
מיניסטרו!

41 kondenando a Dreyfus, *(menazando),* ariash bueno de no menear las senizas vyejas, syendo vos pueðriash kemar en brazas eskondiðas.

PIKAR – No es mi manera de pensar, yo penso, ke mi dover
es de deskuvrir la verdað.

FABRES – *(De mas en mas ensendiðo)* Ma Kolonel, vuestros
enemigos no mankaran de dizir ke resivitesh prezentes de los djuðyos
por salvar uno de eyos i por akuzar un onoravle ofisyer
kristyano.

PIKAR – Ke lo digan!

FABRES – Las gazetas antisemitikas no mankaran de eskrivir kontra vos kozas mentirozas i pretas kalumnias.

PIKAR – Ke eskrivan! Yo esto pronto a resivir toða
injurya i a azer mi dover.

FABRES – Ma Kolonel, vuestros kapos, el jeneral Mons,
el ministro, no estaran kontentes de vervos entrar en este
kamino i no mankaran de mostrarvos sus deskontentes.

PIKAR – SEA!²¹⁴ Yo are lo_ke me ordena mi konsensya.

FABRES – Vuestro avenir se topara²¹⁵ komprometiðo!

PIKAR – Pueðe ser, ma este espanto no me trazyerara de
mi kamino! *(Kon boz severa)* KOMANDAN, basta! En verdað no pueðo
entender en ke intereso estash razonando ansi! Este Esterazi
seria amigo vuestro?

FABRES – No. Ya vos dishe ke no lo konosko.

PIKAR – Si es ansi, por_ke estash insistando²¹⁶ por azerme
trokar de idea?

FABRES – Kolonel, lo esto azyendo en vuestro intereso.

PIKAR – Grasyas, okupavos de vuestros interesos i deshame
akomplir²¹⁷ mi dover. *(Arekoje los papeles i kere salir).*

FABRES – *(Furyozo, se mete delantre de el)* Onde vash ir?

PIKAR – Onde el ministro!

FABRES – *(Furyozo)* EH BYEN no! No vash ir onde el ministro!

PIKAR – Loko salitesh, KOMANDAN Fabres?

FABRES – No! No sali loko! Ma no kero ke vaygash onde el
ministro!

---

214 << F *Soit!* dt. *einverstanden; sei's drum,* sp. *de acuerdo.*

215 je. *toparse*+Adj < F *'se trouver*+Adj' ?; sp. *encontrarse*+Adj.

216 < F *insister pour* Inf; sp. *insistir en* + Inf.

217 < F *accomplir son devoir;* sp. *cumplir con su deber.*

42

פּיקאָר — (קאָן שׁוֹנוֹ דּי מינוספּריסייו) אֵי קוֹמוֹ מי פּוֹאידּים חינפּידּיר?

פּ׳אַבּרים — קאָן רחזון חוֹ... (קיטאמדּוֹ די יוֹספּטאמדּוֹ דּוֹן ריגונגיר) חוֹ
סין רחזוֹן!

פּיקאָר — (רײַנדּוֹ) חאָ! חאָ! רימידּייום די טרחזורחה! אֵי דּוֹם פּה־
ליסירחה קי נוֹחיכּפּרוֹ דּידּוֹללדּיר מי נם מיכּפּאנזמאר אֵי כולטאזרמי דּי מי
דוֹדּיר! קרמפּורוֹ! (קאָן נוֹ סיגוֹרה) שׁאלֵי דּי מי קאַזמינוֹ!

פּ׳אַבּרים — (מינזאַמדּוֹ) נוֹ לאם מיר זוֹדּי חיל מיניכּפּרוֹ זוֹם דּינוֹ!
אמרמאָר, חוֹ סי גוֹן!... (זגם סוֹ ריגונגיר).

פּיקאָר — חוֹ כּי גוֹן?

פּ׳אַבּרים — סי גוֹ כּוֹגטאָז, לוֹ טרחבּזאַר! (חאָוֹטה קאָן סוֹ ריטוֹגיר
אם פּיקאָר).

פּיקאָר — אֵי בּיין, מיסטוֹ קוֹרריוֹחו קוֹמו לאָם חם טרחבּזאָר כּוֹגזר
גוֹחיכּפּרוֹ סופּיריוֹר! (קאָן בה זווֹיי סיגוֹרה) קוֹמחמדּחן פּאזבּרים, פּידּריסים חיל
מיזוֹחיוֹ! נוֹחיכּפּרוֹ מזקוֹט די לוֹזקוֹרה מי לוֹזקוֹרה׳ מיזוֹספּליקחזלי! ליים כזלזים
קן חיל סוֹלוֹ מיזוֹלטאמדּוֹ קי פּוֹאידּים קי קוֹמירפּוֹ! קוֹגסטליוֹ די נירס
אֵי דּוֹזי כּזלאָם חין חיל קוֹמירפּוֹ! בּחטפּס שׁאלֵי דּי מי קאַזמינוֹ! (פּיקאָר
מלזנטּסה, פּאנגרים ריקוֹלה מלזחגזר, טרוֹגנזלדּוֹ מי כּוֹרריוֹחו. קאָמזיימדּים, זורה קי מזקפּחגטוֹ
לה פּוֹזירטה, פּיקאָר סי גוֹנטה אֵי רי־יני פּאזטוֹ לה פּחטוֹ, קוֹמוֹ סי מוּזה זידיּזה
נוֹזילה זי פּאזטוֹ פּוֹר חיל מיספּריחטוֹ. פּיקחזמדּוֹ פּאזבּרים קאָן נרחזגדּים חלחזגסזמדּוֹ
פּאזטוֹ לה פּאזטוֹ אֵי חלחלזמדּוֹ מי חלחזגדּוֹ ביּזרוֹ :) נוֹ סיחזה קי מיספּי מיסטרחטחוֹ
סיזחה לוֹחיכּפּרוֹ קוֹגוֹסילוֹ?... (קאָזבּזאַלדּים, קחזדּזה גוֹם קי פּיקאָר פּרוֹזוֹנגיה גוֹם
בּיּזוֹם כּוֹ סיחה, חיל מלזנטּסה די חן כּאזטוֹ סוֹלזר׳ פּאנגרים, מי פּאזנגרים ריקוֹטה די
חן כּאזטוֹ פּוֹר מסרחם) נוֹ סיחה קי לוֹם מי חיל!... חאָ! סיריחה בּיזרחזה!...
(סאקחזדּיינזלוֹ פּאזנגרים דּים נרחזטוֹ) דּיִם׳ רסזפּוֹנזדּי! קוֹמחמדּחן פּאזבּרים, רסזפּוֹנזדּי!
סיריחה בּיזרדּחם קי מיסטים טרחזחוֹ די מיסטירחטחוֹ סיזחה חיזגם חין כּוֹחים־
פּרס קאָמזזמאמינחם, קאָן לוֹחיכּפּטרה חיזוֹלזם?... (טיריזלֵי) סיזחה פּוֹכיזזנֵי!!
פּ׳אַבּרים — (מינטירמאַמינטי פּרוֹנוֹנגלזוֹ מי זיִזה חם רוֹדּיזם, ליוֹרחמדּוֹ) חוֹ!
קוֹלוֹניל, קוֹלוֹניל, דּי נרחזכּיים! חם! סילוֹ קוֹגוֹסיחם חם
מיספּי מיזורזלזני! סי, טיזים רחזוֹן, מים מוֹן כּחזרדּיזוֹ, חאָן לירדּזדּיזרוֹ כּחזרדּיזוֹ!...
פּיקאָר — (זטוקאזדּוֹ סוֹלזי פּאזנגרים, נוֹ סיזני דּים מוֹזחגזוֹ, נוֹ נם פּאקחזדּיינזדּי
אֵי מינסירחזמדּוֹ קוֹמוֹ מוֹן נחזמדּוֹר אם חוֹן קוֹלפּחוֹ) נוֹ קוֹגוֹסים?... דּיִם׳ נוֹם גוֹ
קוֹגוֹסים?

פּ׳אַבּרים — חאָ! קוֹלוֹניל, טיזי סיזחרזחל דּי מי! נוֹ מי פּוֹרסים אם
חלזחזר! מים סזאלזלזרחם סיריזלזם טירילזם סוֹר חיל מוֹנוֹר דּי גוֹחיכּפּרס
חרמחזם!

42 PIKAR – *(Kon tono de menospresyo)* I komo me pueðesh inpeðir?

FABRES – Kon razon o... *(Kitando i mostrando un revolver)* o
sin razon!

PIKAR – *(Ryendo)* Oh! Oh! Remeðyos de trajedia! I vos pa-
reseria ke vuestro revolver me va espantar i boltarme de mi
dover! Kriatura! *(Kon boz severa)* Sali de mi kamino!

FABRES – *(Menazando)* No vash ir onde el ministro, vos digo!
Atras, o si non...! *(Alsa su revolver).*

PIKAR – O si non?

FABRES – Si no boltash, vo travar![218] *(Adjusta[219] kon su revolver
a Pikar).*

PIKAR – EH BYEN, esto kuryozo komo vash a travar sovre
vuestro superyor! *(Kon boz muy severa)* KOMANDAN Fabres, pedritesh el
meoyo![220] Vuestro akto de lokura me parese inesplikavle! Ya savesh
ke el solo rezultaðo ke pueðesh obtener es el Konsilyo de gera
i dodje balas en el kuerpo! Basta, sali de mi kamino! *(Pikar
avansa, Fabres rekula[221] avagar, trublaðo[222] i furyozo. Kayaðes, ora ke alkanso
la puerta, Pikar se bolta i revyene paso a paso, komo si una idea
nueva le paso por el esprito. Fiksando Fabres kon grandes ojos avansando
paso a paso i avlando byervo a byervo:)* No sea ke este Esterazi
sea vuestro konosiðo...? *(Kayaðes, kaða ves ke Pikar pronunsya los
byervos n o s e a, el avansa de un paso sovre Fabres, i Fabres rekula de
un paso por atras)* No sea ke vos i el...! Oh! Seria verdað...!
(Sakudyenðo Fabres del braso) Dizi! Responde! KOMANDAN Fabres, responde!
Seria verdað ke esta traizon de Esterazi seria echa en vues-
tra kompania, kon vuestra ayuða...? *(Terivle)* Seria posivle!!

FABRES – *(Enteramente trublaðo se echa a rodias, yorando)* Oh!
Kolonel, Kolonel, de grasya![223] No avlesh ansi! Ah! Si lo konosiash a
este mizeravle! Si, tenesh razon, es un bandiðo, un verdaðero bandiðo...!

PIKAR – *(Abokaðo sovre Fabres, lo tyene del ombro, lo va sakudyendo
i interojando komo un djuzgaðor a un kulpozo)* Lo konosesh...? Dizi! Vos lo
konosesh?

FABRES – Ah! Kolonel, tene piadað de mi! No me forsesh a
avlar! Mis palavras serian terivles por el onor[224] de nuestra
armaða!

---

218 < F *tirer* = je. *travar*; sp. *disparar*, dt. *schießen*.
219 *adjustar kon el revolver a u.p.* 'zielen auf'.
220 'den Verstand verlieren'; sp. *salir de seso, volverse loco*.
221 sp. *recular* (< F) 'zurückweichen'.
222 < F *troubler*; sp. *inquieto, excitado*.
223 < F *de grâce!*
224 hier *onor* m. (< F ?).

43

פיקאר — אי ליו קירו כֿאליר! אטורגה! איסטי איסטירחו לו קו-

נוסיס, נו חים לירדהד? דיזימי לו לירדהד! איל חים נוחיסטרו הסומייחלו

חין איכסה חונֿרס די סרחֿון? חטורגה! (נו סחֿקולה קן נֿחֿנייה) חטורגה דונקי!

מ'אברים — (מיגֿנֿחמחֿדושי) קוחֿלו! קן דיסי? קי חֿללי? ליו, כו

חֿסוסייחֿלו! ליו חבֿוסייחֿלו די איכסטירחֿוי! קן חים חיכטי חומברי? נו

נו קונוסקן! מונקה נו חֿולי חנֿלחֿר די חיל! סי חיל טרחֿוזו חֿלה חרמחֿלה,

קי מי חימפורטס חמי, קומחנֿדחן סחֿברים? לוב קולונייל, קירם מיר חונֿרי

חיל מירסחֿרו? חֿגדס! ליו נו סי חֿי קוחֿלו פינסי מה דיטיגֿירכום!

פיקאר — (מירחֿגֿדולו פיקסחֿמֿינֿסי קון חֿטום סוסחֿנֿחום, הה ספֿארטי) חומברי

לינו די קיקריסוס! מה! סי פוחֿדיחֿם ליו מילחֿדחֿר חֿין סו קורחֿכֿן!

חיסקי חומבקֿר קונוסי חֿם איסטירחֿוי, חי סוחֿלי סיר חים סו קומפֿליסו!

(פיקאר מאלי).

מ'אברים — (מירחֿנֿדו חין לה קוחֿיסה) חֿינֿברו חונֿרי חיל מיניכטֿרו!

(קחֿמֿלייחֿם. פומחֿנֿדו מונה ריחֿגֿוסייון) חי ליו טחֿמחבכין נו מיר חונֿרי חיל מי-

ניספֿרו, חי לירימוס כין קוחֿל דֿלום דום, די פיקֿחֿר מו די פֿחֿברים לֿה

סחֿליר ליקמֿוריחֿו! (סאלי).

סינה סינקינה

(קחֿנֿינֿיסו די מינינֿספרו דינה נירה, טובֿילייה, סחֿחֿנֿום, פֿחֿמֿחפֿנֿיחֿם חֿין נחֿם ספֿרילים).

מיניסטרו. מונג. רישׁאֿרדון. פיקאר. מ'אברים.

מיניסטרו — (מסינֿסחֿלו דילחֿגֿברי הֿה סיקריטמֿרייו) דֿחֿירחֿל מונג, קן מי

קונסחֿם חֿחֿיי?

מונג — לה פורה לירדהֿל סי מיניספֿרו. טולחֿם לחֿם נחֿוֿיטחֿם

חיכסחֿן חֿגֿלחֿנֿדו די חיספֿו. חֿין טולֿס סילֿדהֿל, כוסֿיטחֿם כי חיכסחֿן

פֿורמחֿנֿדו פור סוספֿינֿיר לה חינֿוסינֿסייה די חֿיספֿי דריפֿום, חיל פֿוחֿילֿלו

פֿרחֿגֿסתֿ סי חיספֿחֿרתֿי חֿין דום, חֿונֿום קריחֿן פור סו חינֿוסינֿסייה, חֿונֿום

פֿור סו קולפֿחֿבֿילֿידחֿל.

מיניסטרו — חֿי לום, רישׁאֿרדון, קי פֿינסחֿם סולֿרי איכטו?

רישׁאֿרדון — (רֿיינֿדו) או! לום חֿיגֿיֿוֿרינֿטיס פֿוחֿילֿין דֿחֿיר לוקן קירין,

מ'לייום נו לֿיילֿן נחֿלֿה. מה נחֿום קי טולֿימוס פֿרולֿאֿם חֿין מחֿנֿו, מה ליו

סולֿרי מולֿו קן מֿי לֿם מינֿיקטום, ליו גֿ'רו קי דֿריילֿום חים קולֿפחֿלֿלי,

מ'חומֿרם לֿה קולֿפחֿלֿלי!

43 PIKAR – I *y*o kero saver! Atorga! Este Esterazi lo ko-
nosesh, no es verdað? Dizime la verdað! El es vuestro asosyaðo
en esta ovra de traizon? Atorga! *(Lo sakuða kon ravya)* Atorga dunke![225]
FABRES – *(Alevantandose)* Kualo! Ke dishe? Ke avli? *Y*o, su
asosyaðo! *Y*o asosyaðo de Esterazi! Ken es este ombre? No
lo konosko. Nunka no o*y*i avlar de el! Si el traizo a_la armaða,
ke me importa a_mi, KOMANDAN Fabres? Vos, Kolonel, keresh ir onde
el ministro? Anda! *Y*o no se por kualo pensi a[226] detenervos!
PIKAR – *(Mirandolo fiksamente kon ojos sospechozos, a parte)* Ombre
*y*eno de sekretos! Ah! Si pueðia *y*o meldar en su korason!
Este ombre konose a Esterazi, i pueðe ser es su kompliso![227]
(Pikar sale).
FABRES – *(Mirando en la kulisa)* Entro onde el ministro!
*(Ka*y*aðes. Tomando una rezolusyon)* I *y*o tamb*y*en vo ir onde el mi-
nistro, i veremos b*y*en kual de_los dos, de Pikar o de Fabres va
salir viktoryozo! *(Sale).*

SENA SINKENA

*(Kabineto[228] del ministro de_la gera, mobil*y*a[229], tablos, panoplias en las pareðes).*
MINISTRO, MONS, RISHARDON, PIKAR, FABRES.

MINISTRO – *(Asentaðo delantre un sekretaryo)* Jeneral Mons, ke me
kontash a*y*i?
MONS – La pura verdað sin*y*or Ministro. Toðas las gazetas
estan avlando de esto. En toða sivdað, sos*y*etas[230] se estan
formando por sostener la inosensya de este Dr*c*yfus, el puevlo
fransez se esparte en dos, unos kreen por su inosensya, unos
por su kulpabilidað.
MINISTRO – I vos, Rishardon, ke pensash sovre esto?
RISHARDON – *(R*y*endo)* Oh! Los inyorentes[231] pueðen dizir lo_ke keren,
e*y*os no v*y*eron naða. Ma noz*o*s ke tuvimos provas en mano, ma *y*o
sovre toðo ke ize la enkesta, *y*o djuro ke Dreyfus es kulpavle,
i otra vez kulpavle!

---

225 < I *dunque*, F *donc* 'doch, also'.
226 < F *penser à*+Inf.
227 < F ? *complice*, sp. *cómplice*.
228 T *kabine* 'Kabinett, Arbeitszimmer'; B кабинет, F *cabinet*; sp. *oficina*.
229 < T *mobilya*; sp. *muebles*.
230 < I *società*.
231 Neh. *iñorante*; sp. *ignorante*.

מיניסטרו — ליניגרי מיניגטרים, חן לה קאמארה מיי דיסקוסייונים דיזאנרחלאללים. כולום מים חינימינום מי חקחאן די טיניר חין פרחיין חון חינוסינטי! חי סי חנורה חיל פוחיללו סי מיטי חה קריחיר קי חים לירדרחל קן דריפוס חיך חינוסינטי, סי לחם נחזוזחם סי חלונגסטחן טחמביין, קי נחמום חוזר? חה! מונס, חיך דיפיסיל די סיר מיניסטרו חין חיכטום טיימפוס טרובלחדוס! חון טיימפו, כולו קן קי סירמיטייאה די חללמר קונטרה חיל נולדרנו, חל כורחקו! מיניגטרים קן חנורה, קין חיסטעס ליכיר- טאל קי ליירון חל פוחיללו אי חלה פריסה!... רישחרדון, טיני מקן! נו סיחה קי חיזוטים חלונונה כולידחל אי קונדינחטים לה חון חינוסינטי?

רישאארדון — סי מיניסטרו, ליו לו דיקלחרו סולרי מי חונור די חוטיסיר, דריפוס חים קולפאללי, ביינטי צזים קולפאללים! מי סינסייך מונקל נו סי ליירו!

מיניסטרו — חוב! קי חביזיזטוק! (מיניטרה פיקחר) חה! נה חיל קו- לוניל פיקאר! חיל נום פוחידלרה חקלחרחר סולרי חיבטה קיקטיין. — קו- לוניל, קוחלה חים לוחיסטרה מוסיניון? דריפוס חים קולפאללי לו חינוסינטי?

פיקאר — חינוסינטי. סי מיניקטרו.

טודום — (סקחנדחלחדום) חינוסינטי!

פיקאר — סי, חינוסינטי! אי ליו טרחיינו לחם פרוחלחם! (טייג דק נום פאפיולים חל מיניסטרו לם חינגחדו, אי גי דה מיקספסזיקחהסיין חה גו נחסה).

רישאארדון — (אה מונג) ליגירחל, קן סינסחם דיג קולוגיל ?

מונם — קן סחלליו לוקו! (חינטרה פחגניס).

מ'אברים — (אה מונג) נ;ק, נו סחלליו לוקו, (טונה אה מונג אי אם רישאדרון דיל נרחסו אי לום ברחני דילחנטרי לה סינה) מה חונג קחה קי כום פו חלו קונסייחר קי מי נחזדלרחם חיל סיקריטו!...

מונם — חללה קומחנדחן, אי קונטס סולרי נוחיסטרה דיסקריסיין.

מ'אברים — (קון נו נחסה) דיזין קן חיל קולוניל פיקחר קולוגיל ריסיביו 600,000 פרחנקוס דילוף בחנקירום נולדיום פור סחללחר מה דריפוס חי מסיר חין כו לונחר חון חויארו חופיסייר.

מונם אי רישאארדון — חו!!

מ'אברים — חיספרו חים לוקי לוקי קונטחן, סי מינטייגדי קן ליו נו חים- טולי פריזינטי.

מונם — (מירחנדו די לאדו לם פיקאר קי חחידה חים געה חללחנדו קן חיל מיניסטרו) חו! חו! קולוגיל סיקחר! — קחלי חוירלו סחליר חל מיניסטרו!

מ'אברים — סינן נום פחריסי, ליגירחל.

44 MINISTRO – Entre myentres, en la kamara ay diskusyones dezagraðavles. Toðos mis enemigos me akuzan de tener en prizyon un inosente! I si agora el puevlo se mete a kreer ke es verdað ke Dreyfus es inosente, si las gazetas se adjuntan tambyen, ke vamos azer? Ah! Mons, es difisil de ser ministro en estos tyempos trublaðos! Un tyempo, toðo el ke se permitia de avlar kontra el governo, al burako! Myentres ke agora, kon esta libertað ke dyeron al puevlo i a_la presa[232]...! Rishardon, veni aki! No sea ke izitesh alguna bovedað i kondenatesh a un inosente?

RISHARDON – Sinyor Ministro, yo lo deklaro sovre mi onor de ofisyer, Dreyfus es kulpavle, vente vezes kulpavles! Mi sensya nunka no se yero!

MINISTRO – Uf! Ke afedentos![233] *(Entra Pikar)* Ah! Na el Ko-lonel Pikar! El nos pueðra aklarar sovre esta kestyon! – Ko-lonel, kuala es vuestra opinyon? Dreyfus es kulpavle o inosente?

PIKAR – Inosente. Sinyor Ministro.

TODOS – *(Skandalizaðos[234])* Inosente!

PIKAR – Si, inosente! I yo traygo las provas! *(El da los papeles al ministro asentaðo, i le da eksplikasyon a boz basha).*

RISHARDON – *(A Mons)* Jeneral, ke pensash del kolonel?

MONS – Ke salyo loko! *(Entra Fabres).*

FABRES – *(A Mons)* Non, no salyo loko, *(toma a Mons i a Rishardon del braso i los trae delantre la sena)* ma una koza ke vos pu-eðo konfyar si me guaðrash el sekreto...!

MONS – Avla, KOMANDAN, i konta sovre nuestra diskresyon.

FABRES – *(Kon boz basha)* Dizen ke el kolonel Pikar resivyo 600,000 frankos de_los bankyeros djuðyos por salvar a Dreyfus i meter en su lugar un otro ofisyer.

MONS i RISHARDON – Oh!!

FABRES – Esto es lo_ke kontan, se entyende ke yo no es-tuve prezente.

MONS – *(Mirando de laðo a Pikar ke ainda esta avlando kon el ministro)* Oh! Oh! Kolonel Pikar! – Kale azerlo saver al ministro!

FABRES – Sigun vos parese, Jeneral!

---

232 < F *presse*; sp. *prensa*.
233 dt. *Unannehmlichkeiten,* sp. *disgusto.*
234 < F *scandalisés;* sp. *escandalizar.*

פיקאר — (דיספואיס קי אבֿלו קון איל מיניסטרו, פיקאר נו דישה איסטודייאנדו לוס דוקומינטוס. אי סי אסירקה די ריספאלדון) אי ביין, קולוניל, קומו לה? (ני דה לה מאנו. דה ריספאלדון סי פאגרים סי אליבאן די איל, סין טומארלי לה מאנו).

פיקאר — (אה פארטי) קי סיניפֿיקה איסטו? איסטי קולירו אבֿלא־ריאה סוברי מי אלגונה קאלומניאה? בה! קי אבֿלי לוקי נוסטה! אזי טו דוביר פיקאר, אי אקונטיסקה לוקי סיאה!

מיניסטרו — (סי אלינייאנדו אי בייני דילאנטרי לה סינה) סינייוריס, איס־טאס פאלאבֿראס קי מי טרושו איל קולוניל פיקאר סון באסטאנטי קירייאס, אי ייו סאביין אימפיסו אה קריאיר קי פואידי סיר קונדינימוס און אינוסינטי!

סונס — (אבאנסאנדו אזיה לה אוריזה דיל זינירﬡל) אקסילינסה, מי קונטארון קי איל קולוניל פיקאר ריסיבֿייו 600,000 פֿראנקוס דילוס גֿודייוס פור סאלבֿאר אה דרייפֿוס אי מיטיר אין סו לוגאר אה אוטרו אופֿיסייר.

מיניסטרו — איסטאס סיגורו, זינירﬡל?

סונס — לה פירבֿונה קי מי לו קונטו איסטה ביין אינפֿורמאדה אי מירסי טודה נואיסטרה קונפֿיינסה.

מיניסטרו — אוו! אוו! איסטו טרוקה לה קיסטיין! (איל אינזאמינה פיקאר און קאייאדים. לייאמאנדולו) קולוניל!

פיקאר — (אסירקאנדוסי) אקסילינסה!

מיניסטרו — קריאיטי קולוניל, נו בֿוס מיסקליש מאס די איסטי איזו. דישה איסטי דרייפֿוס קון סו דיזבֿינטורה!

פיקאר — מה אקסילינסה, איסטי מאלורוזו איס אינוסינטי, אי איל קולפאבֿלי איס אוטרו!

מיניסטרו — בה! קי בֿוס אימפורטה? דרייפֿוס נו איס בֿואיסטרו אירמאנו! אי דיספואיס, און גֿודייו!

פיקאר — מה אקסילינסה, איסטי גֿודייו איס סין פיקאדו אי סופֿרי אוריבֿלימינטי!

מיניסטרו — אי ביין קולוניל, סיינדו נו קיריש אויר מאס קונסיזוס, איספירו קי אויריש מיס אורדינים!

פיקאר — (טומי לה מאנו אלה פֿרינטי) פרונטו, אקסילינסה!

מיניסטרו — בֿוס אורדינו די נו אוקופארבֿוס מאס דיל איזו די דרייפֿוס!

פיקאר — (סי אינקלינה) ביין, אקסילינסה!

מיניסטרו — אויי מיזמו קיטאריש איל מיניסטירייו. ייו בֿוס דו אימ־פיגו, אין לה פֿרונטיירה די לה טוניזיאה סי טופה און קורפו די ארמאדה גירינגדו קונטרה לוס בידואינוס סאלבֿאזיס דיל דיזיירטו. בֿוס פארטיריש אויי סין טארדאר!

45 PIKAR – *(Despues ke avlo kon el ministro, Pikar lo desha estuðyando los dokumentos. I se aserka de Rishardon)* EH BYEN, Kolonel, komo va? *(Le da la mano, ma Rishardon i Fabres se aleshan de el, sin tomarle la mano).*

PIKAR – *(A parte)* Ke sinyifika esto? Este kulevro[235] avla-
ria sovre mi alguna kalumnia? Bah! Ke avle lo_ke gusta! Aze tu
dover Pikar, i akonteska lo_ke sea!

MINISTRO – *(Se alevanta i vyene delantre la sena)* Sinyores, es-
tas provas ke me trusho el kolonel Pikar son bastante seryozas
i yo tambyen empeso a kreer ke pueðe ser kondenimos un inosente!

MONS – *(Avlando a_la oreja del jeneral)* Ekselensa, me kontaron
ke el kolonel Pikar resivyo 600,000 frankos de_los djuðyos por
salvar a Dreyfus i meter en su lugar a otro ofisyer.

MINISTRO – Estash seguro, Jeneral?

MONS – La persona ke me lo konto esta byen informaða i
merese toða nuestra konfyensa.

MINISTRO – Oh! Oh! Esto troka la kestyon! *(El egzamina
Pikar en kayaðes.* Yamandolo.) Kolonel!

PIKAR – *(Aserkandose)* Ekselensa!

MINISTRO – Kreeme, Kolonel, no vos mesklesh mas de este echo.
Desha este Dreyfus kon su dezventura!

PIKAR – Ma Ekselensa, este malorozo es inosente, i el
kulpavle es otro!

MINISTRO – Bah! Ke vos importa? Dreyfus no es vuestro
ermano! I despues, un djuðyo!

PIKAR – Ma Ekselensa, este djuðyo es sin pekaðo i sufre
orivlemente!

MINISTRO – EH BYEN Kolonel, syendo no keresh oyir mis konsejos,
espero ke oyiresh mis ordenes!

PIKAR – *(Mete la mano a_la frente)* Pronto, Ekselensa!

MINISTRO – Vos ordeno de[236] no okuparvos mas del echo[237] de Dreyfus!

PIKAR – *(Se inklina)* BYEN, Ekselensa!

MINISTRO – Oy mizmo kitaresh el ministeryo. Yo vos do im-
pyego,[238] en la frontyera de la Tunizia se topa un korpo de armaða
gereando kontra los bedu'inos salvajes del dezyerto. Vos partiresh oy
sin taðriya!

---

235 sp. *culebra.*
236 < F *je vous ordonne de ...*
237 << F *affaire* = je. *echo* (fig.): Lehnbedeutung.
238 < I; sp. *empleo.*

פיקאר — כין מיקסילינגס! (מיניסטרו, מונטע, ריטארדן טאנין).

מיאבריס — (פאסטע מורנוניייחאמינטי דינאנטרי פיקאר, לה מאריני) חומרה
נא טי אינכטאראם לה מיסקלאראני די מיס מינום! (סאני)

פיקאר — (קילו לה מאנו אין לה פרינטי, קומו פימריפ'ייהלו! רילייני לה כי
לי ריי וולורוחאמינטי:) מיכטו לה לוקן סי נאנס לה קירִיר לם נוסטיסייה לי
לה פיליחר פור לה לירדאד! מי לצליניר לה תיכטרוחלו! מיס מינימינוק
נאמאהרון! לייו כו מיזמו חלושאלו דיל מיניסטיריו, לה גו לו מלם פוליר
מוקופאזמי דילה דיתלינטורם די מיסטי מתלנורתו נוליין לינוסינטי! כור פאהנה
די מיכ כונטקילאם מי דיסנרלסייהרון, לה הנורה מי הימלילאן אזיר לס נירה
קונטרה לום סאלבלאזיק בידורחינים דיל דיירלטו! הים קונדינארמי לם תונה
מולירטי סינורה! חנסי מיכסירתאן מיס מינימינוס קי קון מי כי מאחנא-
סארה מיל סיקרימו קן דיסקולאר, לה קי גו סי מאלנלהרה מלם דילה לינו-
סינסייה די דרייטום! (קאלייאליס) מי כיין, נון, מיל סיקרימו כו סירס לסאמ-
נאפאזלו! סי, מיקסילינגס, לוחיסטרו מורדן סירס קינידו. לייו מירי אין
טונטימאם, סיינדו מון כולדאלו דיני מולדליקינסייה אסוק קחפוס! לייו פומידי
סיר מורירי אין מיסטע נידס, מס חיספחל קינורו, ס" מיניסטרו, קי מי
סיקרימו נו מורירס קן מי! מיסני סיקרימו, לייו לו לו ליילאלי קן מי הן
לם טומבה! חי סיינדו דרייטום לים הינוטינני, דרייטום דיל סיר סאלגאלו!

46 PIKAR – Bᴠᴇɴ, Ekselensa! (*Ministro, Mons, Rishardon salen*).

FABRES – *(Pasa orgolyozamente delantre Pikar, a parte)* Otra
vez te enbezaras a mesklarte de mis echos! *(Sale)*

PIKAR – *(Keðo la mano en la frente, komo petrifyaðo! Revyene a si
i dize dolorozamente:)* Esto es lo_ke se gana a kerer la djustisya i
a pelear por la verdað! Mi avenir es estruiðo! Mis enemigos
ganaron! Yo so mizmo aleshaðo del ministeryo, i no vo mas poðer
okuparme de_la dezventura de este malorozo djuðyo inosente! Por paga
de mis bushkeðas me desgrasyaron, i agora me embian azer la gera
kontra los salvajes beduines del dezyerto! Es kondenarme a una
muerte segura! Ansi esperan mis enemigos ke kon mi se ataba-
fara el sekreto ke deskuvri, i ke no se avlara mas de_la ino-
sensya de Dreyfus! *(Kayaðes)* Eʜ ʙᴠᴇɴ, ɴᴏɴ, el sekreto no sera ata-
bafaðo! Si, Ekselensa, vuestro orden sera segiðo! Yo ire en
Tunizia, syendo un soldaðo deve oveðesensya a_sus kapos! Yo pueðe
ser morire en esta gera, ma estað seguro, si*nyor* Ministro, ke mi
sekreto no morira kon mi! Este sekreto, yo no lo yevare kon mi en
la tumba! I syendo Dreyfus es inosente, Dreyfus deve ser salvaðo!

(Perde)

אקטו V

(נֹה סינֹה סי פֿאסֹה חין נֹה חֹונֹה-דֹיל-דֹיחֹבֹנֹו, הֹדֹיינֹגֹרֹו דֹי נֹה פֿרֹיחֹיֹון דֹי דֹרֹייפֹֿוס.
פֿאֹרֹידֹיס גֹרֹיזֹאֹם אֹי דֹיחֹוגֹאֹלֹאֹם. חֹונֹה סֹונֹה פֹֿומֹירֹטֹה אֹלֹה דֹירֹיגֹֹה, אֹלֹזֹדֹו דֹי נֹה קֹונֹלֹה
סי טֹיינֹי אֹון גֹוחֹרֹדֹיֹאֹן אֹרֹמֹאֹדֹו. חֹין נֹה פֿאֹרֹיל דֹיל פֹֿונֹדֹו סי סֹופֹֿה חֹונֹה צֹיקֹה בֹינֹטֹאֹנֹה
קֹון רֹישֹאֹס דֹי פֹֿיירֹו, פֹֿור נֹה קֹונֹלֹה סי בֹימֹי דֹי בֹוֹ חֹין בֹוֹ חֹון סֹיגֹונֹדֹו גֹוחֹרֹדֹיֹאֹן,
גֹיינֹדֹו אֹי גֹיינֹינֹדֹו פֹֿור אֹבֹֹוֹטֹירֹה, אֹונֹה אֹרֹמֹה אֹין מֹיל חֹומֹברֹו. אֹין נֹה סֹינֹה, אֹלֹה סֹיילֹרֹה
סי צֹיחֹי אֹון מֹונֹסֹון דֹי פֿחֹוזֹה, מֹון קֹמֹנֹטֹאֹרֹו, מֹון פֿנֹאֹטֹו דֹי זֹינֹגֹו, חֹון פֹֿידֹלֹסֹו דֹי פֿאֹן
פֿרֹיטֹו, מֹרֹאֹסֹמֹאֹמֹדֹו. אֹין מֹידֹייֹו דֹי נֹה סֹינֹה מֹיסֹטֹה דֹרֹייפֹֿוס, אֹסֹינֹטֹאֹדֹו סֹונֹרֹי חֹונֹה
בֹאֹנֹקֹיטֹיקֹה, נֹה טֹאֹמֹֹו סֹיילֹרֹה אֹי אֹיל פֹֿיי סֹיילֹרֹו אֹטֹאֹלֹזֹֹום קֹון חֹונֹה קֹאֹלֹינֹה, סֹום קֹאֹבֹיֹֹום
סֹון בֹלֹאֹנֹקֹֹום, סֹו פֹֿיגֹֹורֹה בֹלֹאֹנֹקֹה אֹי טֹרֹיסֹטֹי, סֹו קֹובֹֹדֹו דֹירֹיצֹֹו מֹיסֹטֹה פֿחֹאֹלֹו סֹונֹרֹי סֹו
רֹודֹיֹאֹה, אֹי סֹו קֹאֹרֹה סֹונֹרֹי סֹו מֹאֹנֹו, מֹיל מֹירֹה טֹרֹיסֹטֹאֹמֹינֹטֹי אֹין אֹיל חֹוסֹפֿאֹסֹיֹו אֹי
סֹי מֹוסֹפֿרֹה פֹֿינֹסֹאֹטֹיבֹנֹי, אֹיל גֹוחֹרֹדֹיֹאֹן גֹו קֹיטֹה דֹיל מֹחֹו!)

דֹרֹייפֹֿוס — (בֹיסֹטֹיֹדֹו דֹי חֹונֹה קֹמֹיחֹונֹלֹה קֹי נֹי אֹבֹאֹסֹב מֹסֹטֹה נֹה רֹודֹיֹאֹה,
דֹיסֹקֹאֹלֹיֹימֹאֹלֹו) קֹונֹטֹרֹו חֹגֹייֹום אֹי מֹידֹייֹו! מֹי פֿאֹרֹיס קֹן קֹונֹטֹרֹו סֹייקֹלֹוב
לֹיֹה פֿאֹבֹאֹרֹון סֹובֹרֹי מֹי דֹי! דֹיחֹי חֹונֹדֹי מֹי בֹֹילֹֹה פֹֿוחֹי רֹומֹפֹֿידֹֹם פֹֿור חֹיסֹטֹי
סֹובֹיסֹטֹו גֹולֹפֹֿו קֹי מֹי אֹבֹאֹטֹייֹו! קֹונֹטֹרֹו חֹגֹייֹום אֹי מֹידֹייֹו! קֹוחֹנֹטֹוק חֹגֹייֹום
אֹוטֹרֹֹום דֹיבֹֹרֹי פֿאֹבֹאֹר סֹונֹרֹי מֹיכֹטֹה מֹחֹלֹה מֹיחֹולֹאֹדֹֹם, הֹסֹאֹרֹטֹאֹזֹֹו דֹיל מֹונֹדֹו,
אֹין חֹיכֹטֹס פֿרֹיחֹיֹון חֹורֹיבֹֹלֹי חֹונֹדֹי סֹיינֹגֹו מֹיס פֹֿוחֹירֹסֹאֹס אֹבֹֹלֹאֹקֹאֹרֹסֹן דֹי
דֹיֹאֹס אֹן דֹיֹאֹ! קֹוחֹנֹטֹו טֹיימֹפֹֿו פֹֿוחֹרֹו דֹיבֹֹי טֹורֹחֹר חֹיסֹטֹי חֹורֹיבֹֹלֹי מֹחֹר-
סֹירֹיֹו דֹי אֹן מֹומֹינֹטֹי? (אֹלֹסֹאֹנֹדֹו דֹוגֹורֹחֹאֹמֹינֹטֹי נֹה בֹח) נֹון אֹי דֹונֹקֹי מֹאֹס
גֹוסֹטֹיסֹיֹה אֹן אֹיל מֹונֹדֹו? אֹי סֹי נֹה גֹוסֹטֹיסֹייֹק דֹי לֹֹוס מֹומֹברֹים מֹיס
סֹינֹה אֹי פֿאֹרֹאֹירֹמֹאֹדֹֹם, חֹונֹדֹי מֹיכֹטֹה קֹו גֹוסֹטֹיסֹייֹק דֹיֹן פֹֿולֹירֹחֹו אֹי פֹֿיח-
דֹֹו? פֹֿורֹק פֹֿירֹמֹיסֹטֹים קֹן סֹימֹזֹֹאֹנֹטֹיס מֹיכֹיקֹילֹֹאֹדֹים סֹי פֹֿוחֹלֹֹאֹן קֹומֹיטֹיר?
קֹומֹו פֹֿירֹמֹיטֹים קֹן מֹוחֹה מֹלֹמֹה כֹן פֹֿיקֹאֹלֹו סֹיחֹב אֹפֹֿינֹמֹאֹלֹֹם אֹין גֹונֹאֹר דֹי
אֹן קֹונֹפֿאֹבֹֹנֹי? דֹייֹן קֹן קֹרֹימֹאֹטֹים סֹיילֹֹום אֹי טֹיירֹה, מֹסֹטֹה קֹוחֹאֹנֹדֹו לֹו קֹובֹֹ-
רֹיר אֹיכֹמֹה לֹאֹברֹגֹה סֹורֹסֹורֹה, אֹי קֹוחֹאֹנֹדֹו מֹי נֹֹאֹם מֹחֹמֹיֹחֹר דֹי מֹי דֹיחֹלֹיֹנ-
סֹורֹה? (נֹוקֹה בֹה קֹאֹטֹיסֹה אֹי רֹיסֹטֹה פֹֿינֹסֹאֹטֹיבֹנֹי) פֿרֹים מֹיחֹם מֹי קֹ נֹו רֹיסֹינֹו
קֹאֹרֹיסֹה דֹי מֹי בֹֹאֹמֹיֹלֹיֹס, פֿרֹים מֹיחֹם קֹן כֹי מֹולֹבֹֹילֹאֹרֹן דֹי מֹי אֹי קֹ מֹי
רֹיסֹאֹן פֹֿולֹירֹאֹרֹמֹי אֹקֹי קֹומֹו אֹן מֹאֹלֹדֹיֹנֹו אֹבֹאֹמֹֹונֹאֹלֹֹו! אֹי פֿרֹים מֹיחֹם קֹ
נֹו רֹיסֹֹו מֹֹלֹֹ רֹחֹֹאֹדֹיֹכֹ דֹי מֹים לֹורֹמֹאֹכֹֹום, דֹי מֹי בֹֹאֹמֹיֹלֹיֹס, דֹי מֹים קֹרֹיֹא-
פֹֿורֹאֹם! פֹֿורֹק? קֹן סֹיירֹיטֹיקֹה חֹיסֹטֹס קֹאֹיֹמֹאֹלֹים? גֹו סֹיחֹם קֹי לֹייֹה סֹיל-
רֹיחֹן סֹולֹו קֹוֹרֹסֹאֹ, אֹי קֹ מֹאֹם גֹו חֹיסֹטֹאֹם אֹבֹרֹיֹבֹֹאֹלֹאֹדֹו חֹם סֹאֹלֹגֹֹאֹלֹאֹרֹמֹ! אֹו!

Akto V

47 *(La sena se pasa en la Izla-del-Diavlo, aðyentro de la prizyon de Dreyfus. Pareðes grizas i deznuðas. Una sola puerta a_la derecha, alaðo de la kuala se tyene un guardyan armaðo. En la pareð del fondo se topa una chika ventana kon reshas de fyero, por la kuala se vee de vez en vez un segundo guardyan, yendo i vinyendo por afuera, una arma en el ombro. En la sena, a_la syeðra se vee un monton de paja, un kantaro, un plato de zingo,*[239] *un peðaso de pan preto, arastando.*[240] *En meðyo de la sena esta Dreyfus, asentaðo sovre una banketika, la mano syeðra i el pye syeðro ataðos kon una kaðena, sus kaveyos son blankos, su figura flaka i triste, su kovdo derecho esta pozaðo sovre su rodia, i su kara sovre su mano. El mira tristamente en el espasyo i se mostra pensativle, el guardyan no lo kita*[241] *del ojo!)*

DREYFUS – *(Vestiðo de una kamizola*[242] *ke le abasha asta la rodia, deskavenyaðo*[243]*)* Kuatro anyos i meðyo! Me parese ke kuatro syeklos ya pasaron sovre mi del dia onde mi viða fue rompiða por este subito golpo ke me abatyo! Kuatro anyos i meðyo! Kuantos anyos otros[244] devre pasar sovre esta izla izolaða, apartaðo del mundo, en esta prizyon orivle onde syento mis fuersas aflakarsen[245] de dia en dia! Kuanto tyempo otro deve turar este orivle martiryo de un inosente? *(Alsando dolorozamente la boz)* Non ay dunke mas djustisya en el mundo? I si la djustisya de los ombres es syega i trazyeraða, onde esta tu djustisya, Dyo poðerozo i piaðozo? Por_ke permites ke semejantes inikiðaðes se pueðan kometer? Komo permites ke una alma sin pekaðo sea apenaða en lugar de un kulpavle? Dyo ke kreates syelos i tyera, asta kuando vo sufrir esta larga tortura, i kuando te vas amanziar de mi dezventura? *(Aboka la kavesa i resta pensativle)* Tres mezes ay ke no resivo karta de mi famiya, tres mezes ke se olviðaron de mi i ke me deshan poðrirme aki komo un maldicho abandonaðo! Ay tres mezes ke no resivo novedaðes de mis ermanos, de mi famiya, de mis kriaturas! Por_ke? Ke sinyifika esta kayaðes? No sea ke ya perdyeron toðo koraje, i ke mas no estan aprevando[246] a salvarme? Oh!

---

239 Neh., sp. *cinc*.

240 Rom., sp. *arrastrar*; fz. *qc qui traîne* 'da herumliegt'

241 < F *ne le quitte pas des yeux*, 'nicht aus den Augen lassen'.

242 búlg. камизола; sp. *camisola* 'Sträflingsjacke'.

243 Neh.; dt. *barhäuptig*, sp. *descubierto*.

244 *otros*, hier: *noch* (wieviele Jahre noch...?).

245 *-se, -sen* bei Pluralsubjekt des Infinitivs.

246 dt. *versuchen*, sp. *intentar*.

סיריאס ביראדאל קי לייה סי דיסקורהזֿארון!... נון, איס מיתפוסיבﬞלי! קין
סאבﬞי נוקי אקונטיסיריאה! פואיﬞדי ביר קי אלנון באﬞפור סי באﬞטיריﬞאריאס!
(אל גﬞוארדייאן) גﬞוארדייאן, גו חוﬞלו זﬞוﬞי קﬞארעטאס פור מי?

גﬞוארדייאן — (קﬞן גﬞה סיקﬞה) נון!

דרייפﬞוס — אﬞי טﬞריס מיזﬞם קﬞי דיאﬞה פﬞור דיאﬞה לי אﬞדרים סו אﬞדריסו אﬞיסקﬞטﬞה
דימאנדﬞה, אﬞי אﬞי טﬞריס מיזﬞם קﬞי דיאﬞה פﬞור דיאﬞה מי ריספﬞונדﬞי לו מיסטﬞיקﬞו
די חונה גﬞה סיקﬞה אﬞי דיסקﬞורﬞאהזﬞאנﬞטﬞי! קﬞאﬞלﬞדﬞה דיאﬞה מיאﬞספﬞירﬞו קﬞי אﬞלﬞה מﬞה־
קﬞיינﬞס ריסﬞיﬞבﬞירﬞי חﬞון פﬞאﬞטﬞיﬞקﬞﬞﬞﬞﬞﬞ די קﬞﬞﬞﬞﬞﬞﬞﬞﬞﬞﬞﬞﬞﬞﬞﬞﬞﬞﬞﬞﬞﬞﬞﬞﬞﬞﬞﬞﬞﬞﬞﬞﬞﬞ
טﬞﬞﬞﬞﬞﬞﬞﬞ. מﬞﬞﬞﬞﬞﬞﬞﬞﬞﬞﬞﬞﬞﬞﬞﬞﬞﬞﬞﬞﬞﬞﬞﬞﬞﬞﬞﬞﬞ
רﬞﬞﬞﬞﬞﬞﬞﬞﬞﬞﬞﬞﬞﬞﬞﬞﬞﬞﬞﬞﬞﬞﬞﬞﬞﬞﬞﬞﬞﬞﬞﬞﬞﬞﬞ? (קﬞﬞﬞﬞﬞﬞﬞﬞﬞﬞﬞﬞﬞﬞ) קﬞﬞﬞﬞﬞ
אﬞﬞﬞﬞﬞﬞﬞﬞﬞﬞﬞﬞﬞﬞﬞﬞﬞﬞﬞﬞﬞﬞﬞﬞﬞﬞﬞﬞﬞﬞﬞﬞﬞﬞ
אﬞﬞ! מﬞﬞﬞ
פﬞﬞﬞ
טﬞﬞﬞﬞﬞﬞ קﬞﬞ
קﬞﬞ
רﬞﬞﬞﬞﬞﬞ! (נﬞﬞﬞﬞﬞ) סﬞﬞﬞﬞﬞﬞﬞﬞﬞﬞﬞﬞﬞﬞﬞﬞﬞﬞﬞﬞﬞﬞﬞﬞﬞﬞﬞﬞﬞﬞﬞﬞﬞﬞﬞ
דﬞﬞﬞ
מﬞﬞﬞ, גﬞﬞ סﬞﬞ פﬞﬞﬞﬞ קﬞﬞﬞﬞﬞﬞ רﬞﬞﬞﬞﬞﬞ, מﬞﬞ פﬞﬞﬞﬞﬞﬞﬞﬞ סﬞﬞ אﬞﬞﬞﬞ מﬞﬞﬞ פﬞﬞﬞﬞﬞﬞ אﬞﬞ מﬞﬞ
חﬞﬞﬞﬞﬞﬞﬞﬞﬞﬞﬞﬞﬞ מﬞﬞﬞﬞ אﬞﬞﬞﬞﬞﬞﬞﬞ. גﬞﬞ פﬞﬞﬞﬞﬞﬞﬞﬞ מﬞﬞﬞﬞ קﬞﬞﬞﬞﬞﬞﬞﬞﬞﬞﬞ אﬞﬞ בﬞﬞﬞﬞﬞﬞ די לﬞﬞ מﬞﬞﬞ.
אﬞﬞ דﬞﬞﬞﬞﬞﬞﬞ די מﬞﬞ פﬞﬞﬞﬞﬞﬞﬞﬞﬞﬞ פﬞﬞﬞﬞﬞﬞﬞﬞﬞ מﬞﬞﬞﬞ חﬞﬞﬞﬞﬞ מﬞﬞﬞ פﬞﬞﬞﬞﬞﬞ גﬞﬞ פﬞﬞﬞﬞﬞﬞﬞﬞ בﬞﬞﬞﬞﬞﬞ
לﬞﬞ קﬞﬞﬞﬞﬞﬞﬞ דﬞﬞﬞ כﬞﬞﬞﬞﬞ. מﬞﬞ מﬞﬞﬞ בﬞﬞﬞﬞﬞﬞﬞﬞ, מﬞﬞ מﬞﬞﬞﬞ פﬞﬞﬞﬞ מﬞﬞﬞﬞﬞﬞ קﬞﬞﬞﬞﬞﬞﬞﬞ,
קﬞﬞﬞﬞ סﬞﬞ פﬞﬞﬞﬞﬞﬞﬞﬞﬞ לﬞﬞﬞﬞ פﬞﬞﬞﬞﬞﬞﬞ אﬞﬞ בﬞﬞﬞﬞﬞﬞ! בﬞﬞﬞﬞﬞ! אﬞﬞﬞ מﬞﬞﬞﬞﬞﬞﬞﬞﬞﬞ מﬞﬞﬞﬞﬞﬞﬞﬞﬞﬞ־
מﬞﬞﬞﬞﬞﬞﬞ קﬞﬞﬞﬞﬞﬞﬞﬞﬞﬞﬞﬞﬞﬞﬞ גﬞﬞ פﬞﬞﬞﬞﬞﬞ מﬞﬞﬞ בﬞﬞﬞﬞﬞﬞﬞﬞ מﬞﬞﬞﬞﬞﬞﬞﬞﬞﬞ מﬞﬞ דﬞﬞﬞﬞ חﬞﬞﬞﬞﬞ סﬞﬞ
מﬞﬞﬞﬞﬞﬞﬞﬞﬞﬞﬞﬞ אﬞﬞﬞﬞﬞﬞﬞﬞﬞﬞﬞﬞﬞﬞﬞﬞﬞ קﬞﬞﬞﬞﬞ אﬞﬞﬞ סﬞﬞﬞ, אﬞﬞ חﬞﬞﬞﬞﬞ בﬞﬞﬞﬞﬞﬞﬞﬞﬞﬞ רﬞﬞﬞﬞﬞﬞ קﬞﬞﬞ
קﬞﬞﬞﬞﬞﬞﬞﬞﬞ. אﬞﬞ קﬞﬞﬞﬞﬞﬞ בﬞﬞﬞﬞﬞ די מﬞﬞ גﬞﬞﬞﬞﬞﬞ סﬞﬞﬞﬞﬞﬞﬞﬞﬞﬞﬞﬞﬞ, קﬞﬞﬞﬞﬞﬞ מﬞﬞﬞﬞﬞ די מﬞﬞ
מﬞﬞﬞﬞﬞ דﬞﬞﬞﬞ אﬞﬞ גﬞﬞﬞﬞ אﬞﬞ גﬞﬞﬞﬞﬞﬞﬞﬞﬞﬞ אﬞﬞﬞﬞﬞﬞﬞﬞ די פﬞﬞ מﬞﬞﬞﬞﬞ קﬞﬞﬞﬞﬞﬞ, אﬞﬞ
קﬞﬞﬞﬞﬞﬞ פﬞﬞﬞ בﬞﬞﬞﬞﬞﬞﬞ סﬞﬞ טﬞﬞﬞﬞﬞ קﬞﬞﬞﬞﬞﬞﬞ גﬞﬞﬞﬞﬞﬞﬞﬞﬞﬞ אﬞﬞﬞﬞﬞﬞﬞ (אﬞﬞ מﬞﬞﬞﬞﬞ
תﬞﬞﬞﬞﬞﬞ פﬞﬞﬞﬞ אﬞﬞ גﬞﬞﬞﬞﬞﬞﬞ פﬞﬞﬞ לﬞﬞ בﬞﬞﬞﬞﬞﬞﬞ) קﬞﬞﬞﬞﬞﬞﬞﬞﬞ דﬞﬞﬞ אﬞﬞ גﬞﬞﬞﬞ! — מﬞﬞ!
סﬞﬞ פﬞﬞﬞﬞﬞ בﬞﬞﬞﬞﬞ סﬞﬞﬞﬞ לﬞﬞ קﬞﬞﬞﬞﬞ דﬞﬞﬞ סﬞﬞﬞﬞ! סﬞﬞ פﬞﬞﬞﬞﬞﬞ בﬞﬞﬞﬞ לﬞﬞ מﬞﬞﬞ!
פﬞﬞﬞﬞﬞ סﬞﬞﬞﬞ לﬞﬞ מﬞﬞﬞﬞﬞﬞﬞﬞﬞ מﬞﬞﬞﬞﬞﬞﬞﬞﬞﬞﬞﬞ אﬞﬞ מﬞﬞ אﬞﬞﬞﬞﬞ דﬞﬞﬞﬞﬞﬞ! (מﬞﬞﬞﬞﬞ
לﬞﬞ מﬞﬞﬞﬞﬞﬞﬞﬞﬞﬞﬞﬞ).

גﬞוארדייאן — מﬞסﬞינﬞטﬞאﬞלﬞ!

דרייפﬞוס — כﬞולﬞו בﬞיﬞאﬞיר מﬞיﬞל סﬞיﬞנﬞו!

גﬞוארדייאן — מﬞסﬞינﬞטﬞאﬞלﬞ!

דריﬞיﬞפﬞוס — מﬞונﬞה מﬞחﬞזﬞאﬞלﬞה סﬞובﬞרﬞי לﬞה מﬞאﬞר!

48 Seria verdað ke ya se deskorajaron...! Non, es imposivle! Ken save lo_ke akonteseria! Pueðe ser ke algun vapor se batirearia![247]
(Al guardyan) Guardyan, no uvo oy kartas por mi?

GUARDYAN – *(Kon boz seka)* Non!

DREYFUS – Ay tres mezes ke dia por dia le adreso[248] esta demanda, i ay tres mezes ke dia por dia me responde lo esteso[249] de una boz seka i deskorajante! Kaða dia espero ke a_la manyana resivire un paket[250] de kartas, sigun resivia los primeros tyempos. Ma toðas mis esperansas son vanas! Kuala seria la razon de esta kayaðes, de este olviðo? *(Kayaðes, ezmoviðo)* Komo estaran mis paryentes, mis ermanos, mi keriða Lusi, mis ijikos! Oh! Mis poveretas kriaturas! Ke estarash dizyendo, ke estarash pensando de no veer vuestro paðre tornar de su largo viaje? Vuestra kara seguro keðaria[251] de re'ir, i estariash demandando por kuala razon vos vistyeron vestiðos de lutyo! Oh! Poveretas kriaturas! *(Yora)* Si a_lo menos poðia salir de esta eskura prizyon, si poðia kaminar por afuera komo los primeros tyempos! De sesh mezes aki, no se por kuala razon, mi prizyon se izo mas preta i mi estaðo mas orivle. No pueðo mas kaminar al boðre de la mar. Al dereðor de mi fraguaron pareðes porke mis ojos no pueðan veer la kolor del syelo. A mis brasos, a mis pyes ataron kaðenas, komo si poðia yo pensar a fuir! Fuir! Un inosente indjustamente kondenaðo no pensa a fuir ma aspera el dia onde su inosensya arelumbrara komo el sol, i onde vendran romper sus kaðenas. I komo fuir de un lugar semejante, kuando alaðo de mi esta dia i noche un guardyan armaðo de pye asta kavesa, i kuando por afuera se topan syempre guardyanes armaðos *(en este momento pasa un guardyan por la ventana)* kaminando dia i noche! – Ah! Si poðia veer solo la kolor del syelo! Si poðia veer la mar! Pueðe seer la esperansa entraria en mi alma doloroza! *(Aprova a alevantarse).*

GUARDYAN – Asentað!

DREYFUS – Solo veer el syelo!

GUARDYAN – Asentað!

DREYFUS – Una ojaða sovre la mar!

---

247 Neh., tr. *batirmak*; dt. *untergehen*, sp. *naufragar.*
248 Neh., F *adresser*; sp. *dirigir (la carta).*
249 Neh., < I *lo stesso*; sp. *lo mismo.*
250 < F *paquet*; dt. *Packen, Packet.*
251 *kedar de* + Inf, Neh. 's'arrêter, cesser'; dt. *aufhören.*

נוארדיאן — תביינמד! טיננו חודון די טרחנהר סוברי קום סי
נו היסקונהם!

דרייטום — הים דונקן מי מוחירטי קי היסטהן בוסקהנדו! — פורקי
רהון היסטוק מונדיינס נאחן פוהירביים הי טהן קרוהילים?

נוארדיאן נו סי!

דרייטום — טיינני רהזון, קן קולפה היסטי פובריטו מומברי? היל
אינגרטקוטה נום הורדינים קן לי דיירין. — קן הורהם היסטה?

נוארדיאן — מוהילי מי מידייה.

דרייטום — נו נו פודיר הוי קאמינהר פור ונסומהידה הונהם קונטי־
קום פונטום?

נוארדיאן — נו!

דרייטום — הו, נוחרדיאן, כואן נוחרדיאן, אפיהדראהלוס די מי, די־
זאמי בימיר מיל קיילו! אוי טיננו היל קורהסון מוי פריטאהלו! סי נו
קידים קן מי מוחירה אין היסטי נונהר, די טריקטיזה הי די דולור, נום
רונו, כואן נוחרדיאן, דישה מי הביהרקאהר די היסטה לינטהנה!

נוארדיאן — הימפוסיגני!

דרייטום — נוחרדיאן, נו טיניס קריהטורהם? (קאהלום) פורקי נו
ריספונדים? נו סום פהדרי?

נוארדיאן — סי, טיננו דום קריהטורהם, הון חילוקו הי הונה חיזיקה.

דרייטום — קומו מי! ליו טהממיין טיננו דוק קריהטורהם, הון
היזוקו הי הונה חיזיקה, מה מן היסטה הורה מילייום היסטהן ליזום, פו־
הידי סי הוד ליורהנדו די טופההרבין ליזום די סום פהדרי (היל נוחרדיאן סי
טונינסיה מונד נהגרימה) הכ! מינהטים הונה להגרימה! הים דונקן קן טיניס
קורהסון פיההווו! הי כין נוחרדיאן, לום קוננורו סוכ.י נָם בילד די מָהים
מוהם קידילהם קריהטורהם, דישהמי מינהר הונה הוהלהם פור היסטה לינטהנה!

נוארדיאן — (טיטשהנדו) הי כין, סיהה! מה הכפירה מי הסינטורהדי־
קן נה סדינטינילה היסטה ליזום! (מירה פטוחירם, פור לה לינטהנה) נינגונו!
כיני הי נו היסטים נוננו טיימפו!

דרייטום — הו! מירסם, נוחין נוחרדיאן, היל דייו נו לו סהנהרה!
(סי הרהסטה סיננההמיינסי קן רומידו די קהדינהס, קובהרדו הרילה הלה לינטהנה, הי־
ריספירה פוטירטהמיינטי, הלנאמהדו הלהנהר, קומו קהמטהנדו) הו! קי הביר סורו! לה
הלמה מי קי הקמלהרה די ביהיר היל סיילו מהבי הי לה מהר ליזהנה! —
הה! קן פוהירה ליבירו, ליביררו קומו היסטה נהבי ליזהנה קן היסטה נה־
לינהמדו קולי לה מהר! (הלטה נוס ההוט) קן טולירה כוחיטטרהט הלהם,
גולונדרונהם הי ניייקם קי מיסטמה קן היסטהנהם בונהנדו פור היל אביר! (קן נומונו

49 GUARDYAN – Asentað! Tengo orden de travar sovre vos si no eskuchash!

DREYFUS – Es dunke mi muerte ke estan bushkando! – Por_ke razon estos ordenes tan fuertes i tan krueles?

GUARDYAN – No se!

DREYFUS – Tyene razon, ke kulpa este povereto ombre? El egzekuta los ordenes ke le dyeron. – Ke oras esta?

GUARDYAN – Mueve i meðya.

DREYFUS – No vo poðer oy kaminar por afuera unos kuan-tos puntos?

GUARDYAN – No!

DREYFUS – Oh, Guardyan, buen Guardyan, apiadavos de mi, de-shame veer el syelo! Oy tengo el korason muy apretaðo! Si no keresh ke me muera en este lugar, de tristeza i de dolor, vos rogo, buen Guardyan, desha, me aserkare de esta ventana!

GUARDYAN – Imposivle!

DREYFUS – Guardyan, no tenesh kriaturas? *(Kayaðes)* Por_ke no respondesh? No sosh paðre?

GUARDYAN – Si, tengo dos kriaturas, un ijiko i una ijika.

DREYFUS – Komo mi! *Y*o tambyen tengo dos kriaturas, un ijiko i una ijika, ma en esta ora eyos estan leshos, pu-eðe seer *y*orando de toparsen leshos de sus paðre *(el guardyan se alimpya una lagrima)* Ah! Echatesh una lagrima! Es dunke ke tenesh korason piaðozo! EH BYEN, Guardyan, vos kondjuro sovre la viða de vues-tras keriðas kriaturas, deshame echar una ojaða por esta ventana!

GUARDYAN – *(Ezitando)* EH BYEN, SEA! Ma aspera, me asegurare ke la santinela[252] esta leshos! *(Mira afuera, por la ventana)* Ninguno! Vini i no estesh muncho tyempo!

DREYFUS – OH! MERSI, buen Guardyan, el Dyo vo lo pagara!
(Se arasta[253] peniblamente kon ruiðo de kaðenas, kuando ariva[254] a_la ventana, el respira fuertemente, avlando avagar, komo kantando.) Oh! Ke aver[255] puro! La alma me se aklara de veer el syelo mavi[256] i la mar leshana! – Ah! Ken fuera libero,[257] libero komo esta nave leshana ke esta na-vegando sovre la mar! *(Alsa los ojos)* Ken tuvyera vuestras alas, golondrinas i leylekes[258] ke estash bolando por el aver! *(Kon grande*

---

252 < F *sentinelle*; dt. *Wache, Wachposten*, sp. *centinela*.

253 O.B. liest *aserka*.

254 < F *arriver*; dt. *ankommen*, sp. *llegar*.

255 < H; sp. *aire*.

256 < T *mavi* 'blau'; sp. *azul*.

257 < I *libero*.

258 < Tr. *leylek*; dt. *Storch*, sp. *cigüeña*.

(הינסטיון) חו! פאסטארוס, דיזימי, חואנדי היסטאש ניינדו? סי לואיספארה חילדה

מיס אלזו טיירה די פראנגסייה, מה חיסטה קירידה טיירה חואנדי נאסי, חו!

פאסטארוס, נו לום חולאדים די חיר חלה קאזה די מיס פאדרייגנטיס, פאסה

סובּרי נה נוחירקה פלהנגטהדה די גראהנדיס הרבולים! פואינדי סיר נירלאם

חאיי נונהר דום קריטורחם כין פיקהדו, סון מיס מייזום! דיזלדיס, די-

זילדים חו, פאסטארוס, קן סוס פאדרי חיסטה מאהנדה חן לידה, מה קי

פוקו מאזכקה סור כו מואירטי! דיזלדים חומיק די פאהרייגניס קי היסטו קאהנכו

די סוברירה, קן חיסטו קאהנסו די ליילאר, קן מיס פוחירכהם היסטאהן הינו-

היזלאם! דיזלדים קן סי הפריסורן די סאהלזחרמי, דיזלדים קן נו כי

חונלדרן דיל פודיריטו חפריזהלו! דיזלדים פאהנומבין קן מי חלזמה סי עונסומי

די חמור סור חיליום, קן דיזה לו נונ' מיס הוחוס ליירטין לאהרימאהכ

המאהרגאהכ! פאסטארוס בולזאהנדו פור חיל חזיר, נילקים, נילונדרוגהם, חום

קן כולזאם סור לה טיירה די פראנגסייה, ליידה קון לום, ליידה מי חמור

סור מיק פאהרייגניס, חי מיק ביזום סור מיס קריחטורהם! (קילה מיראמנדו

נולזאר לום פאסטארוס, סי מכוקה סור נה בינגאהנזה חקטה קי נו לום ליזני מאס, חי דיו

קון נח חמאהרגה) גו לום ליזו מאס! חיליום לייה דיספאריסיירום! דיו פיט-

לזו, ניזאלום מסטה סוק חריזו! קי נזלזה די דהגיזו נו לים חקוגיטיסקה

חין סוס לזוזי, חלזן קן מים פאהרייגנטיס חן לייגדולום ליינר סיפאהן קן

לייגן די היסטי לונזר מונדי סי טופה הפריזאהלו חון דיזינטורחלו הינו-

סיגטי! (קאלזיזלדים, פינטאטינז') קירו חיסקריזיזרלים! (קטה נה בינטאהנה חי

טורנה חסו נונזר) קאלזה דיזה ליק מאהנדו קאהרטאהם לאהרנגהם, לזם ריזיליק?

קן סאלזי סי נו לזם חריסטאהן חן קאהמינו! קי חימפורטה? גו דילו פור

מיכטו דיפיניירנו די חיסקריזיזרלים! אלו מיזום דיסקאהרנו מי חלזמה די טולזה

לה פינה חי טריסטיזה קי לה חינג'! (טומה סונזרי נה נאהנקיטיקה מונה הזזי די

סאהליל חי מונה פינזילה, סי מבינטה, פוזה חיל חולזי סונזרי סו רודיזה חי היסקריזי

חין פרוונסייאמנדו לום נייריום קן חיסקריזי) מני קירידה נוכ', מים קירילזם

קריטורלאם... (לה פינזולה קי קאלזי דיזה מאנו, מי סי מוזי מה סאהנגנוטהר, סי קוזרי

לה קהרה די לום מאנום).

50 *emosyon)* Oh! Pasharos, dizime, onde estash yendo? Si vuestra iða
es a_la tyera de Fransya, a esta keriða tyera onde nasi, oh!
pasharos, no vos olvidesh de ir a_la kaza de mis paryentes, pasa
sovre la guerta plantaða de grandes arvoles! Pueðe ser verash
ayi djugar dos kriaturas sin pekaðo, son mis ninyos! Dizildes, di-
zildes, oh, pasharos, ke sus paðre esta ainda en viða, ma ke
poko manka por su muerte! Dizildes a_mis paryentes ke esto kanso
de sufrir, ke esto kanso de yevar, ke mis fuersas estan epu-
izaðas!²⁵⁹ Dizilðes ke se apresuren de salvarme, dizildes ke no se
olviden del povereto aprezaðo! Dizildes tambyen ke mi alma se konsume
de amor por eyos, ke dia i noche mis ojos vyerten lagrimas
amargas! Pasharos bolando por el aver, leylekes, golondrinas, vos
ke bolash por la tyera de Fransya, yeva kon vos, yeva mi amor
por mis paryentes, i mis bezos por mis kriaturas! *(Keða mirando
bolar los pasharos, se aboka por la ventana asta ke no los vee mas, i dize
kon boz amarga)* No los veo mas! Eyos ya desparesyeron! Dyo pia-
ðozo, gialos asta sus arivo!²⁶⁰ Ke naða de danyozo no les akonteska
en sus viaje, afin ke mis paryentes en vyendolos venir sepan ke
vyenen de este lugar onde se topa aprezaðo un dezventuraðo ino-
sente! *(Kayaðes, pensativle)* Kero eskrivirles! *(Kita la ventana i
torna a_su lugar)* Kaða dia les mando kartas largas, las resiven?
Ken save si no las arestan en kamino! Ke importa? No devo por
esto detenerme de eskrivirles! A_lo menos deskargo mi alma de toða
la pena i tristeza ke la inche!²⁶¹ *(Toma sovre la banketika una oja de
papel i una pendola, se asenta, poza el papel sovre su rodia i eskrive
en pronunsyando los byervos ke eskrive)* Mi keriða Lusi, mis keriðas
kriaturas... *(La pendola le ka'e de_la mano, i se mete a sanglutar,²⁶²
se kuvre
la kara de las manos)*.

---

259 < F *épuiser*, dt. *erschöpfen*, sp. *esgotar.*
260 J *ar(r)ivo* 'Ankunft', *ar(r)ivar*, 'ankommen' < F, cf. Neh.; (sp. *arribar* '<Schiff> landen').
261 J *inchir*; sp. *henchir* 'llenar', dt. *füllen.*
262 < F *sangloter*; dt. *schluchzen*, sp. *sollozar.*

סינה סיגונדה

דריפֿוס, גֿארדייאן, דיריקטור די לה פריזייון, אינספיקטור

דיריקטור — (אינטרה, אֿבֿלֿאנדו אֿלֿה קוֹליסה) אֿקי מים, כ״ מינספיקטור, אֿקי אֿדיזיערו אֿים קן היככה מינסירהֿדֿו אֿיֿג קונדיגֿאֿדֿו, בֿום רונו די הינטרהֿר.

אינספיקטור — (אינטרה מי מיזמֿאֿמינה אֿל דיריֿלֿור די היֿג) קֿהֿמֿהֿריטה מוֹיי גֿיקה הֿונדי הֿון הֿפֿריזֿהֿדֿו סי פֿוהֿלֿי קֿונֿסֿוֿמיר אֿין פֿוקו טֿיֿמֿפֿו פור לֿהֿלֿגֿוֿרה די הֿבֿיר לֿימֿפֿיו! (סי מֿפֿירֿקה די דרייפֿום) קֿהֿדֿיֿגֿאֿם הֿין לֿום פֿיֿס, פֿהֿוֿה פֿור קֿהֿמֿה, פֿהֿן הֿי הֿנֿוֿהֿה פֿור קוֹמֿיֿלֿה! (אֿל דיריֿקטור) די קוֿהֿֿנֿדֿו אֿקי אֿיֿל הֿפֿריזֿהֿדֿו הֿיֿסֿכה סוֿכוֿמֿיֿטֿיֿדֿו אֿה הֿון ריֿזֿים טֿהֿן פֿוֿהֿירֿטֿי?

דיריקטור — די סֿיֿ מֿיֿזֿם אֿקי! הֿנֿטֿים, הֿיֿל קֿוֿנֿדיֿגֿאֿדֿו טֿיֿמֿהֿ קֿהֿמֿה, קֿוֿמֿיֿלֿה בֿוֿהֿיֿנֿו. מֿה די סֿיֿ מֿיֿזֿם אֿקי, מי בֿֿייֿיֿרֿון אֿורֿדֿיֿניֿ בֿוֿהֿירֿטֿיֿק, הֿלֿום קוֿלֿ הֿלֿום קֿהֿלֿיֿי אֿוֿדֿיֿירֿ (קון בֿח גֿהֿהֿ) הֿי אֿים די קֿי אֿיֿמֿפֿיֿסֿו לֿה קֿהֿמֿפֿהֿנֿייֿה פֿור לֿה ריֿזֿייֿון די סו פֿרֿוֿסֿיֿכֿו, דיֿג דיֿהֿה הֿנֿדי זֿולֿה מֿיֿסֿקֿריֿיֿו סו סֿלֿמֿוֿהֿ קֿהֿרֿטֿס הֿין נֿה גֿהֿזֿוֿטֿה הֿורֿור!

אינספיקטור — אֿה! הֿה!

דיריקטור — די הֿיֿסֿטֿוֿנֿסֿים נו כ פֿהֿסֿה דיֿהֿה אֿוֿנֿדֿי נו מֿי בֿֿייֿיֿ אֿלֿנֿין אֿורֿדֿין נוהֿיֿבֿֿו. לֿה הֿוֿהֿרֿה כֿיֿמֿהֿנֿה מֿי עֿיֿלֿיֿנֿרֿהֿפֿֿייֿו אֿיֿל מֿיֿנֿיֿסֿטֿרֿו די הֿעֿהֿרֿלֿו קון קֿהֿלֿיֿגֿהֿם.

אינספיקטור — קוֿהֿל מֿיֿנֿיֿסֿטֿרֿו?

דיריקטור — אֿיל מֿיֿנֿיֿכֿטֿרֿו לֿיֿכֿון.

אינספיקטור — (מֿה פֿהֿרֿטֿי) לֿיֿכֿון! קֿירֿי דֿיֿזֿיֿר אֿיֿל בֿֿוֿהֿיֿנֿו! קֿי מֿילֿה סֿיֿר סֿי סֿי לֿייֿמֿהֿמֿהֿזֿה אֿיֿל גֿיֿנֿרֿו? (אֿה דֿרֿייֿפֿֿום, פֿוֿהֿהֿנֿדֿו נֿה מֿהֿנֿו סוֿבֿֿרֿי סו מֿוֿהֿנֿרֿו) דֿרֿייֿפֿֿום!

דרייפֿֿום — (קֿי מֿיֿסֿטֿוֿבֿֿו מֿסֿטֿה מֿגֿורֿה פֿיֿרֿדֿיֿדֿו הֿיֿן סו זֿוֿגֿור אֿלֿסֿה נֿה קֿהֿבֿֿיֿסֿה) קֿן מֿי לֿייֿהֿמֿו?

אינספיקטור — לֿייֿ, דֿורֿמֿייֿנֿדֿו הֿיֿכֿעֿהֿבֿֿהֿם?

דרייפֿֿום — דֿורֿמֿייֿנֿדֿו? נֿוֿן! פֿיֿנֿסֿהֿנֿדֿו הֿנֿים קֿרֿיֿהֿטֿוֿרֿהֿם.

אינספיקטור — פֿיֿדֿרֿי קוֿלֿייֿהֿדֿו, לֿוֿהֿיֿסֿטֿרֿום הֿיֿזֿיֿקֿום מֿיֿסֿטֿהֿן אֿיֿן בֿֿוֿהֿיֿנֿה סֿהֿלֿוֿד, הֿי כֿהֿמֿבֿֿיֿן טֿוֿלֿה בֿֿוֿהֿיֿסֿטֿרֿה פֿֿהֿמֿיֿלֿייֿה.

דרייפֿֿום — (הֿיֿלֿלֿהֿנֿטֿהֿנֿדֿוֿסֿי סוֿבֿֿיֿטֿו) אֿו! מֿירֿסֿי סֿיֿנֿייֿור, קֿן סֿוֿם לֿוֿם? אֿלֿנֿון אֿיֿנֿוֿבֿֿהֿדֿו דֿיֿל דֿייֿ סוֿר קֿוֿנֿכֿוֿגֿהֿרֿנֿי?

אינספיקטור — לֿייֿ נֿו מֿיֿנֿ כֿפֿֿיֿקֿטֿור די לֿהֿס פֿרֿיֿזֿייֿוֿנֿיֿק.

דרייפֿֿום — (סֿי מֿפֿֿיֿנֿטֿה דֿיֿסֿקֿהֿזֿהֿלֿדֿו) מֿיֿנֿסֿפֿֿיֿקֿטֿור!

SENA SEGUNDA
DREYFUS, GUARDYAN, DIREKTOR DE LA PRIZYON, INSPEKTOR

51 DIREKTOR – *(Entra, avlando a_la kulisa)* Aki es, si*nyor* Inspektor,
aki ad*y*entro es ke est**a** ensera**ð**o el kondena**ð**o, vos rogo de entrar.
INSPEKTOR – *(Entra i egzamina al dere**ð**or de el)* Kamareta
muy chika onde un apreza**ð**o se pue**ð**e konsumir en poko t*y*empo por
faltura de aver limpyo! *(Se aserka de Dreyfus)* Ka**ð**enas en los p*y*es,
paja por kama, pan i agua por komi**ð**a! *(Al direktor)* De kuando[263]
aki el apreza**ð**o est**a** sotometi**ð**o a un rejim[264] tan fuerte?
DIREKTOR – De sesh mezes aki! Antes, el kondena**ð**o tenia
kama, komia bueno. Ma de sesh mezes aki, me vin*y*eron ordenes
fuertes, a_los kualos kaly**o** ove**ð**eser *(kon boz basha)* i es de ke
empes**o** la kampanya por la revizyon de su proseso, del dia ande
Zola eskriv*y*o su famoza karta en la gazeta ***OROR!***[265]
INSPEKTOR – Ah! Ah!
DIREKTOR – De estonses no se pasa dia onde no me v*y*ene
alg*u*n orden nuevo. La otra semana me telegraf*y*o el ministro de
atarlo kon ka**ð**enas.
INSPEKTOR – Kual ministro?
DIREKTOR – El ministro Lebon.
INSPEKTOR – *(A parte)* Lebon! Kere dizir 'el bueno'! Ke iva
ser si se *y*amava 'el negro'? *(A Dreyfus, pozando la mano sovre su ombro)*
Dreyfus!
DREYFUS – *(Ke estuvo asta agora perdi**ð**o en su dolor, alsa la kavesa)*
Ken me *y*amo?
INSPEKTOR – *Y*o, durm*y*endo estavash?
DREYFUS – Durm*y*endo? Non! Pensando a_mis kriaturas.
INSPEKTOR – Pe**ð**re ku**ð**ya**ð**o, vuestros ijikos estan en
buena salud, i tamb*y*en to**ð**a vuestra fami*y*a.
DREYFUS – *(Alevantandose subito)* Oh! MERSI Sinyor, ken sosh vos?
Algun embia**ð**o del Dyo por konsolarme?
INSPEKTOR – *Y*o so inspektor de las prizyones.
DREYFUS – *(Se asenta deskoraja**ð**o)* Inspektor!

---

263 *de* + Temporal. 'seit': *de kuando, de sesh mezes aki*, etc.
264 < F *régime* 'Kost'; bulg. режим [rezim], sp. *régimen*, dt. *Regime*.
265 fz. *Aurore.*

52

אינספיקטור — טייט האָנון דיזיהו, הלנונה דימאנדה די חור?

דרייפוס — סי, קירו קי מי פרוסיסו סיאה ריביזאדו אלין קי סיפה
חיל מונדו קי סו אינוסינגי.

אינספיקטור — מי מוערה קוה?

דרייפוס -- קירו קי לאם קאלרטאהם די מים פארריינטים מי ביינגאן
ליבירמינטי! מי טריס מיוזם קי גו ריסיבו קינגונה נוטיסיה די חיליום. מי
חיסטה קאלייאדים מי היב מאם אינסופורטאבלי קי לה מונחירי.

אינספיקטור — (אל דיריקטור) פורקי גו לי דאן לאם קארטאם די
סום פאריינטים?

דיריקטור — אורדין סופיריור!

אינספיקטור — סהלי קי כי חיסטה אבלאנדו די היל מן חיל מונדו
אינטירו, אי קי לה קורטי די קאסאסיון סי מיכטה אוקופאנדו די סו
פרוקיסו?

דיריקטור — נו סאלי נאדה, טיננו אורדין די גו דיזירלי נאדה.

אינספיקטור — מי מים חיל מיניסטרו ליבון?.....

דיריקטור — סי,

אינספיקטור — דרייפוס, דהמי לה מאנו, (דרייפוס גו חינטיינדי) ליין
סו מידיקו, קירו ליזיר קומו חיסטאם די לה סאלוד, (דרייפוס לי דה היל ניל נראסו)
אוס! פלאקקוה גראבאדי, חימפיסיוו די פרייום! סי" דיריקטור, קאלי טומאר
מיזורלם סינורלם אי פרונטאם, קומו נו, גו ריספוגדו מאם די סו צידה!

דיריקטור — (מיספאנטאחו) אוו! סי" אינספיקטור, בוס רונו, אורדינאללי
אלנונה קוה! סי סי מונחירי אקי מי פוחלדראן דיכפוליים מקוחלר די אבלירלו
חינטוסינאדלו, בוס רונו, דאלדי אלנונה מיליזינה!

אינספיקטור — מיסטו בו חוד! — דרייפוס, קאלי סאללאֿרבום,
סיינדו חיסטאם מוי פלאקו, גה אחן קוטי די חאפים פור חיל פריו, חיספוס
חאפים בום דאֿראן אֿון פוקו די כאלוד, דיספוחיכ די נוחיסטרא פאלֿרטינסטיה,
באם אם טומאר קאלדה הורה אונו, מי לו פרומיטים?

דרייפוס — בו לו פרומיטו, סי בום מי פרומיטים די חוזרמי טראחֿר
לאם קארטאם די מי פאמיליה.

אינספיקטור — אי ביין, דרייפום, מיסקוגוה! סי אבלים מיכטי קוטי
פור טומאר לוק חאפים קי חיסטאן אדיינכרו, בום פרומיטו קי ריסיבֿירלם
קארטים די לומיסטרה מוזיר.

דיריקטור — פורקי לי חוז אונה פרומיטה באוזאה?

אינספיקטור — גו מיי נאדה. קאלי קי טומי חיסטום חאפים, סי
גון חיסטם פירסו.

52 INSPEKTOR – Tenesh algun deze'o, alguna demanda de azer?

DREYFUS – Si, kero ke mi proseso sea revizaðo afin ke sepa
el mundo ke so inosente.

INSPEKTOR – I otra koza?

DREYFUS – Kero ke las kartas de mis parуentes me vengan
libremente! Ay tres mezes ke no resivo ninguna novita de eуos. I
esta kaуaðes me es mas insoportavle ke la muerte.

INSPEKTOR – *(Al direktor)* Por_ke no le dan las kartas de
sus parуentes?

DIREKTOR – Orden superyor!

INSPEKTOR – Save ke se esta avlando de el en el mundo
entero, i ke la Korte de kasasyon[266] se esta okupando de su
proseso?

DIREKTOR – No save naða, tengo orden de no dizirle naða.

INSPEKTOR – I es el ministro Lebon...?

DIREKTOR – Si,

INSPEKTOR – Dreyfus, dame la mano. *(Dreyfus no entуende)* Уo
so meðiko, kero veer komo estash de la salud, *(Dreyfus le da el braso)*
Hum! Flakeza grande, empesijo de friуos![267] Si*nyor* Direktor, kale tomar
mezuras[268] seguras i prontas, komo no, no respondo mas de su viða!

DIREKTOR – *(Espantozo)* Oh! Si*nyor* Inspektor, vos rogo, ordenalde
alguna koza! Si se muere aki me pueðran despues akuzar de averlo
entosegaðo,[269] vos rogo, dalde alguna melezina![270]

INSPEKTOR – Esto vo azer! – Dreyfus, kale salvarvos,
sуendo estash muy flako, na un kuti[271] de hapes[272] por el friуo, estos
hapes vos daran un poko de salud, despues de nuestra partensya,
vash a tomar kaða ora uno, me lo prometesh?

DREYFUS – Vo lo prometo, si vos me prometesh de azerme tra'er
las kartas de mi famiуa.

INSPEKTOR – ЕH ВУEN, Dreyfus, eskucha! Si avrish este kuti
por tomar los hapes ke estan adуentro, vos prometo ke resivirash
karta de vuestra mujer.

DIREKTOR – Por_ke le azesh una prometa vazia?

INSPEKTOR – No ay naða. Kale ke tome estos hapes, si
no, esta perso.

---

266 = F *Cour de cassation;* dt. *Berufungsgericht,* sp. *corte de apelación.*
267 J 'Fieber'; sp. *fiebre.*
268 < F *mesures* 'Maßnahmen'; sp. *medida.*
269 Neh., J 'vergiften'; sp. *envenenar.*
270 Asp., je. 'Medizin'; sp. *medicina.*
271 < T *kutu* 'Schachtel'; sp. *caja.*
272 < T *hap*; B *хап/хапче*; 'Tablette'; sp. *pastilla.*

דיריקטור. — קי קונסינין דונקי איקטוס האסיק?

אינסאיקטור — פולו לו מיניסטירחו, פואירטאס, חיירזיאס, הלגריזאה.
חמאניזהנס, אין חינטרהנדו אקי בירחם נרחנדי ריסירינסייה אין איל חים-
סאלדו דיל אסרהזלו. — חיידי, לו דישאריטוס סולו! (פּ: ווהרדריחן)
חוהרדינו קי איל אסרהזלו סיא, רישאלדו סולו! טולום אפואחירה! קאלי קי
סי רישחי סולו אפטאס לה זולי! — אדיו דרייפוס, קורחלזי! (סחלין זולום)

סינה טריסידה

דרייפיום. (סולו)

דרייפיום. — (מירחנדו איל קוני) ‏ פי-אלרים היספני קופי פור כומאר
לום האפים קי היסבאהן אדריינסרו נום פרומיטיו קי ריסילירהם קאלרעה די
לוהיספערסה מחיר! קי קיזו דיזיר איספי מינסאיקסור? פורקי מי אזו היספאס
פרומיסה? (אלרי היל קופי מי מירס אדיינסרו) אה! נו אי אי חאפים! (מירחנדו
קן אסתוסיאין) הון כאפיל! פראלס אונה קאמיוס) קי סינייסיקס היספו? (אלרי
לה קאריסה) אונה קאריסס! (מילרם) נוסי דרייפום! (סי אלבלגנפס סונייסי) דיין
די לום סינלום, אונה קאריסס די מי מחיד! או! דיי, דיי פיחלוו, חים-
קונגאטיק לה האמרנורה די מי כון! מלרסי דיין אמחמימלחו! אי לום טאהמ-
כיין, אומכרי ממינו, חימכיחלו דיל דיי, מירסי, מירסי די גם אונדורה די
מי קורחסן חמחרנאלרו, (מילגנחנדו קן נאבגרימאבס אין לום אוזום. היסבאטס קאריסה
דילי סיר מילנדלס קן מיחוסיין, הי, סינון נום פאהחלים, דרייפוס טומבירה חליגרייחה,
מיחוסיין, א המרחליזמיינטו. היל סי פרונלה זונלאם ביחם אי סי חליחפייה זים אחלום
די נאגרימאבם).

קיריזו חלסריד

לה פירסונה קן סופהחרה רימילייו די חוירטי פאהרלינינר היסטע קהלרעה
סיקריפיס חים אם קחרו המינו דילה פחהמיליה, מלנטחלטי הה נחום פור
בינדזיר מקו נומברי. אנסים די דוירטי קוחל חים איל מיסקופו די איסטה
קחריסה, סיפסלם קי טולום היכמחמום סחנום הי ריזיום, כוזלום היספחמום
חספירחחנדו אין אי כאלנלחסיין סירקחנס, חי נו מיסבחמום קירחנלו כי דיהם
כי נוזי די חויר נו פוסיזלי חי נו פוסיזלי פור חויד ריזחחר נו פרו-
סיסו. לום חידיקום איסטחן מוי זוהינוק הי קחלס די חימפוסיזלי חימפוסיזלי קוחנדו
פאהפה גינדרה די סו לחרנו זימהי (סי קונרי לה קחרה מי סו נח סיחנגלה).

53 DIREKTOR – Ke kontyenen dunke estos hapes?

INSPEKTOR – Toðo lo menesterozo, fuersa, enerjia, alegria. Amanyana, en entrando aki verash grande diferensya en el estaðo del aprezaðo. – Ayde, vamos, lo desharemos solo! *(Al guardyan)* Ordeno ke el aprezaðo sea deshaðo solo! Toðos afuera! Kale ke se repoze solo asta la noche! – Adyo Dreyfus, koraje! *(Salen toðos)*

SENA TRESERA
DREYFUS. (solo)

DREYFUS – *(Mirando el kuti)* "Si avrish este kuti por tomar los hapes ke estan adyentro vos prometo ke resivirash karta de vuestra mujer!" Ke kijo dizir este inspektor? Porke me izo esta prometa? *(Avre el kuti i mira adyentro)* Oh! No ay hapes! *(Mirando kon atansyon)* Un papel! *(Trava una karta)* Ke sinyifika esto? *(Avre la karta)* Una karta! *(Melda)* Lusi Dreyfus! *(Se alevanta subito)* Dyo de los syelos, una karta de mi mujer! Oh! Dyo, Dyo piaðozo, eskuchates la amargura de mi boz! MERSI Dyo amanzi'ozo! I vos tambyen, ombre amigo, embiaðo del Dyo, MERSI, MERSI de la ondura de mi korason amargaðo, *(meldando kon lagrimas en los ojos. Esta karta deve ser meldaða kon emosyon, i, sigun los pasajes, Dreyfus mostra alegria, emosyon, o maraviamyento. El se trubla munchas vezes i se alimpya los ojos de lagrimas).*

Keriðo Alfred,

la persona ke topara remeðyo de azerte parvenir[273] esta karta sekreta es un karo amigo de_la famiya, adjuntate a nozos por bendizir a_su nombre. Antes de dizirte kual es el eskopo[274] de esta karta, sepas ke toðos estamos sanos i rezyos, toðos estamos asperando en tu salvasyon serkana, i no estamos kedanðo ni dia ni noche de azer lo posivle i lo imposivle por azer revizar tu proseso. Los ijikos estan muy buenos i kaða dia demandan kuando papa vendra de su largo viaje (Se kuvre la kara i su boz tembla).

---

273 < F *faire parvenir qc à qn*, 'jm etw. zukommen lassen'.
274 < I *scopo*; sp. *intención*.

לי מֵנוֹרָה מִי מֵפִּרִיסוֹרוֹ די חוֹרֵעִי כֹּאלֹדִיר לֵה נֵרֵחָדִי מוֹלְיֵעֵס, סִיפָּאֵם

קִירִידוֹ אִי מֵהֵלוֹרוֹהוּ חֵלֹעֵרִיד קֵן טוּ מֵהֵרֵעִירַיי חִיסֵטָה סִירֵקָה די סוּ פִּין.

סִיפָּאֵם קֵן מוּמְבֵּרִים די מוֹהוֹר הֵי די טֵחֵלִיטְטוּ כּוֹמֵאֵרוֹן אֵן מֵחֵוֹ טוּ קֵהֵנוֹה

לִי מֵיסְפָּעָן דִיאֵם אִי מוֹגִי פִּינֵאֵנְדוֹ אֵן טוּ פֵּהֵלֹעִר, הִיסֵקְרִיזֵיינְדוֹ מֵין נֵחֹוֹיֵפָּאֵם,

מוֹזֵינְדוּ קוֹנְפִֿירֵינֵסִיאֵם אִי מִיפֵּיַגֵינֵק, חִיכֵטוּם הוֹומֵבֵרִים די בַּיין כוֹן: זוֹלָה,

פְּרוֹסְהֵנְבֵּן, בִּירֵנֵהֵר לֵחֵוֹהֵר, זוֹחִיף רֵיינֵאֵק, נוֹהַיי, קְלֵימֹהֵנֵסוּ, פֵּרֵהֵרִיי, נֵבֵּ-

רִיאֵל מוּנִי, דוֹקְלִיר קֵהֵפוּ דִיל מִינֵכְּפֵּיעֵטוֹעוּ פֵּהֵסֵעוֹר, הֵי הוֹטֵרוֹם, הֵי הוֹטֵרוֹם,

הֵי כֵּיינִיס, הֵי מִילֵם! הֵיל מוֹנֵעוּ מִינֵעֵירוּ חִיכֵבֵּה הֵוֹמֵבֵּיה הַזֵמֵוֹלִידוּ סוֹבֵּרֵי מוּ דֵן-

לִינֵעוֹרֵם. מוּ חֵיי שֵׁחֵמֵעֵלֹיֵיה חוֹנֵדִי מוּ כִּי הֹבֵּלֵה די עִי, די אֵיי סֵים מֵחֵים,

קֵהֹבֵּה סִימֹהֵנֵם חֵיי חִינֵעִירֵכֵפִּינֵלֹהֵסִיזוֹנֵיק אֵן לֵם קֵהֵמֵבֵרֵם. מוֹחִיכֵּעֵרוֹם חִינֵי-

מִינוּם חִיסֵעָאֵן חֵוֹיזִינֵדוֹ חִיסֵפּֿוֹרֵסוֹם דִיזֵסְפִּירֵהֹדוֹם פּֿוּר גוּ דִיטֵהֹר סֵהֹעִיר הֹם

גוֹ נֵם לֵירֵדֵהֹל, מֵם לֵם חוֹפֵֿיעִייִן דִיל פּֿוֹלֹנֵיקוֹ הֹקֵלֹעֵרֵהֹלֹוּ חִיכֵבֵּעָה חֵן טוֹחֵים-

בֵּרֵה פֵּהֵעוֹר, שׁוֹלוֹם מִיכֵּעֹהֵן חִינֵעֵינֵדִיינֵדוּ קֵן הֵן טִירֵעֵלֹי לֵיירוּ סִי קוּמֵיעֵיי.

סִיפָּאֵם עֵהֵמֵבַּיין קֵן הֵיל מֵחֹירֵהֹעֵלֹי עֵרֵהֹזֵדוֹר פּֿוּר הֵיל קוֹהֹל טוּ פֿוֹחִיעִים

קוֹנֵעִירֵהֹנֵדוֹ חֵין קוֹנוֹסִידוֹ, סוּ מֵהֹלֹדִיעֵו כוֹמֵבֵּרִי מִים חִיסֵעִירֵהֹזַי! הֵיל קֵהֹמֵהֹנֵהֹן

פֵּהֹבֵּרֵים חִירֵה סוּ קוֹמֵפֵּלֹיסוֹ, סוּ הֹכוֹמֵסִיזֵהֹן, מִים פּֿוּר חִיסֵטוּ טוּ הֵיל סִי

מוֹסֵטֵרֵהֹבֵּה טָהֹן פֿוֹרֵיזֵהוֹ קוֹנֵעֵרֵה די טֵי! סִיפָּאֵם טֵהֵמֵבַּיין קֵן חִיכֵּעִי קוֹמֵהֹן-

דֵהֹן לֹהֹבֵּרֵים סִי מֵהֹעוֹ חֵין גוּ לֵם פֵּרֵזִייִן, מֵי קֵן מוֹהִיסֵפֵּרוֹ לֵירֵדֵהֵירוֹ סֵהֹל-

בֵּהֹדוֹר מִים הֵיל קוֹנֵוֹגִיל פִּיקֵהֹר, הֵיל קוֹהֹל פֹּוֹהֵי הֵיל פֵּרֵמִיר קֵן חִיקֵקוֹלֵעֵרִיו

עוּ חִינֵעִיעֵינֵסֵיי! (סִי טְרוֹעֵם חִי קִיהֹה די מִינֵהֹר, חֵלֹעַהנֵדוּ:) חוּן מִיסֵכּוּ מִיל-

דֵהֵנֵדוּ סִין חִינֵעֵינֵדִיר, מִי חִיכֵּעֵם פֵּהֹרֵיכַּיינֵדוּ חוּן חִיסֵפֵֿוֹהֵזַיי! לֹהֹבֵּרִים

חֵהוֹסֵיזֵיהֹלֹו חֵי חִיסֵעֵירֵהֹזַי! לֹהֹבֵּרִים פֵּרֵהֹזוֹדוֹר! לֹהֹבֵּרִים סִי מֵהֹעוֹ חֵין לֵם

פֵּרֵזִייִן! הֵים פֿוֹסֵעֵלֹי! (סִי טִיסִי הֹם מִילֵדֵהֹר) חִינֵעֵלֹעִי די קוֹרֵהֹוֹ אִי די חִים-

פִּירֵחֹבֵּקָה, קִירִידוֹ הֵלֹעֵרִיד, סִיינְדוּ כוֹם סוֹפֵּלֵרֵייַגֵהֹם עוּ כוֹרֵהֹרֵהֹן קֵן כוּלוּ

חוֹנוֹם קוֹחֵבֵּעוֹם דִיאֵם, חֵיל מֵיינֵכֵּעֵרוֹ די לֵם נוֹסֵפִּיסִיַים לֵייֵה חִימֵעִיחוּ טוּ

פְּרוֹטֵיסוּ חֵלֹה קִירֵעִי די קֵהֹבֵּהֹסֵיזִיון, פֿוֹהֵלֹי סַיר קֵן הֵכֵּעֵם קֵן חִיקֵפָּה

קֵהֹרֵעֵה פִּי בַּיינֵי לֹן מֵהֹעוֹ, פֿוֹהֵלֹי סַיר קֵן רִיסִיבַּים הֹלֹעֹוֹ דִילֹה קוֹרֵעֵי די

קֵהֹסֵהֹבַּכַּיין קֵן כֵּוֹ פֵּרוֹסִיכוּ דִיעַי סַיר רִיזֵהֹהֹלֹוֹ, כוֹוֹם הִיכֵּפִּירֵהֹמוֹם מִיכֵּעִי.

דִיהֵה קוֹן דִיסֵפֵּהֵטִינֵסִיזֵיה הֵי נֵרֵהֹדִי נוֹסֵמוֹ. קוֹרֵהֹה, קִירִידוֹ הֵלֹעֵרִיד, מִירֵה

די חִיסֵעֵהֵבֵּר סֵהֹעוֹ חִי רֵזִיעוֹ פּֿוּר פֹּוֹדִיר נוֹחֹהֹר די חִיסֵעֵה כוֹעֵלֹעֵמֵה הֹלֹעֵנֵרִיהֹם!

מִי חֵהֵרֵהֹסוֹ קֵן לֹהֹעֵרִימֵהֹם חֵין גוּ הוֹהוֹק, כּוֹ קִירִידוֹ הֵי פֵֿידֵינֵה קוֹמֵפֵּה-

נַיי קֵן חוֹן פֿוֹנֵטוֹ מוּ סִי הוֹלֹעֵלֹעֵדוֹ די עִי.

לוֹסִי.

(הֵסֵהֵנֵדוֹ נוֹם חוֹוּם) דֵיו פִּיחֹלֵעִי, קֵן עוֹמֵהֵסֵיּם מִים דוֹגֵרִים קֵהֹמוּ הֵן

סֵהֹקֵרִיפִֿיסֵיעוֹ, פֵּרֵמִיעִי הֹלֹה מֵהֵם עַיקָה די עוֹם קְרֵיינֵכֵּעֵהֹם די רִינֵעֵרֵהֹעִיֵמֵרֵעִי

54 *I agora me apresuro de azerte saver la grande novita, sepas*
keriðo i malorozo Alfred ke tu martiryo esta serka de su fin.
Sepas ke ombres de onor i de talento tomaron en mano tu kavza
i estan dia i noche penando en tu favor, eskrivyendo en gazetas,
azyendo konferensyas i mitinges, estos ombres de byen son: Zola,
Presanse, Bernar Lazar, Jozef Reinak, Guyo, Klemanso, Traryu, Gab-
ri'el Mono, Dukler kapo del Instituto Pastor,[275] *i otros, i otros,*
i syenes, i miles! El mundo entero esta ezmoviðo sovre tu dez-
ventura. No ay famiya onde no se avla de ti, de ay sesh mezes,
kaða semana ay interpelasyones en la Kamara. Nuestros ene-
migos estan azyendo esforsos dezesperaðos por no deshar salir a
luz la verdað, ma la opinyon del puvliko aklaraðo esta en nues-
tra favor, toðos estan entendyendo ke un terivle yero se kometyo.
Sepas tambyen ke el mizeravle traiziðor por el kual tu fuites
kondenaðo es konosiðo, su maldicho nombre es Esterazi! El KOMANDAN
Fabres era su kompliso, su asosyaðo, es por esto ke el se
mostrava tan furyozo kontra de ti! Sepas tambyen ke este KOMAN-
DAN *Fabres se mato en la prizyon, i ke nuestro verdaðero sal-*
vaðor es el kolonel Pikar, el kual fue el primer ke eskuvryo
tu inosensya! (Se trubla i keða de meldar, avlando:) Oh! Esto mel-
dando sin entender, me esta paresyendo un esfuenyo! Fabres
asosyaðo de Esterazi! Fabres traiziðor! Fabres se mato en la
prizyon! Es posivle! *(Se mete a meldar)* Inchete de koraje i de es-
peransa, kerido Alfred, syendo tus sufryensas no turaran ke solo
unos kuantos dias, el ministro de la djustisya ya embio tu
proseso a_la Korte de kasasyon, pueðe ser ke asta ke esta
karta te vyene en mano, pueðe ser ke resives avizo de_la Korte de
kasasyon ke tu proseso deve ser revizaðo, nozos esperamos este
dia kon despasensya i grande gusto. Koraje, keriðo Alfred, mira
de estar sano i rezyo por poðer gozar de esta sublima alegria!
Te abraso kon lagrimas en los ojos, tu keriða i fidela kompa-
nya ke un punto no se olviðo de ti.

Lusi.

(Alsando los ojos) Dyo piaðozo, ke tomates mis dolores komo un
sakrifisyo, permite a_la mas chika de tus kryansas de rengrasyarte

---

275 = Zola, Pressensé, Bernard Lazare, Joseph Reinach, Guyaux?, Georges Clemenceau, Ludovic
    Trarieux, Gabriel Monod, Duclair?, Institut Pasteur.

פור נוקי חֿזיטים פור מֿי, פור נוקי פֿירמיטיס'ים קי נֿה בֿירדֿאד כֿהלנֿה
אֿם נֿה, אֿי קי הֿיל בֿירהֿדֿירין קולפֿאבֿלֿי סֿיתֿה דֿיסקובֿיֿירטו! אֿי בֿוֿום הֿזמ־
נֿרים דֿי בֿיֿין תֿי דֿי נֿוסֿפֿיכֿיס, לֿחֿוֿב קֿ סֿין ניֿנֿון חֿינֿטיריסֿו נֿום חֿני־
בֿֿאֿנֿסֿאֿבֿֿיֿתֿ אֿן פֿהֿבֿֿוֿר דֿיל חֿיֿמֿוֿסֿיֿנֿיֿ, לֿחֿוֿב פֿוֿל.ס, רֿיכֿיֿלֿי מֿיֿם רֿיֿנֿנֿרֿהֿסֿיֿוֿם
דֿיל פֿֿוֿנֿדֿֿו דֿי מֿי הֿלֿמֿה! בֿֿוֿחֿיֿבֿֿטֿרֿוֿס מֿוֿמֿבֿרֿים רֿיֿסֿטֿהֿרֿהֿן קֿהֿבֿֿהֿקֿמֿדֿוֿס אֿן
מֿי קֿוֿרֿהֿסֿאֿן קֿוֿמֿו אֿן מֿי מֿימֿוֿרֿיֿיֿ, נֿוֿנֿקֿה זֿו נֿוֿם חֿוֿלֿבֿֿיֿדֿהֿר!

סינה קוֿארֿטינה

דֿרֿיֿיֿפֿֿוֿם. דֿירֿיֿקֿטֿוֿר. דֿוֿם נֿוֿארֿדֿֿיֿיֿאֿנֿים.

דֿירֿיֿקֿטֿוֿר — דֿרֿיֿיֿפֿֿוֿם, בֿֿוֿם סֿרֿמֿיֿנֿו כֿוֿאֿינֿאֿם וֿוֿלֿיֿסֿאֿם!

דֿרֿיֿיֿפֿֿום — הֿן! דֿיֿין! (סֿי טֿרֿוֿנֿבֿֿה אֿי פֿֿאֿרֿיֿסֿי טֿרֿוֿנֿטֿו אֿה פֿֿיֿלֿדֿֿיֿר קֿוֿנֿסֿיֿנֿסֿיֿה).

דֿירֿיֿקֿטֿוֿר — קֿוֿרֿהֿלֿ׳ דֿרֿיֿיֿפֿֿום! אֿיֿל דֿֿיֿין סֿי אֿפֿֿיֿאֿדֿֿו דֿי בֿֿוֿחֿיֿכֿֿעֿרֿהֿם
דֿוֿגֿֿוֿרֿם.

דֿרֿיֿיֿפֿֿום — הֿבֿֿלֿה! קֿן מֿי דֿי וֿוֿחֿיֿבֿֿ? אֿיֿסֿטֿאֿבֿֿ בֿֿיֿינֿדֿו קֿן אֿיֿסֿטֿו
טֿיֿמֿבֿֿלֿאֿנֿדֿו אֿי קֿן אֿבֿֿיֿנֿהֿבֿֿ מֿיֿסֿטֿו פֿֿוֿלֿדֿֿיֿימֿדֿו אֿיֿסֿטֿהֿר אֿין פֿֿיֿים.

דֿירֿיֿקֿטֿוֿר — נֿה קֿוֿרֿטֿי דֿי קֿהֿסֿאֿסֿיֿיֿון סֿ׳ אֿוֿקֿוֿפֿֿו דֿי בֿֿוֿחֿיֿסֿטֿרֿו פֿֿרֿוֿסֿיֿכֿו.

דֿרֿיֿיֿפֿֿום — לֿים דֿֿוֿנֿקֿי גֿֿיֿרֿדֿֿהֿ, דֿיֿו דֿי לֿוֿם סֿיֿ׳יֿוֿבֿֿ ?

דֿירֿיֿקֿטֿוֿר — אֿי מֿוֿרֿדֿֿיֿנֿו קֿי בֿֿוֿחֿיֿסֿטֿרֿו נֿהֿנֿחֿמֿיֿ׳יֿנֿטֿו סֿי רֿיֿבֿֿיֿ׳י, טֿוֿמֿה
חֿיֿכֿֿטֿי טֿיֿ׳יֿנֿרֿהֿחֿמֿי, הֿיֿל בֿֿיֿ׳יֿנֿי דֿי נֿה קֿוֿרֿטֿי דֿי קֿהֿסֿאֿסֿיֿ׳יֿוֿן.

דֿרֿיֿיֿפֿֿום — (נֿתֿבֿֿרֿיֿ׳ימֿאֿם אֿן נֿוֿם תֿוֿוֿם, אֿהֿבֿֿיֿ׳ים טֿיֿמֿבֿֿנֿלֿאֿנֿדֿֿי אֿפֿֿרֿוֿבֿֿה דֿי אֿהֿבֿֿיֿ׳יר
הֿיֿל סֿיֿ׳יֿנֿרֿהֿחֿמֿו, מֿה נֿו סֿוֿאֿיֿ׳י אֿי נֿו מֿורֿנֿה) נֿו נֿו פֿֿוֿדֿֿיֿר, מֿי אֿימֿוֿסֿיֿ׳יון הֿיֿכֿֿ כֿֿיֿתֿן
נֿרֿהֿנֿדֿֿי! טֿוֿמֿה כֿֿ״ דֿירֿיֿקֿטֿוֿר, הֿנֿבֿֿרֿיֿ׳ינֿדֿֿו בֿֿוֿם מֿיֿזֿמֿו אֿי מֿיֿלֿדֿֿאֿלֿדֿֿו, נֿיֿ׳יֿ אֿי נֿו
פֿֿוֿדֿֿיֿר! (סֿי אֿסֿיֿ׳יֿנֿפֿֿה נֿוֿ׳יֿ׳יֿו מֿיֿזֿמֿאֿיֿ׳יֿלֿו!)

דֿירֿיֿקֿטֿוֿר — (סֿהֿרֿי הֿיֿל סֿיֿ׳יֿנֿרֿהֿם הֿי מֿיֿ׳יֿ׳יֿה) .נֿה קֿוֿרֿטֿי דֿי קֿהֿכֿֿהֿסֿיֿ׳יֿון
הֿין קֿו סֿידֿֿוֿטֿ כֿוֿלֿהֿנֿיֿנֿה דֿיל 24 מֿהֿיֿ׳יו חֿוֿלֿטֿיֿמֿו, טֿוֿמֿו נֿה רֿיֿכֿֿתֿיֿ׳יֿון סֿינֿיֿ׳יֿנֿקֿי
הֿלֿה חֿוֿנֿהֿנֿיֿמֿיֿדֿֿאֿדֿֿ׳ : אֿיֿל פֿֿרֿוֿסֿיֿסֿו דֿיל קֿוֿנֿדֿֿיֿנֿהֿדֿֿו דֿרֿיֿיֿפֿֿום חֿוֿבֿֿֿﭏﬞﬞ סֿיֿרֿה רֿיֿבֿֿי־
זֿאֿדֿֿו, חֿוֿרֿדֿֿינֿה קֿן אֿיֿל קֿוֿנֿדֿֿינֿמֿאֿדֿֿו דֿרֿיֿיֿפֿֿום כֿיֿהֿבֿֿ אֿימֿיֿדֿֿיֿ׳יֿהֿטֿאֿמֿיֿנֿטֿ כֿרֿהֿילֿדֿֿ׳ :
אֿין סֿרֿהֿכֿֿסֿיֿ׳יֿם פֿֿוֿר סֿיֿר דֿי וֿוֿחֿיֿבֿֿוֿ נֿהֿנֿחֿלֿדֿֿו.

פֿֿוֿר נֿה קֿוֿרֿטֿי דֿי קֿהֿבֿֿהֿסֿיֿ׳יֿון

הֿיֿל פֿֿרֿיֿזֿידֿֿיֿנֿטֿי

לֿוֿבֿֿ.

55 por lo_ke izites por mi, por lo_ke permitites ke la verdað salga a luz, i ke el verdaðero kulpavle sea deskuvyerto! I vozos, ombres de byen i de djustisya, vozos ke sin ningun intereso vos alevantatesh en favor del inosente, vozos toðos, resivi mis rengrasyos del fondo de mi alma! Vuestros nombres restaran kavakaðos[276] en mi korason komo en mi memorya, nunka no los olviðare!

SENA KUARTENA
DREYFUS, DIREKTOR, DOS GUARDYANES.

DIREKTOR – Dreyfus, vos traygo buenas novitas!

DREYFUS – Oh! Dyo! *(Se trubla i parese pronto a peðrer konosensya).*

DIREKTOR – Koraje Dreyfus! El Dyo se apiaðo de vuestras dolores.

DREYFUS – Avla! Ke ay de nuevo? Estash vyendo ke esto temblando i ke apenas esto puðyendo estar en pyes.

DIREKTOR – La Korte de kasasyon se okupo de vuestro proseso.

DREYFUS – Es dunke verdað, Dyo de los syelos?

DIREKTOR – I ordeno ke vuestro djuzgamyento se revize, toma este telegramo, el vyene de la Korte de kasasyon.

DREYFUS – *(Lagrimas en los ojos, manos temblando, aprova de avrir el telegramo, ma no pueðe i lo torna)* No vo poðer, mi emosyon es tan grande! Toma, sinyor direktor, avrildo vos mizmo i meldaldo, yo no vo poðer! *(se asenta meðyo ezmayaðo[277])*

DIREKTOR – *(Avre el telegram i melda)* "La Korte de kasasyon en su seduta[278] solanela[279] del 24 mayo ultimo, tomo la desizyon sigyente a_la unanimiðað: el proseso del kondenaðo Dreyfus Alfred sera revizaðo, ordena ke el kondenaðo Dreyfus sea imedyatamente traiðo en Fransya por ser de nuevo djuzgaðo.

Por la Korte de kasasyon
El prezidente

Lub.[280]

---

276 Neh.; dt. *einmeißeln*, sp. *grabar*.
277 Präfix *ez-* = *dez-*; sp. *desmayado*.
278 < I *seduta* 'Sitzung'; sp. *reunión*.
279 < F *solennelle*.
280 Emile Loubet.

דרייפוס — (קי מינאבה:ם) קים דונקן ליידאד! מי פרוכיסו נם סיי
ריבזחלו! מי מינוסינביייה כה פודיר סחביר הה נח! הי לו פוליר סהליר
די מיסמה פרזיון, די חיסטס חיזה מחנדילם!

דירוקטור — סי, דרייפוס, חוי מיממו בהם קיבהר היסטס פרזיק,
חוי מיממו בהם פחרטיר פור נה פראנסייה קון חון בהפור קי ליוו ספי־
סייאלמימיני פור בום, דרייפוס, בום פינסיסו, הי מי חנינרו קן בום! (ני
פיזה נה מחוז)

דרייפוס — נרחסייהם סיי דירקמור, חין חיסטי דיחה די הנינרחם
מי חלמה חיסטה ליינה די נוסמו. ניין מי חונבלידו טולו חיל מחל קי מי
חזיירון מים חינימינוס או ניק פירדונו. חיל דיו קי ליס פירדוני סחמבין.

דירוקטור — בום דירי טחמיין לחם נוביסהם קי מי חנונ, סיפחם
קי חיל קולוניל רישחרדון סחליו לוקו. חיל זיינרחל מירסיי קי פוח מידכספרו
די נה נירה קומחנדו פוחיטים צהנחלדו אים חן חוביזיטו די מינוספרסיין פור
נה פראנסייה חינטירה, פור חיל מונדו חינטירו. סולוב נום קן טומחרון
פחרטי הין בוחיספירה קונדינחסיין פומירון חפינחדום, מיינטריב קן חיל
קולוניל פיקחר, זולה מי סולוב נום קן סי חליבחנסאחרון הין בוחיספרס לחבור
סחן חלחבחלום חן חיל מונדו חינפירו — מס חיספחמום פירדיינדו נוחיספרו
טיימפו הין פחלחברחם. ליני דרייפוס, ביני פרונקחרם ביספילום. חיל בחפור
הונדי בהם חימבחרקחר בום חיספוב מיספירחנדו. (נום נוחיד.חנים) קימחנדי
לחם קחלייחם! (נום נוחרדייחנים לי קיטחן נם קחדינחם).

דרייפוס — (אם סו פריחיין) פריזייון מיסקורה הונד חון מחרביליו
פחסו סירקה סינקו חניום די דולורים חי די טורטורחם, קי טאל דיים
חוטרה בין חברינחהר הין טום פחרידים הנגון חינוסטעי, הנגונה חלמה סין,
פיקחדו, כיחם מחנגדינ! חי בחום חמינום, בחמום, סחברדימום די חיסטי
נונחר חבחורים.דו, בחמום חלה נוב, בחמום חלה ליבירטחד!

(פורדי)

56 DREYFUS – *(Se alevanta)* Es dunke verdað! Mi proseso va ser
revizaðo! Mi inosensya va poðer salir a luz! I vo poðer salir
de esta prizyon, de esta izla maldicha!
DIREKTOR – Si, Dreyfus, oy mizmo vash kitar esta prizyon,
oy mizmo vash partir por la Fransya kon un vapor ke vino spe-
syalmente por vos, Dreyfus, vos felisito, i me alegro kon vos! *(Le
sera la mano)*
DREYFUS – Grasyas sinyor Direktor, en este dia de alegria
mi alma esta yena de gusto. Yo me olviðo toðo el mal ke me
izyeron mis enemigos i les perdono. El Dyo ke les perdone tamyen.
DIREKTOR – Vos dire tamyen las novitas ke me anbezi, sepash
ke el kolonel Rishardon salyo loko. El jeneral Mersye ke fue ministro
de la gera kuando fuitesh djuzgaðo es un objeto de menospresyo por
la Fransya entera, por el mundo entero. Toðos los ke tomaron
parte en vuestra kondenasyon fueron apenaðos, myentres ke el
kolonel Pikar, Zola i toðos los ke se alevantaron en vuestra favor
son alavaðos en el mundo entero – ma estamos perdyenðo nuestro
tyempo en palavras. Vini Dreyfus, vini trokaresh vestiðos. El vapor
onde vash embarkar vos esta esperando. *(A_los guardyanes)* Kitalde
las kaðenas! *(Los guardyanes le kitan las kaðenas).*
DREYFUS – *(A su prizyon)* Prizyon eskura onde un martiryo
paso serka sinko anyos de dolores i de torturas, si tal deves
otra vez abrigar en tus pareðes algun inosente, alguna alma sin
pekaðo, seas maldicha! I vozos amigos, vamos, saliremos de este
lugar aboresiðo, vamos a_la luz, vamos a_la libertað!

(Perde)

אפוטיאוז די דרייפוס.

(קואנדו סי אלסא איל סירדי סי ניסי הון מאבאנו ליבאנטי [זיבה קארטיגה]: מין מילייו סי ניסי דרייפוס, ליסטאנדו די אופיסייר, סולילו סינגרי מונה באנקיטיקה די 30 אה 40 סאנטימיסרוס די מאטורס, דילאנטירי די דרייפוס, סי ניסי מאתדאס דרייפוס אסינ־ סאנלה סולרי איספאסה נאבאקיבה אי סיניינדו מין קאהלה נאתלו מונה די סוס קריאטורות אבאראבאהאדאס. תבאלדו די דרייפוס סי ניאן פיקאר לי זולה, מונו אין קאתלה נאתלו, מין סייס, אי דרייפוס טיינו סום גראסום סולרי היל אותבארו די קאתדה לובו די מיניוס, ריטראם די סום קאתליסה. תבאלדו די פיקאר אי די זולה סי טיינין דיתאנז, מיל דיריקטור די לה פראיון, היל אינספיקטור, סולום נום אמינום די דרייפוס, די מאסירה אה אסיר מילייה רודאנגלה דומי דרייפוס אתוקופא היל סינטרו. דיטראם די איספאסה רודאנגלה סי טייני מיל פוטיסנו, סולום קאן נום לאפיסום מין נה מאסו לי מיל גראסו הלסאלדו, קוהו מין תוני מונט תונאניתה מקלאמאסיון. סוטיניוס די גינגאל אסטה קן לוי מיל פירדי).

פ״ן

57 *(Kuando se alsa el perde se vee un tablo vivante (jiva kartina):*[281] *en
meðyo se vee Dreyfus, vestiðo de ofisyer, suviðo sovre una banketika de 30
a 40 santimetros de altura, delantre de Dreyfus, se vee madam Dreyfus asen-
taða sovre esta banketa i tenyendo en kaða laðo una de sus kriaturas
abrasaðas. Alaðo de Dreyfus se veen Pikar i Zola, uno en kaða laðo, en
pyes, i Dreyfus tyene sus brasos sovre el ombro de kaða uno de eyos,
detras de sus kavesa. Alaðo de Pikar i de Zola se tyenen Demanj, el direktor
de la prizyon, el inspektor, toðos los amigos de Dreyfus, de manera a azer
meðya rodancha*[282] *donde Dreyfus okupa el sentro. Detras de esta rodancha se
tyene el puevlo, toðos kon los chape'os*[283] *en la mano i el braso alsaðo, komo
en una unanima aklamasyon. Fuegos de bengal*[284] *asta ke kaye el perde).*

Fin

---

281 Erklärung auf Bulg., Übersetzung von *tablo vivante*: жива картина; diese Erklärung lässt
den Schluß zu, dass der vorliegende Druck, evtl das ganze Stück für die bulgarischen Sefar-
den konzipiert wurde.

282 dt. *Halbkreis*, sp. *medio círculo*, vgl. *rodear*.

283 < P *chapéu* < afr. *chapeau*; dt. *Hut*, sp. *sombrero*.

284 Auf Bulgarisch heißt ein Feuerwerk бенгалски огън, sp. wörtlich: *fuegos de bengal*.

מים רינורזֿאֿמינטי דיפֿינדידֿו הֿא סֿולֿה קﾍﾍמﾍﾍﾍטﾍ, סﾍסﾍﾍﾍﾍﾍﾍﾍ הﾍ פֿﾍﾍﾍ-
סֿיקﾍﾍﾍﾍﾍﾍ דﾍ ﾍﾍﾍﾍﾍﾍﾍﾍﾍﾍﾍﾍﾍﾍ לﾍ פﾍﾍﾍﾍﾍﾍﾍﾍﾍ פֿﾍﾍﾍﾍ דﾍﾍﾍﾍﾍﾍﾍ סﾍﾍ ﾍﾍﾍﾍﾍﾍﾍﾍﾍﾍﾍﾍﾍﾍﾍﾍ
ﾍﾍﾍﾍﾍﾍﾍﾍﾍﾍﾍ דﾍﾍ ﾍﾍﾍﾍﾍﾍﾍﾍ. ﾍﾍﾍﾍﾍ קﾍﾍﾍﾍﾍﾍﾍﾍ, סﾍﾍﾍﾍﾍﾍﾍ הﾍ פﾍﾍﾍﾍﾍﾍﾍﾍﾍﾍﾍ קﾍ ﾍﾍﾍ-
ﾍﾍﾍﾍﾍﾍﾍﾍﾍﾍﾍﾍ לﾍ פﾍﾍﾍﾍﾍﾍﾍ פֿﾍﾍﾍﾍﾍ דﾍﾍﾍﾍﾍﾍﾍ סﾍﾍ ﾍﾍﾍﾍﾍﾍﾍﾍﾍﾍﾍﾍﾍﾍﾍﾍﾍ ﾍﾍﾍﾍﾍﾍﾍﾍﾍﾍﾍﾍ דﾍﾍ
ﾍﾍﾍﾍﾍﾍﾍ סﾍﾍﾍﾍﾍ פֿﾍﾍﾍﾍﾍﾍﾍﾍﾍ ﾍﾍﾍ דﾍﾍﾍﾍﾍﾍﾍ ﾍﾍ ﾍﾍﾍﾍﾍﾍﾍﾍﾍ.

חﾍﾍ ﾍﾍﾍﾍﾍﾍﾍ   חﾍﾍ ﾍﾍﾍﾍﾍﾍ

ז'אק לﾍﾍﾍﾍﾍ.   חﾍﾍﾍﾍﾍﾍﾍ פֿﾍﾍﾍﾍﾍ'

אלום ליקטורים די דרייפֿום.

פֿרﾍﾍﾍﾍﾍﾍﾍﾍﾍﾍﾍﾍﾍﾍ טﾍﾍﾍﾍ ﾍﾍ ﾍﾍﾍﾍﾍﾍﾍﾍﾍﾍ דﾍ ﾍﾍﾍﾍﾍﾍﾍﾍﾍﾍ לﾍ פﾍﾍﾍﾍﾍﾍﾍﾍﾍﾍﾍ
דﾍ ﾍﾍﾍ ﾍﾍﾍﾍﾍﾍﾍﾍﾍ פֿﾍﾍﾍﾍﾍﾍﾍﾍﾍﾍﾍ ﾍﾍﾍ ﾍﾍﾍﾍﾍﾍﾍﾍ ﾍﾍﾍﾍﾍﾍﾍ-ﾍﾍﾍﾍﾍﾍﾍﾍﾍﾍ קﾍ ﾍﾍﾍﾍﾍﾍﾍ פֿﾍﾍ
טﾍﾍﾍﾍﾍﾍ ,,קﾍﾍﾍﾍﾍﾍ ﾍﾍﾍﾍﾍﾍﾍﾍ'' ﾍﾍ קﾍ פֿﾍﾍﾍﾍﾍﾍﾍﾍﾍ סﾍﾍﾍﾍﾍﾍ לﾍ פﾍﾍﾍﾍﾍ דﾍ ﾍﾍ ﾍﾍﾍﾍﾍﾍﾍ.
ﾍﾍﾍ ﾍﾍﾍﾍﾍﾍﾍ ﾍﾍﾍﾍﾍﾍﾍﾍﾍﾍ דﾍﾍﾍﾍﾍﾍﾍ ﾍﾍ ﾍﾍﾍﾍﾍﾍﾍﾍ סﾍﾍ פﾍﾍﾍﾍﾍ ﾍﾍﾍ כﾍﾍﾍﾍﾍﾍﾍﾍﾍﾍﾍ'כﾍﾍﾍﾍﾍ
דﾍﾍﾍﾍﾍﾍﾍﾍﾍﾍﾍﾍﾍﾍ טﾍﾍﾍﾍﾍﾍﾍ לﾍﾍﾍﾍﾍ לﾍﾍ ﾍﾍﾍﾍﾍﾍﾍﾍﾍﾍﾍﾍﾍﾍﾍﾍ, טﾍﾍﾍﾍﾍ לﾍﾍﾍ ﾍﾍﾍﾍﾍﾍﾍﾍﾍﾍﾍﾍ ﾍﾍ ﾍﾍﾍﾍﾍ
לﾍﾍ קﾍﾍﾍﾍﾍﾍﾍﾍﾍﾍﾍﾍﾍ קﾍ כﾍﾍﾍﾍ לﾍﾍ ﾍﾍﾍﾍﾍﾍﾍﾍﾍﾍ דﾍ ﾍﾍﾍﾍﾍﾍﾍﾍﾍ קﾍﾍ חﾍﾍ ﾍﾍﾍﾍﾍﾍﾍ דﾍ
ﾍﾍﾍﾍﾍﾍ חﾍﾍﾍﾍ דﾍﾍﾍﾍﾍﾍﾍﾍﾍﾍﾍﾍ מﾍﾍﾍﾍﾍﾍ סﾍﾍﾍﾍﾍ ﾍﾍﾍﾍﾍﾍﾍﾍﾍﾍ רﾍﾍﾍﾍ ﾍﾍﾍﾍﾍﾍﾍﾍ ﾍﾍﾍ חﾍﾍﾍ-
זﾍﾍﾍﾍﾍﾍ דﾍ ﾍﾍﾍ קﾍﾍﾍﾍﾍ חﾍﾍﾍﾍﾍﾍﾍﾍ לﾍﾍ ﾍﾍﾍ ﾍﾍﾍﾍﾍﾍﾍﾍﾍﾍﾍﾍ נﾍﾍﾍﾍﾍ.

נﾍ קﾍﾍﾍﾍﾍﾍﾍﾍ דﾍ לﾍ פﾍﾍﾍﾍﾍ דﾍ ﾍﾍ לﾍ כﾍﾍﾍﾍﾍﾍﾍ ﾍﾍﾍﾍﾍﾍﾍ ﾍﾍ ﾍﾍﾍﾍﾍ דﾍﾍ דﾍﾍﾍﾍ.
קﾍﾍﾍﾍﾍ חﾍﾍﾍﾍ לﾍﾍﾍﾍﾍ חﾍﾍﾍﾍﾍ ﾍﾍﾍﾍﾍﾍﾍﾍ קﾍﾍﾍﾍﾍﾍﾍﾍﾍﾍﾍﾍﾍﾍ סﾍﾍﾍﾍﾍﾍﾍﾍﾍﾍ לﾍ ﾍﾍﾍ, פﾍﾍﾍﾍﾍ ﾍﾍﾍ
כﾍﾍﾍﾍﾍﾍﾍﾍﾍﾍﾍﾍ טﾍﾍﾍﾍﾍﾍﾍ ﾍﾍﾍ חﾍﾍﾍﾍﾍﾍﾍﾍﾍﾍﾍﾍ ﾍﾍ קﾍ פﾍﾍﾍﾍﾍﾍ ﾍﾍﾍ מﾍﾍﾍ כﾍﾍﾍﾍﾍﾍﾍﾍﾍﾍﾍ.
לﾍﾍ זﾍﾍﾍﾍﾍﾍﾍﾍ ﾍﾍﾍﾍﾍﾍﾍﾍﾍﾍﾍﾍﾍ ﾍﾍﾍﾍﾍﾍ סﾍﾍﾍﾍﾍﾍﾍﾍ קﾍ חﾍﾍ קﾍﾍﾍﾍﾍ ﾍﾍﾍﾍﾍﾍ חﾍﾍ
ﾍﾍﾍﾍﾍﾍ-זﾍﾍﾍﾍﾍ ﾍﾍ מﾍﾍﾍﾍ מﾍﾍﾍﾍﾍﾍﾍﾍﾍﾍﾍ דﾍ לﾍﾍ דﾍﾍﾍﾍﾍﾍﾍﾍ דﾍﾍ תﾍﾍﾍﾍﾍ. חﾍﾍ פﾍﾍﾍ
רﾍﾍﾍﾍﾍﾍﾍﾍﾍﾍ לﾍﾍ ﾍﾍﾍﾍﾍﾍﾍ חﾍﾍﾍﾍﾍﾍﾍﾍﾍﾍ ﾍﾍﾍﾍﾍﾍﾍﾍ קﾍ מﾍ דﾍﾍﾍﾍﾍﾍﾍﾍ חﾍﾍﾍ, לﾍﾍ פﾍﾍﾍ-
לﾍﾍﾍﾍﾍ מﾍ חﾍﾍﾍﾍﾍﾍ ﾍﾍﾍﾍﾍﾍﾍﾍﾍﾍﾍﾍﾍ ,,קﾍﾍﾍﾍﾍ ﾍﾍﾍﾍﾍﾍﾍ'' קﾍﾍ חﾍﾍﾍﾍﾍﾍﾍﾍﾍﾍ קﾍ ﾍﾍﾍﾍﾍ
ﾍﾍﾍﾍﾍﾍﾍ לﾍﾍ חﾍﾍﾍﾍ לﾍﾍ ﾍﾍﾍﾍﾍﾍﾍ דﾍ ﾍﾍﾍﾍﾍﾍﾍﾍ ﾍﾍﾍﾍﾍﾍﾍﾍﾍﾍﾍﾍﾍﾍﾍ, חﾍﾍ ﾍﾍﾍﾍﾍﾍﾍﾍ-
דﾍﾍﾍﾍ קﾍﾍﾍ סﾍ ﾍﾍﾍﾍﾍﾍﾍ ﾍﾍﾍﾍﾍﾍﾍﾍﾍﾍﾍﾍﾍﾍ חﾍﾍﾍﾍﾍﾍ פֿﾍﾍﾍﾍﾍﾍ ﾍﾍﾍﾍﾍﾍﾍﾍﾍﾍﾍﾍ חﾍ
סﾍﾍﾍﾍ קﾍ נﾍﾍﾍﾍ דﾍ מﾍﾍﾍﾍﾍﾍﾍﾍ, דﾍ ﾍﾍﾍﾍﾍﾍﾍﾍﾍ, חﾍ דﾍ קﾍﾍﾍﾍﾍﾍﾍﾍﾍﾍ חﾍﾍﾍﾍﾍ ﾍﾍﾍﾍﾍﾍ.
כﾍﾍﾍﾍﾍﾍﾍﾍﾍ פֿﾍﾍﾍﾍ ﾍﾍﾍﾍﾍ פֿﾍﾍﾍﾍﾍﾍﾍﾍﾍﾍ פֿﾍﾍﾍﾍﾍ ﾍﾍﾍ מﾍﾍﾍﾍ ﾍﾍﾍﾍﾍ לﾍﾍ
נﾍﾍﾍﾍﾍﾍ, קﾍﾍﾍ קﾍ ﾍﾍ קﾍﾍﾍﾍ קﾍﾍﾍﾍﾍﾍﾍﾍﾍ נﾍﾍﾍﾍﾍﾍ לﾍ מﾍﾍﾍﾍﾍﾍﾍ ﾍﾍﾍﾍﾍﾍﾍﾍﾍﾍﾍ
ﾍﾍﾍ ﾍﾍ סﾍ סﾍﾍﾍﾍﾍ חﾍﾍﾍ דﾍ פֿﾍﾍﾍﾍﾍﾍﾍﾍﾍ. נﾍ חﾍﾍ ﾍﾍﾍ טﾍﾍﾍﾍﾍﾍﾍ ﾍﾍﾍ ﾍﾍﾍﾍﾍﾍﾍﾍﾍﾍﾍﾍ

58 Es rigurozamente defendiðo a toða komunita, sosyeta o par-
tikular de reprezentar la prezente pyesa *Dreyfus* sin otorizasyon
eskrita del autor. Toða komunita, sosyeta o partikular ke rep-
rezentaran la prezente pyesa *Dreyfus* sin otorizasyon eskrita del
autor seran presegiðos en danyos i interesos.

El autor   El editor
Jak Lorya   Hristo Petkof[285]

A_LOS LEKTORES DE DREYFUS

Proksimamente tengo la entisyon[286] de empesar la puvlikasyon
de un romanso pasyonante en lengua judeo-espanyol ke tendra por
titulo "Krimen ritual" i ke tratara sovre la [alila] de la sangre.[287]
En este romanso donde la aksyon se pasa en Bulgaria seran
deskuvyertas toðas las mashinasyones,[288] toðas las intrigas i toðos
los komplotos[289] ke teshen los enemigos de [Israel] kon el eskopo de
echar una dezonorante mancha sovre nuestra rasa entera en aku-
zando de un krimen orivle a un inosente djuðyo.
La kestyon de la [alila] de la sangre esta al orden del dia.
Kaða anyo vemos esta orivle kalumnia salir a luz, tanto en
Bulgaria tanto en Ungaria i mizmo en pa'izes mas sivilizaðos.
Los jurnales antisemites ainda sostyenen ke el krimen ritual es
otorizaðo i mizmo ordenaðo de los doktores del [Talmud]. Es por
responder a estos indjustos atakos[290] ke me determino oy a puv-
likar mi ovra entitulaða "Krimen ritual" kon esperansa ke eya
avrira los ojos a algunos de nuestros adversaryos, en mostran-
doles komo se krean ordinarmente estas pretas akuzasyones i
sovre ke baza de malisya, de aboresyon, i de krueldað eyas repozan.
Solamente porke esta puvlikasyon pueða a_lo menos inchir los
gastes, kale ke en kaða komunita djuðia la manseves instruiða
aga en su favor algo de propaganda. No es en tomando un egzemplaryo

---

285 Der Name wird im Bulg. mit -*v* geschrieben, *Petkov*, gleichwohl -*f* ausgesprochen.
286 sp. *intención*, dt. *Absicht.*
287 "Ritualmord" -Verleumdung.
288 < F *machinations* 'Machenschaften'.
289 < F *complot* 'Komplott'.
290 fr. *attaque*, dt. *Attacke, sp. ataque.*

חי אין פריסטאנדולו דיספוחים אה טודום לוס סאריינטים אמינוס חי לידיגים, גו
חים אנסי קי כי חינקורחוס אה חון חאוטור. סורקי חיכטה סיבליקאסיין
טינגם חון כוחק סוקסיסו קאלי קי חן לאם קומוניפאם דיל חוריינטי סי
חרנאמינן נדוסוס די ליקטורים, חי חים חן ריסילליינדו סום חרחיין קה־
נורחה קי חיל חאוטור סי כיזטירה חינקורחואלו, חי קי לה פונבליקאקיין די
קריטין ריטואל סוחדלרה חימפיסאחר.

לם קיסטיין די לם עלינה די לם סאונגרי חים חונה קיסטיין כא־
סייגאלה, חלה קואלה חיסטאחן חעמחדחם וחיכטארה לידה, וחיסטארה חונור,
וחיסטערו הגיגר חי לם כוחיזס סאמנה דיג וומוכרי נול׳יין, חים סור חיסטו
קי לייטו לם זיינס חיכסירחנסם קי טולו נוליח מיינדה אח קולחסן די
חינקורחואר חל חאוטור אה קיטאחר אה לו חונה חובזרה קי זו כולו חינסי־
ריסה אל נולחחמו, מה קי כאחמין חים חון רומחנסו קי פחסיינחרה אה
טודוק סום ליקטורים. חיסמס חונדה סירה לם פרימירה ריפוטחקיין פו־
סולחריה דיל חורלני פרזווי די לם עלינה די לם סאונגרי.

ואק לורייה.

רומאנסום דיל מיזמו אאוטור, אין לינגואה פ׳ראנסיזה.

Les Mystéres de Péra, נראחני נילרו די סירקה 1000 חונאם פרים׳יי 3 ליר.

Le Forban de Philippopolis, וום נולומים, לום דום 3 פראחנקום.

חיג סוססמלי סי סאנה אה סחרסי: 80 סחנטימים סור חיל פרימיר חי 35
סחנטימים סור חיל סינונדו.

סופ׳ייה
טיפוגראפ׳ייה לסמים סממק
1903.

162

59 i en prestandolo despues a toðos los paryentes, amigos i vezinos, no es ansi ke se enkoraja a un autor. Porke esta puvlikasyon tenga un buen sukseso[291] kale ke en las komunitas del Oryente se organizen grupos de lektores, i es en resivyendo sus adezyon[292] kaloroza ke el autor se sentira enkorajaðo, i ke la puvlikasyon de "Krimen ritual" pueðra empesar.

La kestyon de la [alila] de la sangre es una kestyon nasyonala, a_la kuala estan ataðas nuestra viða, nuestra onor, nuestro avenir i la buena fama del nombre djuðyo, es por esto ke yevo la yena esperansa ke toðo djuðyo tendra a korason de enkorajar al autor a kitar a luz una ovra ke no solo interesa al djuðaizmo, ma ke tamyen es un romanso ke pasyonara a toðos sus lektores. Esta ovra sera la primera refutasyon popularya del orivle prejuje[293] de la [alila] de la sangre.

Jak Lorya.

Romansos del mizmo autor, en lengua franseza.

"Les Mystères de Péra", grande livro de serka 1000 ojas, presyo 3 *frankos*.
"Le Forban de Philippopolis", dos volumes, los dos 3 frankos.
El postaje se paga a parte: 80 santimes por el primer i 35 santimes por el segundo.

Sofya
Tipografia [Rahamim Shimon]
1903

---

291 < F *succès*; sp. *éxito*, dt. *Erfolg*.
292 'Beitritt zur Subskription'.
293 dt. *Vorurteil*, sp. *prejudicio*.

אימפרימיריאה רחמים שמעון.

קון מיל פריזינטי ניקו אנוסייו טיענו היל הונור די מיגפורמאר מיס
קוריליזייונאריים די כונגאראה, סולרי טודו לום קומיטיס סינאגונאליס,
סקולירים לי סוסייטאס ליוניסטאס, קן פואידיו היכטאמפאר אה פריסייוק לום
מאס קונביינלליס ❈ חלוומירה די טודה הוקקורינסייה: הגניטיס, הגלילוסיס,
גילייסוס די כולה, די בר מגוה אי די ברכת מילה, קארטאק די ביזיטה,
קיטאנכאס, כרושורחק היטס׳ היטכ׳. טודו היסטו סי פואידי היסטאהמפאר
אין נחם לינגואם לשון הקדש, גודיאו-היספאנייולה, כולגארה הי פראהנסיזה.
נאזורו לימפייו, קוריזאלדו קון קוילזאלדו, פריסורוזו הי היכפידידו אנדי איל
קומהנדאדור דיזיאה.

רחמים שמעון
סופייה.

הוריסו:

Разамимъ Шимонъ
Печатница на Ив. К. Цуцевъ — София.

Imprimiria [Rahamim Shim'on]

60 Kon el prezente chiko anunsyo tengo el onor de informar mis
korelijyonaryos de Bulgaria, sovre toðo los komites sinagogales,
skoleres[294] i sosyetas sionistas, ke pueðo estampar a presyos los
mas konvenivles i afuera de toða konkurensya: antetim,[295] anvelopes,
bilyetos de boða, de [bar misva[296]] i de [birkat mila[297]], kartas de vijita,
kitansas, broshuras, etc., etc. Toðo esto se pueðe estampar
en las lenguas [leshon a-kodesh[298]], djuðeo-espanyola, bulgara i franseza.
Lavoro limpyo, korijaðo[299] kon kuyðaðo, presurozo i espeðiðo[300] ande el
komandaðor dezea.

[Rahamim Shim'on]
Sofya.

Adreso:[301]
Rahamim Shimon
Pechatniza[302] na Iv. K. Zuzev – Sofya.

---

294 < F *scolaire.*
295 *antet* < F *en-tête*, pl. *antetim*; *Briefkopf, -bogen.*
296 Religionsmündigkeit der Jungen (13 Jahre).
297 Beschneidungssegen.
298 Hebr. *lengua santa,* i.e. *hebreo.*
299 *korijar* < F *corriger.*
300 dt. *verschicken,* sp. *expedir.*
301 Im folgenden auf Bulgarisch bzw. in bulg. Schrift.
302 Bulg. 'taller tipográfico', dt. *Druckerei.*

Glossar

Abkürzungen:

B = Bulgarisch
F = Französisch
G = Griechisch
I = Italienisch
J = Judenspanisch
P = Portugiesisch
S = Spanisch
T = Türkisch

asp. = altspanisch
wbi = Wortbildung

AP.   Avner Perez, Gladys Pimienta. 2007 *Diksionario amplio djudeo-espanyol – ebreo. Lashon me-Aspamia.* Maale-Adumim.
BS.   Beatriz Schmid / Yvette Bürki. Hrg. 2000. *"El hazino imajinado".* Basel.
MCV. Marie-Christine Varol. 2008. *Le judéo-espagnol vernaculaire d'Istanbul.* Bern.
MKS. Matilda Koén-Sarano. 2009. *Diksionario Ladino – Ebreo, Ebreo -– Ladino.* Jerusalem.
Neh. Joseph Nehama. 1977. *Dictionnaire du Judéo-Espagnol.* Madrid. (^{2}Gordes / Paris 2003)
Pip. Albert D. Pipano. 1913. *Diksionario judeo-espanyol – bulgaro.* Sofia.
Rom. Samuel Romano. 1995 (1933). *Dictionary of spoken Judeo-Spanish / French / German, with an introduction on phonetics and word formation.* Jerusalem (Zagreb).

< = Sprachkontakt, Herkunft eines Wortes
<< = Lehnbedeutung aus (einer Sprache)

27-NO	*27.* (Ordinalzahl), *el de ventisiete; vigésimo séptimo.*-7
ABASTAR	= *bastar.*-29
ABASTESER	*bastar, (aus-)reichen.*-5
ABOKARSE	*inclinarse sobre, s. beugen über.*-20
ACHETAR	< I *accettare; aceptar, es in Kauf nehmen.*-24
ADELANTRE	*adelante.*-6
ADYENTRO	*esta aki ~ : allí dentro, drin, drinnen.*-7
ADJUSTAR	*apuntar, zielen auf.*-42
ADRESAR	< F *adresser (la parole a qn); richten an.*-48
ADRESARSE	< F *s'adresser à; dirigirse a, s. wenden an.*-31

AFEDENTO	*disgusto, Unannehmlichkeit.*-44
AFERAR	*= aferrar.*-2
AFIN KE	*< F afin que; para que, damit, um zu.*-28
AFIRMADO	wbi *a+firma+ar; firmado, unterschrieben.*-3
AFITAR	*< ?* (cf. Rom.); *suceder, pasar, passieren.*-9
AFLAKARSE	wbi *a+flaco+ar(se),* cf. *flakeza.*-47
AFUERA	*fuera.*-2
AGENTE	-g- graphisch fz; ~ *sekreto:* F *agent secret, Geheimagent.*-1
AGORA	asp; P *agora; ahora, jetzt.*-3
AINDA	*= dainda < P ainda; todavía, noch.*-8
AKODRARSE	*acordarse* (Metathese), *s. erinnern.*-11
AKOJER	*akojer kartas,* gemeint: *arekojer.*-15
AKOMPLIR	*< F accomplir; cumplir con,* (Pflicht) *erfüllen.*-41
AKORDAR	*conceder, jm etw gewähren.*-35
AKORDO	*de ~ kon: de acuerdo con, s. einig sein mit.*-8
AKOSTAR	~ *oreja: escuchar, lauschen.*-2
AKTRISA	*< F actrice; actriz, Schauspielerin.*-17
AKULPAR	wbi *a+kulpa+ar; culpar, beschuldigen.*-4
ALADO	*= al lado.*-4
ALDIKERA	*bolsillo, faltriquera,* (Kleider-)*Tasche.*-13
ALEVANTARSE	*levantarse, aufstehen.*-9
ALGUNO	*alguien.*-2
ALIMPYAR	*limpiar,* (Tränen) *abwischen.* -24
ALOKADO	wbi *a+loko+ado; loco, Verrückter.*-13
AMANZIARSE	Neh. *amanziyarse; apiadarse, s. erbarmen.*-27
AMANZIOZO	wbi *amanziar+ozo.*-53
AMARIO	*amarillo, gelb.*-1
AMENAZAR	cf. *menazar.*-5
AMOSTRAR	*= mostrar; mostrar, enseñar, señalar, zeigen.*-10
ANBASAD	m; *< F ambassade* f.-3
ANDE1	*= onde; dónde, wo.*-2
ANDE2	*= onde; ande el ministro al ministro, zu jm,* F *chez qn.*-9
ANKETA	cf. *enketa.*-13
ANSI	asp., *= asi, ansina; así, so.*-2
ANTISEMITES	*< F antisémites.*-36
ANVELOP	m; *< F enveloppe* f.; *sobre, Umschlag.*-2
APAREJAR	*preparar, vorbereiten.*-11
APARTAR	*delegar, abstellen, abordnen für.* -8
APARTENIR	*< F appartenir; pertenecer, gehören.*-12
APENAR	wbi *a+pena+ar; punir, bestrafen.*-47
APRETO	*aprieto, Not, Notlage.*-27
APREVAR	*intentar, versuchen.*-47
APREZADO	*detenido, Gefangener, Häftling.*-51

APREZAR	Neh. 'emprisonner'; *prezar, ins Gefängnis stecken.*-4
APRONTARSE	wbi *a+pronto+ar(se)*; *prepararse*, D. *s. bereit machen.*-20
ARASTAR	= *arr*astar < P *arrastar; arrastrar; << F 'qc qui traîne (qp)'.*-47
ARAZGAR	= *arr*asgar; *rasgar, romper, zerreißen.*-5
AREKOJER	= *arr*ekojer, rekojer; *recoger, sammeln.*-13
ARELUMBRAR	= *arr*elumbrar; *relumbrar, leuchten.*-24
AREPUSHARSE	Rom. 'repousser de soi'; *empujar, (von sich) stoßen.*-31
ARESTAR1	= *arr*estar; *arrestar, detener, festnehmen.*-11
ARESTAR2	= *arr*estar; < F *arrêter; parar, anhalten.*-20, -50
ARESTARSE2	< F *s'arrêter; detenerse, innehalten.*-27
AREVATADOR	= *arr*evatador; *ladrón, Dieb, Räuber.*-35
AREYEVAR	= *arr*eyevar; *soportar, dulden, ertragen.*-13
ARIVAR	= *arr*ivar < F *arriver; llegar, ankommen.*-49
ARIVO	= *arr*ivo; *llegada, Ankunft.*-50
ARODEAR	= *arr*odear, rodear.*-21
AROVAR	= *arr*ovar, rovar; *robar, stehlen.*-4
ARTIKOLO	< I; *artículo, Artikel.*-11
ARTILYOR	< F *artilleur.*-19
ASENTADO	~ *delantre el sekretaryo: estar sentado, sitzen.*-1
ASENTARSE	*sentarse, s. setzen.*-18
ASERKARSE de	= F *s' approcher de; acercarse a, s. nähern.*-1
ASISTAR	< F *assister; asistir, anwesend sein bei.*-29
ASPERAR	= *esperar; esperar, hoffen, warten.*-2
ASPRO	kleine osmanische Münze, 'Cent, Pfennig'.-40
ATABAFAR1	*voz atabafada* < P *atabafar, abafar; apagar, bajar, dämpfen.*-2
ATABAFAR2	fig. (Geheimnis...) *totschweigen, unterschlagen.*-46
ATANSION	< F *attention.*-19
ATIRAR	< F *attirer; atraer, jm etw einbringen.*-24
ATORGAR	*confesar, gestehen.*-21
AVAGAR	asp. *avagar*, P *devagar; (avlar) despacio, langsam.*-2
AVANSAR	< F; (~ *factos...*) (etw. in einer Zeitung) *bringen.*-12
AVENIR	< F *avenir; porvenir, Zukunft.*-11
AVER	< H; *aire, Luft.*-49
AVISTA	*en seguida, sofort, gleich.*-4
AVOCATO	< I *avvocato.*-25
AVOKAT	< F *avocat.*-1
AYDE	< T *haydi*; B * aйдe; ¡vamos, deprisa, venga! auf, los!*-12
BAKAL	< T *bakkal; tendero, Lebensmittelhändler.*-35
BALDES	*en ~ : de balde, umsonst.*-26
BANKETIKA	wbi *banketa+ika.*47
BARVIKA	wbi *barva+ika; barba, Bärtchen.*-2
BATALYA	Neh. < I *battaglia.*-11
BATIREAR(SE)	MCV. < T *batirmak; naufragar, untergehen.*-48

BEDUINES	*beduino, Beduine.*-46
BYENFEZENSYA	< F *bienfaisanc*e.-33
BYERVO	*palabra, Wort.*-18
BODRE	*borde* (Metathese), *Rand.*-20
BOLAR	*volar, fliegen.*-50
BOLTAR	cf. F *détourner qn de son devoir.*-42
BOLTARSE	< P *voltar-se; volverse, s. umdrehen.*-13
BORDRO	< F *bordereau; Bericht, Begleitbrief.*-3
BOVEDAD	wbi *bovo+edad; tontería, Dummheit.*-5
BOZ	*voz.*-6
BRIGANDES	I *brigante,* F *brigand; Straßenräuber* (in Italien).-12
BRIGANDO	cf. *brigandes.*-35
BRUIDO	*ruido* x F *bruit* (?).-31
BUENDAD	wbi *bueno+dad.*-19
BURAKO	< P *buraco; hueco, Loch.*-26
BUSHKAR1	*buscar, suchen.*-9
BUSHKAR2	'suchen, versuchen' << F *chercher à* Inf.; *procurar.*-31
CHAPEO	< P *chapéu* < afr. *chapeau; sombrero, Hut.*-57
DANYOZO	wbi *danyo+ozo; dañino, nocivo, gefährlich, schädlich.*-5
DE KUANDO	*desde cuando, seit wann.*-6
DELANTRE	*delante.*-1
DEMANDAR1	*preguntar, fragen.*-6
DEMANDAR2	<< F *demander (des explications) à qn; pedir, etw verlangen von.*-6
DERANJAR	< F *déranger; molestar, stören.*-2
DEREDOR	*al ~ : alrededor, um...herum.*-51
DESGRADAR	s. *dezgradar.*-28
DESKAVENYAR	F *nu-tête; descubierto, barhäuptig.*-47
DESKONTENTES	wbi *des+kontente+es.*-41
DESPARESER	*desaparecer.*-5
DESPARTE	*en ~ de: además de, aparte de, neben, abgesehen von.*-11
DETALYO	< I *dettaglio; detalle, Einzelheiten.*-6
DEZGRADAR	wbi *dez+grado+ar; degradar, degradieren.*-26
DEZINYAR	< F *désigner; señalar, zeigen auf.*-20
DEZMENTIRAR	*desmentir, dementieren.*-12
DEZONOR	wbi *dez+onor* (f. = asp.); *deshonra, Schande.*-4
DEZREGLADO	= *desreglado; desordenado, verdorben, liederlich.*-40
DEZVENTURADO	*desgraciado, unglück(sel)ig.*-27
DIKTE	< F *dictée.*-18
DIRITO1	< I *diritto; directamente, direkt.*-19
DIRITO2	< I; *derecho, Recht.*-21
DISHOS	*dishos i medishos: habladurías, Klatsch, Gerüchte.*-17
DISIPADO	< F *dissiper; pródigo, verschwenderisch.*-34
DIZILDE	< *dizid+le* mit Metathese.-8

DIZIR	*decir.*-3
DJANDARMA	= *jandarmas.*-30
DJESTO	*gesto, Geste.*-13
DJUZGADOR	wbi *djuzgar+dor; juez, Richter.*-14
DJUZGO	= *se(n)tensia.*-24
DO	*doy.*-45
DODJE	*doce, zwölf.*-42
DONDE	< F *dont*, Rel.pron; *cuyo, dessen.*-18
DOVER	< I; *deber, obligación, Pflicht.*-9
DUBYAR	< I *dubbiare; dudar, zweifeln.*-12
DUBYO	< I *dubbio; duda, Zweifel.*-20
DUNKE	< I *dunque; por consiguiente, doch, also.*-4
ECHO 1	Neh. 'affaire'; *asunto, negocio, Angelegenheit, Geschäft.*-18
ECHO 2	< F *affaire* fig. 'Affaire'.-45
ECHO DE DREYFUS	= *Affaire Dreyfus.*-45
EFETO	I *effetto*, F *effet; efecto, Wirkung.*-39
ELEKTRIK	< F *électrique.*-7
ENBEZAR	= *embezar*, **am**bezar; *aprender, enseñar, lehren, lernen.*-4
ENBIAR	= *emb*iar; *enviar, schicken.*-7
ENDAGORA	*ahora mismo, soeben.*-8
ENDEBDADO	wbi *en+debda+ado; verschuldet.*-36
ENDELANTRE	*de oy por ~ : a partir de hoy, von heute an.*-6
ENDERECHARSE	*ponerse derecho, enderezarse, s. aufrichten.*-30
ENDINYADO	< F ? *indigné; indignado, empört.*-8
ENDINYE	< F *indigne; indigne, unwürdig.*-31
ENFIN	< F *enfin; al final, endlich.*-24
ENFLAMAR	< F *enflammer.*-11
ENGLUTIR	< F *engloutir; engullir, tragarse, verschlucken, verschlingen.*-17
ENKESTADOR	wbi *enkestar+dor; investigador, Untersucher.*-36
ENKETA	< F *enquête;* = *anketa; investigación, Untersuchung.*-13
ENKULPAR	wbi *en+kulpa+ar,* = *akulpar.*-24
ENPESAR	= *empesar.*-18
ENPIEGAR	= *emp*iegar, < I; *emplear, praticar, anwenden.*-7
ENPLAVESER	*palidecer, erbleichen.*-18
ENPRIMERO	*primero, zuerst, zunächst.*-6
ENSHEMPLO	asp. *enxemplo; ejemplo, Beipiel.*-15
ENTERAMENTE	< F *entièrement; por entero, gänzlich.*-16
ENTOJOS	*anteojos, gafas, Brille.*-13
ENTORNAR	< F ? *entourer; rodear, umgeben.*-11
ENTOSEGAR	*envenenar, vergiften.*-52
ENTRADA	*sueldo, ingresos, Einkommen, Gehalt.*-17
ENVEDRESER	wbi *en+vedre (< verde)+eser.*
EPOLETA	F *épaulette*, T *epoleta; hombrera, Schulterstück.*-28

EPUIZADO	< F *épuisé; agotado, erschöpft.*-50
ESCRIVIDOR	wbi *eskrivir+dor.*-35
ESFUENYO	= *es.huenyo; sueño, Traum.*-21
ESHKOLA	*escuela, Schule.*-14
ESKAPAR1	~ *de eskrivir: aufhören.*-1
ESKAPAR2	*terminar, (be-)enden.*-24
ESKOLA	= *eshkola.*-26
ESKOPO	< I *scopo; intención, Ziel, Absicht.*-53
ESKORTAR	< F *escorter; escoltar, eskortieren.*-32
ESKURO	< P; *oscuro, finster, dunkel.*-48
ESKUVRIR	= **des**kuvrir; *descubrir, entdecken, herausfinden.*-8
ESMOVERSE	F *s'émouvoir; emocionarse, gerührt sein.*-29
ESPANDER1	~ *el braso: extender,* (Arme) *ausbreiten.*-14
ESPANDER2	*difundir, propagar, aus-, verbreiten.*-11
ESPARANYAR	AP.; *ahorrar, sparen, es an nichts fehlen lassen.*-27
ESPARTIR	*separar, trennen.*-16
ESPARTIRSE	*separarse, s. teilen, trennen.*-43
ESPERTAR	= **des**pertar.-29
ESPESA	< F *espèce; especie, clase, Art.*-34
ESPYERTO	= **des**pierto, **des**pertado.-21
ESPRITO	*espíritu.*-11
ESTABILISIDO	*estableser* x *estabilir* (?); (Heer) *wo liegen, stehen.*-7
ESTESO	< I *lo stesso; lo mismo, dasselbe.*-48
EST**O**	*estoy.*-7
ESTONCES	= *entonces.*-4
ESTRUIR	= **des**truir.-23
EZITAR	< F *hésiter.*-49
EZMAYADO	= **dez**mayado.-55
EZVAYNAR	= **des**vaynar; (Degen...) *ziehen.*-30
FACHA	< I *faccia; rostro, Gesicht.*-23
FAKTOS	*hechos, Fakten.*-12
FALTURA	wbi *faltar+ura; falta, Mangel an.*-51
FAMIYA	*esposa, familia, Ehefrau, Familie.*-51
FAYTON	В *файмон; coche, Kutsche.*-17
FIGURA	< F *figure;* sp. *cara, Gesicht.*-30
FIKSAR1	< F *fixer; fijar, ansehen, fixieren.*-18
FIKSAR2	*fijar, festlegen.*-23
FIN	~ *poko tiempo: dentro de poco, binnen kurzem.*-9
FINYIR	Neh. '*pétrir la pâte'; amasar, kneten.*-11
FLAKEZA	wbi *flako+eza; flaccidez, Schwäche.*-52
FORKA	*horca, Galgen.*-6
FORTERESA	< F *forteresse; fortaleza, Feste, Festung.*-26
FOYA	*hoya, Grube, Grab.*-6

FRAGUAR	*construir, establecer, bauen, konstruieren.*-11.
FREGAR	*se frega las manos* < I *fregar; frotar, reiben.*-13
FRIYO	*fiebre, Fieber.*-52
GARSON	< F *garçon;* (mil.) *asistente,* (mil.) *Bursche.*-1
GAZETA	I *gazzetta,* F *gazette, Gazette.*-12
GAZETERO	< I *gazzettero.*-36
GERA	= *ge**rr**a, guerra, Krieg.*-1
GEREAR	= *ge**rr**ear; guerrear, Krieg führen.*-45
GIAR	~ *una anketa* < F *mener une enquête.*-14
GRASYA	*de* ~ < F *de grâce!*-42
GREFIE	< F *greffier; fedatario, Kanzlist, Aktuar.*-1
GRIZO	*gris,* (Haar) *cano,* F *gris.*-2
GUADRAR	*guardar* (Metathese).-26
GUARDYAN	F *gardien; guardia, Wärter, Aufseher.*-1
GUAY	asp. *ay, guay; ay (de...), wehe!*-4
GUERTA	*huerta, Garten.*-2
HAP	T *hap* 'Tablette', B *хап; pastilla.*-52
HARVAR	= *aharvar; golpear, schlagen.*-22
HATIR	*(non mirar) hatir* < T; *inexorable, unerbittlich sein.*-4
IMPYEGO	< I *impiego; empleo, Posten.*-45
INCHIR	*henchir, llenar, füllen..*-50
INDJURYA	= *injurya; Beleidigung.*-30
INFAYIVLE	< F *infaillible; infalible, unfehlbar.*-16
INIEGAR	*negar, leugnen.*-21
INJURYA	= *indjurya.*-41
INKLUZO	< F *ci-inclus; adjunto, beiliegend.*-7
INPEDIR	= *impedir.*-42
INPORTANTE	= *importante,* evtl. auch *emportante.*-2
INPOSIVLE	= *imposivle.*-2
INSISTAR por	< F *insister pour; insistir en, bestehen auf.*-41
INTERESO	*interés, Interesse.*-13
INTEROJAR	< F *interroger; interrogar, befragen, vernehmen.*-42
INTERVANSYON	= *entervansyon* < F; *intervención, Eingreifen.*-40
INYORAR	< F *ignorer; ignorar, nicht wissen.*-21
INYORENTE	Neh. *iñorante.*-43
JANDARMA	< F *gendarme; Gendarm.*-1
JANDARMERIA	< F *gendarmerie; Gendarmerie* (Art kasernierte Polizei).-1
JIVA KARTINA	< B *жива картина,* F *tableau vivant; cuadro vivo.*-57
JURNAL	< F *journal,* Neh. *jornal; periódico, Zeitung.*-11
KABINETO	< B *кабинет,* F *cabinet* (de travail); *gabinete, Arbeitszimmer.*-43
KADRO	T *kadro,* F *cadre, marco, Rahmen.*-23
KAJI	= *kaje; casi, fast.*-18
KALER	*kale ke: tener que, müssen.*-6

KAMARETA	< P *camareta*.-3
KAMIZOLA	В *камизола*; *camisola, Sträflingsjacke*.-47
KANSELARYA	< В *канцелария* [kantse'larja].-5
KANSO	*estar harto de, etw. leid sein*.-29
KAPACHE	< I *capace; capaz, fähig*.-11
KAPO	< I *Chef*.-4
KARTA	~ *de jeografía* < F *carte; mapa, Karte*.-1
KASAP	< T *kasap; carnicero, Metzger*.-35
KASASION	*corte de* ~: *corte de apelación, Berufungsgericht*.-52
KAVAKAR	*grabar, einmeißeln*.-55
KAVZA	*en* ~ *de: a causa de, wegen*.-27
KAVZANTE	adj. < *kavza; razón, Grund*.-4
KAYADES	wbi *kayar* > *kayado+es; callada, Schweigen*.-2
KEDAR1	Neh. 'rester'; *quedar, bleiben*.-37
KEDAR2	Neh. 's'arrêter, cesser'; *acabar, aufhören*.-48
KEN	< P *quem; ¿quién?, wer?*-4
KIJITESH	J pret.ind. v. *kerer*.-8
KITAR1	< F *quitter; abandonar, verlassen*.-30
KITAR2	*no lo kita del ojo* < F *ne le quitte pas des yeux*.-47
KITAR3	*sacar, herausholen aus*.-35
KITAR4	*desatar, jm etw. abmachen, abnehmen*.-56
KOLOR	asp. *color* f., nsp. m.-48
KOMANDAN	< F durchgehend, nur einmal (-3) *komandante*.-1
KOMPANYO, -A	*camarada, Kamerad(in)*.-30
KOMPLISO	*cómplice, Komplize*.-43
KONBIDAR	*invitar, convidar, einladen*.-5
KONFYENSA	wbi *konfiar+ensa; confianza, Vertrauen*.-19
KONOSENSYA	< F *je prends connaissance de, zur Kenntnis nehmen*.-6
KONPOZAR	= *komposar, verfassen*.-11
KONSEGUENSA	*en* ~ : *en consecuencia, folglich*.-17
KONSENSYA	*conciencia, Gewissen*.-41
KONSILYO	< I *consiglio;* ~ *de gera: consejo de guerra, Kriegsrat*.-1
KONTAR1	~ *azer* < F *compter faire; vorhaben zu tun*.-18
KONTAR2	< F *compter sur; contar con, rechnen mit, s. verlassen auf*.-35
KONTENTE	< P *contente; contento, zufrieden*.-8
KONTENTES	wbi *kontente+es*.-13
KONTRA de mi	< I *contra di me*.-20
KONTREFER	< F *contrefaire; falsificar, fälschen*.-15
KORAJE	I *coraggio*, F *courage; ánimo, Mut*.-26
KORTE	< F *cour; patio, (Innen-)Hof*.-26
KOVDO	*codo, Ellenbogen*.-23
KRIATURA	*niño, criatura, Kind*.-4
KRIMINEL	< F *criminel; criminal, Krimineller*.-10

174

KRUAZAR	< F *croiser; cruzar*, (Arme) *verschränken.*-11
KRYANSA	< P *criança* 'Kind'.-54
KUALITA	< I *qualità; cualidad, Eigenschaft.*-24
KUATRENO	*4.* (Ordinalzahl), *cuarto.*-7
KUDYADO	*preocupación, Sorge.*-2
KUDYAR	~ *sovre; preocuparse, s. sorgen.*-30
KUERPO de armada	< F *corps d'armée; Armeecorps.*-15
KULEVRO	*culebra, Schlange.*-45
KULISA	< F *coulisse.*-31
KULITO	wbi *kulo+ito; Hintern.*-9
KUTI	< T *kutu* 'Schachtel'; *caja.*-52
LARGIA	Rom. *largiya* 'Dauer'.-14
LAVORAR	< I; *trabajar, arbeiten.*-7
LAVORO	< I; *trabajo, Arbeit.*-2
LEEDOR	wbi *leer+dor;* J *meldador; lector, Leser.*-12
LEYLEK	< T *leylek; cigüeña, Storch.*-49
LEKTORES	J *meldadores.*-1
LIBERO	< I *libero; libre, frei.*-49
LIVREA	F *livrée,* S *librea.*-1
LOJA	*conserjería, (Pförtner-)Loge.*-9
LOKE	*que, was.*-4
LOKO	*salir ~ : enloquecerse, verrückt werden.*-20
LUNGO	~ *tiempo* < I *lungo.*-3
LUTYO	Neh. *luyto; luto, Trauer.*-48
MA	< I; *pero, aber.*-6
MAL ENTENDIMYENTO	< F *malentendu; malentendido, Missverständnis.*-21
MALDICHO	*maldito.*-5
MALOR	< F *malheur; mala suerte, Unglück.*-3
MALOROZAMENTE	< F *malheureusement; por desgracia, unglücklicherweise.*-17
MANKAR	I *non mancare di* +Inf, F *ne pas manquer de* +Inf.-10
MANKO	*dies ~ dies puntos: menos, weniger, vor.*-18
MANOVRA	< F *manoeuvre; maniobras, Manöver.*-14
MANUEL	< F *manuel; manual, Handbuch.*-14
MANZIA	Neh. 'malheur...qui inspire compassion'.-37
MAR	asp. *mar* f., m.-48
MAS NON + V	< F *ne plus* +V; *ya no, nicht mehr.*-6
MASHINA	В *машниа,* F *machine.*-13
MASKA	В *маска,* F *masque,* T *maske; mascara, Maske.*-23
MAVI	< T; *azul, blau.*-49
MEDALYA	I *medaglia; medalla, Medaille.*-10
MELDAR	*leer, lesen.*-7
MELEZINA	*medicina, Medizin.*-52
MENAZAR	= **a**menazar.-11/-5

MENEAR(SE)	*mover(se), (s.) bewegen.*-5
MENESTER	*tener ~ de: necesitar, benötigen, brauchen.*-6
MENESTEROZO	*lo necesario, das Notwendige.*-53
MEOYO	*meollo, seso, juicio, Verstand.*-42
METER FIN a	*< F mettre fin à; acabar con, ein Ende machen.*-28
MEZURA	*tomar ~ s: tomar medidas, Maßnahmen ergreifen.*-52
MYENTRES	*asp.; mientras, während.*-17
MIJOR	*J auch mas mijor.*-13
MILITARYO	*= militar; cf. ordinaryo, regolaryo.*-19
MINUTO	*J punto.*-29
MIRAR de + Inf	*zusehen, dass (nicht...).*-5
MITING	*T miting, B митинг < E meeting; mitin, Meeting.*-54
MOBILYA	*T mobilya.*-43
MODO	*ke modo (de N...) es..?: was für ein...?*-4
MOLDE	*J 'Mittel'; recursos.*-35
MOS	***n**os, uns, cf. nozos.*-5
MUEVE	*nueve, neun.*-49
MUNCHO	*= mucho.*-3
NA	*< G ~ T; F voici, voilà; he aqui..., hier (ist, haben Sie...).*-7
NEGRO	*malo, schlecht.*-5
NESENSYA	*< F naissance; nacimiento, Geburt.*-40
NINGUNO	*nadie, keiner, niemand.*-2
NO+Verb+KE	*< F ne...que; sólo, nur.*-23
NON	*= no.*-2
NOVITA	*< I novità; novedad, Neuigkeit.*-24, pl. *novitades.*-47
NOZOS	*nosotros.*-4
OCHENO	*8. (Ordinalzahl).*-31
OFISYER	*< F officier; oficial, Offizier.*-15
ONDE	*= ande.*-13
OR	*< F or; bien; nun.*-14
ORA1	*'hora, reloj' << T 'Stunde, Uhr'.*-18
ORA2 ke	*cuando, als.*-40
ORDEN	*m., f.; < ? l'ordre m.*-46
ORDINARIO	*razones ordinaryas 'üblich'; usual, habitual.*-12
OROZO	*< F heureux; feliz, contento, glücklich.*-19
PACHA	*< T paça 'Bein des Tieres, Lauf, fig. Bein'.*-13
PACHA	*cortador de pachas 'Beineabschneider' = Halsabschneider.*-35
PAGON	*AP.; < B пагон 'Schulterstück'; hombrera.*-10
PAKET	*< F paquet (de lettres).*-48
PALPARO	*párparo, Lid.*-14
PANETERO	*< I panettiere; panadero, Bäcker.*-11
PARDON	*< F pardon; perdón, Pardon.*-10
PARTENSYA	*wbi partir+ensya; partida, salida, Abreise.*-52

176

PARVENIR	*azer ~ < F faire parvenir qc à qn; jm etw zukommen lassen.*-53
PASENSYA	*paciencia, Geduld.*-11
PATADA	J *'huella'; Fußspur.*-35
PATRIOTO	*patriota; Patriot.*-12
PECHADURA	wbi *pecho+adura*; hier 'Brust der Jacke, des Hemdes'.-19
PENAR	*esforzarse, s. Mühe geben.*-54
PENSATIVLE	wbi *pensar+tivle; pensativo, nachdenklich.*-5
PERDE	T *perde*, B *perde; telón, Vorhang.*-1
PERIKOLO	< I *pericolo. peligro, Gefahr.*-37
PERSOS	*somos ~ :* ppp. v. *piedrer; perder, perdido, verloren.*-2
PETRIFIAR	< F *pétrifier; petrificar, zu Stein werden.*-29
PEZGAR	*pesar (sobre), lasten (auf).*-24
PEZGO Adj.	*pesado, schwer, mühsam.*-27
PYEDRER	= *perder.*-2
PYEDRITA	< I *perdita.*-3
PLAN	*en el primer ~ < F au premier plan.*-31
PLASARSE	< F *se placer; apostarse, ponerse, s. wohin stellen.*-31
PLAZER	*kon ~ < F avec plaisir; con mucho gusto, mit Vergnügen.*-19
PLIGO	*pligo, pliego; pliego, (Brief-)Bogen.*-2
PODRIR	= *pudrir.*-47
POLIS	< F *police; policía, Polizei.*-1
PORKE	*porque* und *para que, weil und damit.*-23
POSHTA	< B *пoцa* [poshta] T *posta; correos, Post.*-8
POSTO1	I *posto ~ F poste; puesto, Stelle, Amt.*-4
POSTO2	*cada uno a su ~ puesto, Posten.*-18
POVERETO	< I *povveretto* 'ein armer kleiner...'.-37
POZAR	< F *poser, déposer; poner, stellen, legen.*-3
PREMIR	*todo lo ke prime: ser necesario, notwendig sein.*-11
PRESA	< F *presse; prensa, Presse.*-44
PRESTO	Neh. 'vite, rapidement'; *rápido, de prisa; schnell.*-2
PRETO	< P; *negro, schwarz.*-4
PROFITO	*al ~ de < F au profit de; a favor de, zugunsten von.*-8
PROTESTEAR	< F *protester; protestar, protestieren.*-37
PROVA1	*preva, prueva; prueba, Beweis, Nachweis.*-8
PROVA2	*prueba, Probe.*-18
PROVIZORIO	< F *provisoire; provisional, provisorisch.*-23
PUEDE SER (ke)	P *pode ser*, F *peut-être.*-4
PUERTALERO	wbi *puerta+al+ero; portero, Pförtner.*-3
PUNTO	*minuto, Minute.*-7
PUNTUDA	wbi *punto+uda; barvika ~* N. 'pointu'; *spitz, barba en punto.*-2
PUVLIKO	= *publiko.*-1
PYADAD	*piedad, Mitleid.*-24
RANDEVU	< F *rendez-vous.*-19

RAPORTO	< F *rapport*; *informe, parte, Bericht.*-21
REBUELTARSE	= *boltarse*; *s. umdrehen.*-21
REGOLARYO	= *regolar*; *regular, regelmäßig, korrekt.*-17
REGRETAR	< F *regretter*; *sentir, bereuen.*-21
REGRETO	< F *regret*; *lástima, Bedauern.*-7
REIYNADO	*reino, Königreich.*-15
REIR	= *riir, riyir.*-48
REJIM	F *régime* ~ B режим [reźim]; *régimen, Kost.*-51
REJIMENTO	< F *régiment*; *regimiento, Regiment.*-14
REMETER	< F *remettre*; *entregar, (über-)geben, aushändigen.*-3
RENDER1	*me rendieron el koraje* < F *rendre le courage.*-30
RENDERSE2 + adj	*vos renditesh kulpavle* < F *se rendre coupable.*-21
RENGRASYAR	< I *ringraziare*; *agradecer, danken.*-19
REPUESTA	*respuesta, Antwort.*-26
REPUSHAR	Neh. *rempushar*; *empujar, (zurück-)stoßen.*-5
RESENDIDO	AP.; *furioso, rabioso, wütend.*-20
REUSHIR	< I *riuscire*; *tener éxito, Erfolg haben.*-40
REVEER	*a reveermos!* < F *au revoir!*-27
REVENIR1	< F *revenir*; *volver, zurückkehren, -kommen.*-3
REVENIR2	< F *revenir à soi, wieder zu sich kommen.*-45
RIDA	< T *rida* 'Taschentuch'.-27
RODANCHA	*media* ~ : *medio círculo, Halbkreis.*-57
RODIA	*rodilla, Knie.*-31
ROVADOR	wbi *rovar+dor.*-8
ROVAR	cf. *arovar.*-4
SAKRBLU!	< F *sacrebleu!* ¡*Caramba! Donnerwetter!*-3
SANGLUTAR	= *sanglotar* < F *sangloter; schluchzen.*-50
SANGLUTO	< F *sanglot*; *sollozo, Schluchzen.*-26
SANTINELA	< F *sentinelle*; *centinela, Wache, Wachposten.*-49
SARSANEARSE	< T **sarsanmak/ sarsilmak* (MCV); *moverse, s. bewegen.*-14
SEDUTA	< I; *sesión, Sitzung.*-55
SEER	= *ser.*-4
SEGIIR	= *segyir, segir, seguir.*-5
SEGUNDO BURO	< F *deuxième bureau, zweites Büro.*-1
SEJENO	6. (Ordnungszahl); *sexto, sechster.*-9
SEKRETAR	= *sekretaryo.*-13
SEKRETARYO	*escritorio, Sekretär* (Möbel)*, Schreibtisch.*- 1
SENA	< I; ~ *prima: erste Szene.*-1
SENSYA	*ciencia, Wissenschaft.*-16
SER	überwiegend in *puede ser*, sonst meist *seer.*-4
SERAR1	= *serrar.*-2
SERAR2	~*se las manos* < F *se serrer les mains; estrecharse las manos.*-13
SERKLO	< F *cercle.*-17

SERTIFYAR	< F *certifier*; *comprobar, certificar, bestätigen*.-38
SERVIS	< F *garçon de service*; *Laufbursche, Bursche vom Dienst*.-1
SETENO	*7.* (Ordinalzahl).-30
SETENSYA	= *sentensia*.-25
SHERIT	< T *şerit*; *raya, lista, Band, Streifen*.-19
SHKOLA	= *eshkola*.-30
SHOHAD	< H; Neh. 'pot-de-vin'; *soborno, Bestechung*.-12
SIEÐRA	*izquierda, linker*.-1
SIENDO	*puesto que, porque; da, weil* (cf. P *sendo*).-3
SIGUN	*según*.-11
SINKENO	*5.* (Ordinalzahl); *quinto*.-8
SINPATIKO	= *simpatiko*.-6
SINYIFIKAR	*significar, bedeuten*.-20
SO	*soy*.-10
SOFLAMAR	*excitar, erregen*.-11
SOLANEL	< F *solennel*; *solemne, feierlich*.-55
SOLOMBRA	J 'sombra'; *Schatten*.-35
SOMBAYER	Neh. *sombayer(se)* '(se laisser) séduire'.-37
SONAJE	Neh. *grelot, clochette*; *campanilla, cascabel,* Glöckchen, Klingel.-1
SONBAYEDOR	wbi *sombayer+dor*; *veleidoso, wankelmütig*.-37
SONPORTAR	*soportar, aguantar, ertragen*.-24
SORTE	*de sorte ke* < F *de sorte que*; *de manera que, so dass*.-18
SOSYETA	*sosie-*+ it. Endung *-tà* statt *-dad*.-43
SOSPECHO	*sospecha, Verdacht*.-10
SOSTENER	< I *sostenere*; *afirmar, behaupten*.-16
SOTO	< I *sotto*; *bajo, unter*.-18
SOTOMETER	< I *sottomettere*.-18
SPEKTAKLO	< F *spectacle*; *espectáculo,* Spektakel.-29
SUFRYENSA	wbi *sufrir+ensa*; *sufrimiento, Leiden*.-23
SUMERIA	wbi *suma+eria*.-35
SURVEYAR	< F *surveiller*; *vigilar, überwachen*.-35
SUSYOZO	< F *soucieux*; *preocupado, sorgenvoll, besorgt*.-2
TABLO	= *tavlo*; < F *tableau*; *cartel, tablero,* Platte, Tafel.-1
TADRE	*tarde* (Metathese).-6
TADRIYA	*sin ~: en seguida, inmediatamente, unverzüglich*.-45
TAMYEN	= *tambyen*.-16
TAVLA	*tabla,* Holz, Brett.-13
TAVLO	= *tablo*.-10
TEMPESTA	Neh. *tempesta*; *tempestad,* Sturm, Gewitter.-40
TENBLAR	= *temblar*.-2
TEREZI	< T *terzi*; *sastre,* Schneider.-35
TESTIGUO1	= J *testimoniansa*; *deposición (del testigo),* Zeugenaussage.-14
TESTIGUO2	*testigo,* Zeuge.-14

TYERA	= *tyerra*.-50
TINO1	*onde tenia el ~?: seso, cabeza, Verstand*.-10
TINO2	*no meto a ~...: es fällt mir nicht ein*...-15
TOKANTE	*(en lo) tocante a,* was angeht.-36
TOPADA	wbi *topar*+*ada; Fund*.-15
TOPAR1	*hallar, encontrar, finden*. -4
TOPAR2	d*escobrir, herausfinden*.-4
TOPARSE1	*encontrarse, sich befinden*.-4
TOPARSE2	*~ +adj/ppp; F se trouver+adj; encontrarse*+adj.-41
TORNA	*wieder* cf. Wagner 1950, 98.-3
TORNAR	*volver, zurückkehren*.-48
TRAIZIDOR	wbi *traizir > traizon / traizidor*.-4
TRAIZIR	*traicionar, verraten*.-10
TRAIZON	< F *trahison; traición, Verrat*.-6
TRAVAR1	*sacar* (la espada), *herausziehen, -nehmen aus*.-31
TRAVAR2	*disparar, schießen*.-42
TRAVAR3	*tirar, abnehmen, entreißen*.-21
TRAVERSAR	< F *traverser; atravesar, überqueren*.-31
TRAZYERAR	Neh. 'dévier'; *desviar, abbringen von*.-37
TRESERO	3. (Ordinalzahl); *tercer(o)*.-6
TROKAR	= pg, gal, asp; nsp *cambiar, (aus-)tauschen*.-1
TRUBLAR1	< F *troubler; molestar, incomodar, stören*.-5
TRUBLAR2	< F *troubler; confundir, verwirren*.-42
TRUSHO	J pret.ind. v. *traer*.-8
TURAR	*durar, dauern*.-47
TURNO	*Runde; (azer un turno: eine Runde drehen)*.-5
UNA	asp. *en una; juntos, zusammen*.-20
VALYANTE	*valiente, mutig*.-30
VEER	= *ver*.-12
VELUNTAD	asp.; *voluntad, Wille*.-12
VENTURA	*mala ~: desgracia, Unglück*.-6
VERO	*verdadero, wirklich*.-12
VERSO	< I *verso; hacia, zu (jm)*.-24
VISTA	cf. *avista*.-4
VO1	1. P. Pr. v. *ir; voy*.-5
VO2	*darvolos < vos*.-6
YAKA	< T *yaka; cuello, Kragen*.-28
YERO	= *yerro;* P *erro; error, Irrtum*.-5
ZINGO	*cinc, Zink*.-47

Dreyfus[1]

Klara Perahya

Kolokyo konsernando la degradasyon del KAPITAN DREYFUS organizado en la Universidad de Tel Aviv por la Embasada de Fransya

En un artikolo datado del 25 Marso 2014 Sarah Lalou mos ambeza ke „a la okazyon de una ekspozisyon konsernando el kavzo Alfred Dreyfus, un kolokyo fue organizado por el Embasador de Fransya en Israel ‚Patrick Maisonnave' ke reunyo profesores fransezes i Israelyanos en la Universidad de Tel Aviv, en presensya de las bis-inyetas de Alfred Dreyfus i tambyen de Emile Zola“. (fin de citasyon)

Komo kaji todos lo savemos, el kavzo Alfred Dreyfus kedo komo una mancha doloroza sovre la konsyensya franseza; el oskuresyo la fin del dyezimueven siglo kon el antisemitizmo virulente de una partida de la prensa i de munchos de sus intelektuales ultra nasyonalistos ke akseptaron espontaneamente la infame desizyon de la Korte Judisyal Militarya, la kuala (en el eskopo de salvar el honor de la armada franseza) kondeno a la degradasyon ansi ke al egzilyo i enkarselamyento a vida, un militaryo djudyo inosent al lugar de un grande militaryo kristyano ke era el verdadero kulpavle.

Fue inkontestavlemente un periodo de obskurantizmo para una ancha parte de la Fransya enfohada en su odyo kaji viseral kontra los djudyos, i esto aun la intervensyon de un ombre ekstraordinaryo, invinsivle en su probidad ‚Emile Zola', el kual malgrado el peligro de pedrer su libertad i de komprometer su karera de eskritor, lucho facha a facha kontra el fanatizmo kon su selebre artikolo intitulado „J'accuse" (akuzo).

El „J'accuse" de Emile Zola dyo una vigor espesyal a los ke (aun kontraryos a la indjusta kondenasyon) kedaron al empesijo sin verdadera

---

1 Artikel erschienen in Shalom am 2. Nisan 5774 (2014), p. 17.

reaksyon i ansi por un largo tyempo la Fransya fue komo kortada en dos, de una parte los dreyfusardos i de la otra los antidreyfuzardos.

El Kavzo Dreyfus no fue unikamente ,un konflikto politiko interyor franses' ma tambien un konflikto sosyal al nivel internasyonal, el kual tuvo un impakto bastante fuerte sovre la konsyensya de syertos estranjeros, entre los kualos un djornalisto hungario-austriako nombrado ,Theodore Herzl' ke se topava en Fransya, djustamente para segir la evolusyon del evento en kestyon, por kuento del diaryo ,Die Neue Freie Press".

El sitio Wikipedia mos dize ke: *„Komo Theodore Herzl el mizmo lo afirmo, es despues de aver sigido el kavzo Dreyfus ke el entendyo realmente la nesesidad absoluta de un Avrigo permanente para el puevlo djudyo, deklarasyon ke el desvelopo en su livro „Yudenstaat butte" (el Estado de los djudyos), ovra ande el ekspozo los tres primeros prinsipyos des Sionismo: „Egzistensya de un puevlo djudyo", „Imposivilidad de su asimilasyon de parte de otros puevlos" i „Kreasyon de un Estado partikolar ke va asumir el destino de este puevlo".*

Es en data del anyo 1897 ke el kongreso de Basel adjunto un kuatren prinsipyo: *„El dercho de los djudyos de instalarsen en Palestina".* (fin de sitasyon)

Esto dicho, una kestyon mos vyene al tino: „Es ke oy en dia en Fransya ande la kondisyon de los djudysos troko de una manera espektakular i ande muestros korelijyonaryos tyenen akseso a postos governomentales muy altos, el antisemitizmo dezaparesyo kompletamente? Es ke el rasizmo fue enteramente eradikado?"

No muy leshos en el tyempo despues el Kavzo Dreyfus, el fashizmo izo su aparisyon en Italya, el kual renforso el ideal nazi kon su kodigo kriminal; kaji paralelmente, a un nivel puedeser un poko manko inhumano, el rejimen del Mareshal Petain mando a la muerte una grande kuantidad de djudyos.

Aktualmente, el ultra nasyonalizmo persiste syempre en el korason de una partida del puevlo franses, komo tuvimos la okazyon de konstatarlo kon el kavzo Dieudonné i los rezultados de la ultima eleksyon munisipal ke markan la evidente progresyon del klan ,le Pen' konsiderado unos kuantos anyos ante komo partido marjinal gzenofobo i antisemito.

La Fransya aklarada esta aktualmente inkyeta i tambien la Komunidad Djudia eya muy inkyeta. De una parte ,la intensifikasyon del ultra nasyonalizmo' de la otra ,los aktos de vandalizmo de una chika minoridad muzulmana franseza' kon sus golpes kaji espontaneos kontra mansevos djudyos ke yevan la kipa.

En este momento, mos topamos delantre un paradokso difisil a rezolver „Aun ke el ultra nasyonalismo i el djihadismo son (lokalmente en Fransya) dos partidos absolutamente enemigos, sus progresyon simultanea estimula fatalmente la inimistad kontra el djudaizmo en su evolusyon".